D1669495

Roger Schawinski **TV-Monopoly**

Roger Schawinski

TV-Monopoly

Die Inside-Story

orell füssli Verlag AG

© 2002 Orell Füssli Verlag AG

www.ofv.ch

Alle Rechte vorbehalten

Umschlaggestaltung: Cosmic Werbeagentur, Bern

Druck: fgb · freiburger graphische betriebe, Freiburg i. Brsg.

Printed in Germany

ISBN 3-280-05032-4

———

Bibliografische Information Der Deutschen Bibliothek

Die Deutsche Bibliothek verzeichnet diese Publikation in der Deutschen
Nationalbibliografie; detaillierte bibliografische Daten sind im Internet über
http://dnb.ddb.de abrufbar.

Inhalt

Für meine Frau Gabriella, die mich mit ihrer Weisheit und ihrem Einfühlungsvermögen immer unterstützt hat.

Für alle MitarbeiterInnen von TeleZüri, Tele 24, Belcom und Radio 24, die Teil
einer gemeinsamen Vision gewesen sind.

Für alle TV-ZuschauerInnen in der Schweiz, die sich für eine vielfältige, lebendige
Medienlandschaft engagieren.

| Vorwort

Dies war unsere letzte Sendung. Vier Stunden lang nahmen wir am 30. November 2001 Abschied vom «ersten privaten Fernsehen der Schweiz», wie wir uns selbst nannten. Kurz vor Mitternacht sassen nur noch Markus Gilli und ich im leeren Studio. Wir sprachen miteinander. Wir allein.

Zuschauer riefen an, meldeten sich zu Wort. Einer begann am Telefon offen zu weinen. Ich hielt meine Emotionen zurück. Gewaltsam. Du bist auf Sendung, zum letzten Mal an deinem Sender, hämmerte ich mir immer wieder selbst ein. Verhalte dich professionell, gib dir keine Blösse, denn jedes deiner Worte wird man auf die Goldwaage legen. Kein Pathos, bitte! Die Haie warten.

Punkt 24 Uhr drückte ich auf einen symbolischen Knopf, um den Sender eigenhändig abzustellen. Anschliessend lief ein langer, langer Abspann mit den Namen aller Mitarbeiterinnen und Mitarbeiter. Ich verliess das Studio. Überall sah ich Leute mit Tränen in den Augen, einige weinten hemmungslos, umarmten sich. Jetzt erst schaltete ich um. Jetzt durfte ich loslassen, zuerst zögerlich, dann immer mehr. Denn jetzt war es passiert.

Dieses Buch will nicht nur die Inside-Geschichte von «Tele 24» erzählen. Es ist kein blosser Blick zurück auf ein einzelnes Unternehmen. Der Ansatz greift um einiges weiter. Denn die wichtigsten Medien-Player der Schweiz haben, jeder für sich, dabei eine massgebliche Rolle gespielt. Und es sind nicht ganz zufällig ausschliesslich Menschen, mit denen ich seit zehn, zwanzig oder mehr Jahren in intensivem Kontakt stehe. Zusammen sind wir einen Weg gegangen, der zu einem ganz konkreten Ergebnis geführt hat – nämlich zur Schweizer Fernsehlandschaft, wie wir sie heute erleben.

Aus diesem Grund erzähle ich den Aufstieg und das Ende des erfolgreichsten Schweizer Privatfernsehens auf zwei Ebenen. Einmal tue ich es chronologisch, vom Anfang von «TeleZüri» bis zum letzten Rettungsversuch für «Tele 24». Andererseits beschreibe ich in jeweils einem Kapitel meine persönlichen Erlebnisse und Auseinandersetzungen mit diesen entscheidenden Figuren unserer Medienlandschaft. Damit gelange ich zu Einsichten, die bei einem blossen Nacherzählen nicht möglich gewesen wären. Schliesslich stelle ich die Frage, ob es so und nur so hat ablaufen müssen oder ob ein anderer Ausgang möglich gewesen wäre.

Im zweiten, medienpolitischen Teil zeige ich auf, wie die SRG, das Bakom, der Bundesrat und die Verleger agieren, um ihre Ziele zu erreichen. Ich weise zudem darauf hin, was konkret getan werden muss, damit die Schweiz nicht als letztes Land der zivilisierten Welt nur ein einziges nationales Fernsehen hat, das Informationen anbietet. Kurz bevor die Entscheidung über das künftige Radio- und Fernsehgesetz fällt, ist es besonders wichtig, diese Hintergründe zu erkennen. Und noch zentraler ist es, eine scheinbar unaufhaltsame Entwicklung aufzuhalten.

Aus diesem Grund habe ich dieses Buch gerade jetzt geschrieben. «Radio 24» hat vor nunmehr 23 Jahren das Tor für eine liberale elektronische Medienlandschaft geöffnet. Der heutige Generaldirektor der SRG hat dies damals mit aller Macht zu verhindern versucht. Heute ficht derselbe Armin Walpen seinen zweiten grossen Kampf, denjenigen ums SRG-Inlandmonopol. Für uns alle wäre es eine Tragödie, wenn er diesmal mehr Erfolg hätte als damals.

Roger Schawinski
Zürich, September 2002

Teil I

Moritz Leuenberger, der Freund

Moritz Leuenberger trat direkt auf mich zu, umringt von einem grossen Pulk von Gratulanten, Offiziellen und Journalisten. Erst wenige Minuten zuvor war er an diesem 27. September 1995 im fünften Wahlgang mit 124 Stimmen zum Bundesrat gewählt worden. Und jetzt steuerte er in den Wandelhallen des Bundeshauses im Taumel der eben erst gefallenen Entscheidung ausgerechnet auf mich zu.

«Ich möchte mich herzlich bei dir bedanken», sagte er mit seinem strahlendsten Lächeln und laut hörbar. «Ohne deine Ermutigungen hätte ich es vielleicht gar nicht gewagt, zu kandidieren und das ganze Prozedere durchzustehen.»

Ich war völlig überrascht, ja gerührt. So hatte ich meine Rolle nie gesehen. Natürlich hatten wir uns in den Wochen zuvor öfters getroffen als früher, vor allem, weil er mehrmals in meiner Sendung «TalkTäglich» aufgetreten war, um über alle Schritte auf dem Weg ins höchste Amt der Nation zu berichten: zuerst die Entscheidung, anzutreten, dann die Nomination durch die Partei und schliesslich die direkte Konfrontation mit seinem letzten ernsthaften parteiinternen Widersacher, Otto Piller.

Im «TalkTäglich», das ich mit ihm am Nachmittag in einem der düsteren Zimmer im Bundeshaus für denselben Abend aufnahm, wirkte er präsent und locker. Er sagte all die gescheiten Dinge, die man von ihm erwartete, und wurde sogar persönlich.

«Ich möchte mich gegenüber den Menschen, die ich kenne, nicht verändern, nur weil ich jetzt Bundesrat bin. Ich will ihnen so entgegentreten wie bisher und hoffe, dass sie dasselbe auch mit mir tun.»

Das war für mich wie ein persönliches Regierungsprogramm. Genau deshalb freute ich mich so sehr darüber, dass zum ersten Mal ein Mitglied meiner Generation – einer der urbanen 68er – den Aufstieg bis an die Spitze der Machtpyramide geschafft hatte, ohne sich deswegen verleugnen zu müssen. Als ich mit dem neu gewählten Bundesrat nur zwei knappe Stunden nach der Wahl ganz allein durch die Berner Gassen ging, ins Sekretariat der Sozialdemokratischen Partei und zurück ins Bundeshaus, schien es mir, dass ich mich mehr als er über die aussergewöhnlichen Ereignisse dieses Tages zu freuen schien.

Nein, wir waren nie enge Freunde gewesen. Gute Bekannte ja, aber kaum mehr. Wir waren uns seit Jahren immer wieder begegnet und hatten uns auch gegenseitig nach Hause eingeladen. Aber richtig nahe gekommen waren wir uns nicht.

Nur selten hatte er sich mir anvertraut. Ich erinnerte mich gerade am Tag seiner Wahl, wie er mir nur vier kurze Jahre zuvor über seine Existenzängste geklagt hatte.

Mit seinen langjährigen Freunden im Anwaltskollektiv im Zürcher Kreis 4 hatte er sich auseinander gelebt und teilweise wohl auch verkracht. Nun war er aus diesem Umfeld sozial bewusster Anwälte ausgeschlossen und musste sich neben seinem Nationalratsmandat einen neuen Brotjob suchen, um sich weiterhin seinen Lebensstandard mit einer originellen Wohnung in der Zürcher Altstadt leisten zu können. Möglichkeiten gab es nicht viele, und er wirkte ziemlich ratlos.

Doch dann wendete sich das Blatt. Plötzlich ergab sich die Chance, für den Zürcher Regierungsrat zu kandidieren. Er gewann die Wahl trotz einiger unangenehmen Attacken von bürgerlicher Seite, damit war zumindest die materielle Seite gelöst. Denn Moritz Leuenberger litt in diesem steifen Gremium, in dem sich die Mitglieder in der Sitzung gegenseitig mit «Herr Finanzdirektor» und «Herr Justizdirektor» ansprachen, was für ihn ein Gräuel war – für ihn, der prinzipiell mit fast jedermann per Du verkehrte. Dann tat sich überraschend schon bald wieder das nächste spannende Türchen auf. Und jetzt hatte er das höchste Amt im Land errungen und war Bundesrat.

Wenige Tage später stand fest, dass er Chef des EVED (heute Uvek) werden würde, aus dem Dölf Ogi von der Bundesrats-Mehrheit ins Militärdepartement verdrängt wurde. Damit war er, zu meiner kompletten Verblüffung, ausser Verkehrs- und Energie- auch Medienminister geworden und damit Chef der Aufsichtsbehörde derjenigen Branche, in der ich mich seit vielen Jahren bewegte.

Dies war nun eine neue Situation. Wir beide mussten einen Weg finden, um mit ihr umgehen zu können und um auch gegen aussen deutlich zu machen, dass hier keine spezielle Beziehung bestand. Dies war mir wichtig, und, wie ich wusste, noch wichtiger war es Bundesrat Moritz Leuenberger. Deshalb meldete ich mich einige Wochen später ganz offiziell über sein Sekretariat an und bat um einen Termin. In Hinblick auf die sich rapide verändernde Medienlandschaft wollte ich ihn aus der Sicht der privaten Veranstalter informieren, so wie es Interessenvertreter gemeinhin tun.

Das Treffen fand in seinem noch vom Ogi-Granit verstellten Büro statt, das er bald darauf modern umgestaltete. Der Bundesrat sass am Tisch, stellte Fragen und schrieb meine Antworten und seine Kommentare in ein grosses Buch. Das beeindruckte mich. Der oberste Beamte holte sich ernsthaft Informationen an der Quelle, um sich so ein Bild von einer für ihn neuen Materie zu verschaffen. Das schien mir professionell, seriös. Dölf Ogi hatte bei solchen Treffen in seiner launigen Art jeweils meist lange selbst gesprochen und sich weniger für neue Detailinformationen interessiert, für die bei ihm ganz offensichtlich seine Beamten zuständig waren.

Kurz darauf lud ich Moritz Leuenberger mit seiner Lebenspartnerin Gret Löwensberg zu einem Essen in unser Haus ein, bei denen gemeinsame Freunde anwesend waren.

«Das ist ja wie eine Botschaftervilla», bemerkte mein Gast gleich zu Beginn; ich verspürte sogleich ein unangenehmes Gefühl in der Magengrube. Das hatte so geklungen, als ob meine Anliegen für bessere Bedingungen für private TV- und Radioveranstalter genau in diesem Augenblick einen schweren Rückschlag erlitten hätten. Noch wohnte der Bundesrat viel weniger feudal, noch hatte er sein Haus am Zürichberg, nicht weit von unserem Wohnort, nicht bezogen.

Bald erschienen Zeitungsartikel, die mich noch viel stärker beunruhigten. Vor allem der «Blick» schrieb laufend von «Schawinski-Freund Leuenberger». Dies waren gezielte Nadelstiche, um eine Reaktion zu provozieren, denn Leuenbergers Abscheu vor Vetterliwirtschaft war allgemein bekannt. Nein, er war anders als die andern, wollte er allen beweisen. Er würde seine Macht nicht nutzen, um Freunde zu protegieren. Im Gegenteil. Nur wusste ich damals noch nicht, wie brutal dieses Gegenteil im konkreten Fall für mich ausfallen würde.

Als einige Monate später mein Gesuch für «Opus Radio» vom Departement Leuenberger abgelehnt wurde, war ich traurig, aber nicht bestürzt. Das Bakom, das Bundesamt für Kommunikation, hatte eine letzte Frequenz für die Region Zürich ausgeschrieben; eine Vielzahl von Bewerbern hatten sich interessiert. Es waren vor allem Radios für eine ganz junge Generation, die ein Gesuch eingereicht hatten.

«Opus Radio» stach heraus, weil es sich als einziges Projekt an eine Zuhörerschaft über 50 Jahre richtete, an die sich allein das konkurrenzlose «DRS 1» mit seiner Musik richtete, während für die 15- bis 49-Jährigen eine Vielzahl von beinahe identischen Lokalradios und «DRS 3» programmiert wurden. Auch die Presse hatte deshalb das Projekt «Opus Radio» gelobt.

Moritz Leuenberger entschied sich für das eindeutig schlechteste aller Projekte, für «Radio Tropic», das den im Gesuch geforderten Finanzierungsnachweis in keiner Weise leisten konnte und auch deshalb später noch mehrere Jahre lang nicht auf Sendung gehen konnte.

«Tropic Radio», initiiert von meinem Freund Fréderic Dru, war eine sympathische, aber verrückte Idee eines Zürcher Radios mit afrikanischer und südamerikanischer Musik, das ich heute recht oft einstelle. Es ist ein Radio, das auch heute kaum messbare Zuhörerzahlen aufweist und allein durch die Fronarbeit aller Beteiligten funktioniert. Nachdem aber in wissenschaftlichen Studien aufgezeigt wurde, dass UKW-Frequenzen ein knappes ökonomisches Gut sind, schien die Wahl von «Radio Tropic» äusserst exotisch, selbst für einen Minister, dessen Affinitäten zur Multikultigesellschaft allgemein bekannt waren.

Nein, ich war nicht bestürzt über die Ablehnung meines Gesuchs, denn ich glaubte, die Psyche von Moritz Leuenberger verstanden zu haben. Nach den «Schawinski-Freund»-Anwürfen musste er ein klares Zeichen setzen. Nun hatte er dies einmal getan, beim nächsten Mal würde ich eine faire Chance erhalten, redete ich mir ein. Vielleicht hatte er, um den Schaden bei mir in Grenzen zu halten, bewusst den kommerziell harmlosesten Konkurrenten gewählt.

Bestärkt hatte mich eine Karte, die mir Moritz Leuenberger nach dem für mich negativen Entscheid geschickt hatte. «Manchmal bin ich eben ein kleines Teufelein», hatte er mir geschrieben; ich hatte ausgiebig geschmunzelt. Ja, damit hatte er mir in seiner vorsichtigen Art die Regeln des Spiels erklärt, so wie ich sie geahnt hatte. Aber jetzt hatte er ein für alle Mal öffentlich bewiesen, dass er Freunde oder solche, die ihm zugeschrieben werden, nicht protegieren würde; das eröffnete mir umgekehrt für ein nächstes Mal gleiche Chancen wie allen anderen. Erst viel, viel später, als ich die Karte wieder einmal zur Hand nahm, glaubte ich darin auch eine zweite, sehr beunruhigende Botschaft zu finden.

In einem «TalkTäglich» wurde ich von meinem Gästen zum wiederholten Mal mit dem Argument konfrontiert, dass es ja allgemein bekannt sei, dass der Medienminister ein enger Freund von mir sei, mit dem ich ganz besondere Beziehungen unterhalte. Da platzte mir der Kragen. Ich wandte mein Gesicht direkt der Kamera zu und sagte zu den Zuschauern: «Im Übrigen möchte ich mitteilen, dass Moritz Leuenberger ein miserabler Koch, ein lausiger Liebhaber und ein ganz schwacher Bundesrat ist. So, von nun an wird niemand mehr behaupten, dass wir zwei Freunde sind.» Auch diese Holzhammermethode verfehlte die Wirkung. Wie immer kam die Ironie nur bei einem Teil der Zuschauer richtig an, die übrigen wunderten sich über diesen seltsamen Ausbruch. Aus dem Bundeshaus gab es keinerlei Reaktion.

Der nächste Fall beunruhigte mich noch mehr. Die beiden Stadtzürcher Sender «Radio 24» und «Radio Z» hatten sich während Jahren bemüht, ihr Empfangsgebiet auf den ganzen Kanton Zürich auszuweiten, so wie es in anderen Kantonen längst üblich war. Wir hatten uns gemeinsam an den Zürcher Regierungsrat gewandt, und der zuständige Justizminister – Moritz Leuenberger – hatte dieses Ansinnen vehement unterstützt. Er war mit uns der Meinung, dass dies für den politischen Zusammenhalt des Kantons von herausragender Bedeutung sei. Auch der Regierungsrat sei daran interessiert, dass kantonale Anliegen und Abstimmungsvorlagen über die stark beachteten Privatradios im gesamten Kantonsgebiet gehört werden könnten – natürlich inklusive der entsprechenden Stellungnahmen der Regierungsvertreter. Darauf reichte Moritz Leuenberger im Namen der gesamten Kantonsregierung ein schriftliches Gesuch beim Bakom ein, das deshalb besonderes Gewicht hatte, weil das Bakom bisher noch nie gegen den Antrag eines Kantons entschieden hatte.

Das Anliegen war noch pendent, als Moritz Leuenberger Bundesrat wurde. So kam das Gesuch, das er als Regierungsrat gestellt hatte, wieder auf seinen Schreibtisch, diesmal in Bern – und er lehnte seinen eigenen Antrag schlankweg ab. Die Begründung, die er dafür lieferte, war aufsehenerregend: Nun müsse er eben aus bundesrätlicher Sicht entscheiden, und die sei anders als diejenige des Kantons.

Was auf den ersten Blick eine gewisse Logik haben mochte, erwies sich beim näheren Hinsehen als eine unhaltbare, vorgeschobene Argumentation. Da es sich um eine Regelung innerhalb des Kantons Zürich handelte, wurden andere Kantone weder berührt, geschweige denn benachteiligt. Nein, hier musste ein anderer Mechanismus spielen, sagte ich mir besorgt.

Ich brauchte einige Zeit, bis ich begriff. Moritz Leuenberger wollte nicht nur demonstrieren, dass er seine Freunde und Bekannte nicht bevorzugt, nein, diese Furcht vor dem Vorwurf der Beziehungskorruption geht viel weiter. Sie bezieht sich sogar auf seinen Heimatkanton. Den in Bern grassierenden Anti-Zürich-Reflex bedient er als Zürcher Bundesrat am elegantesten, indem er Zürcher Anliegen besonders kritisch beurteilt. Also Gesuch Zürich abgelehnt, selbst wenn (und gerade weil) es von mir ist!

Andere Bundesräte verhalten sich umgekehrt. Sie unterstützen ihre Heimatregion, wo es gerade noch geht, vor allem, wenn sie aus einem Randgebiet kommen. Das wird von ihnen erwartet; deshalb kämpfen die Kantone auch um eigene Vertreter in der Landesregierung.

Bei Moritz Leuenberger hingegen potenzieren sich seine Persönlichkeit und seine Herkunft aus dem mächtigsten Kanton zu einem explosiven Gemisch. Seine Angst vor dem Verdacht der Kungelei kann er nur bekämpfen, indem er eine grosse, sichtbare Distanz aufbaut. Jahre später kulminierte dieser Konflikt in der Diskussion um den Flughafen Kloten, bei dem die Zürcher Bevölkerung zu keinem Zeitpunkt das Gefühl hatte, in «ihrem» Bundesrat einen besonderen Fürsprecher zu haben.

Diese Haltung ist äusserlich eine zutiefst moralische. Man fühlt sich bald einmal jenen gemeinen Politikern landauf und landab überlegen, die ihren Freunden Vorteile zuschanzen. Doch steht man wirklich ethisch höher, wenn man nahe stehende Personen oder Gruppen benachteiligt, um so zum eigenen Heil zu gelangen? Gibt es im Mechanismus einen grundsätzlichen Unterschied zu jenen Politikern, die aus den umgekehrten Gründen heraus persönliche und damit nicht rationale Gründe in ihren Entscheidungsprozess einfliessen lassen, um Freunde zu protegieren? Wohl nur in einem: Diese fühlen sich nicht als einsame Beispiele für gelebte politische Keuschheit, sondern spielen das Spiel gemäss den bekannten Regeln.

Dies war nun fatal für mich und wurde mir auch bei einem eigentlich positiven Erlebnis bewusst. So wurde das Konzessionsgesuch von «Tele 24» nicht einfach bewilligt, so wie man es zuvor gehalten hatte, etwa bei «Star TV». Moritz Leuenberger legte im Februar 1998 dem Gesamtbundesrat ein Papier zur Medienpolitik vor, das eine generelle Öffnung für neue TV-Sender vorsah. Erst jetzt konnte er, ohne sich einem eventuellen Vorwurf wegen Begünstigung eines «Freundes» aussetzen zu müssen, unser Fernsehen bewilligen.

Wenn ich hingegen mit einer eigenen Idee kam, galt die grundsätzliche Ablehnung weiterhin, wie ich bald in einem dritten Fall erleben sollte.

Nach dem Start von «Tele 24» reichte ich ein Gesuch für regionale Fenster in vier Regionen ein, da ich erkannt hatte, dass allein die Kombination von nationalen und lokalen Inhalten gemeinsam auf einem Kanal erfolgversprechend war. Dies war zumindest unsere erste Erfahrung mit «TeleZüri» und «Tele 24» in Zürich.

Doch wieder wurde mein Gesuch abgeschmettert. Ich hatte keine Chance gegen die lokalen Monopolisten in den Regionen, die sich für ihre Pfründe bei Bundesrat Leuenberger stark gemacht hatten und dabei auf offene Ohren gestossen waren.

Nun rief ich ziemlich verzweifelt in Bern an und bat um einen Termin beim Medienminister. Ich musste endlich wissen, worauf ich mich vorzubereiten hatte.

Die Antwort war eindeutig: Moritz Leuenberger könne mich nicht empfangen. Bereits sei das künftige Radio- und Fernsehgesetz in Vorbereitung; daher würde man nicht mit interessierten Kreisen reden. Mein Einwand, dass doch gerade in dieser Phase Informationen aus erster Hand noch wichtiger seien, wurde abgeschmettert. Auch der Hinweis, dass Moritz Leuenberger mehrfach an Veranstaltungen der SRG aufgetreten und dort direkt von SRG-Generaldirektor Armin Walpen gepflegt worden sei, ergab kein Echo. Das Nein war absolut. Es blieb so auch bei einem zweiten und einem dritten Versuch, auch wenn die Situation der noch jungen TV-Stationen immer prekärer wurde und das neue Gesetz noch Jahre auf sich warten lassen würde.

Also entschied ich mich am 1. April 2000, einen Brief zu schreiben, und zwar mit der Anrede «Lieber Moritz, sehr geehrter Herr Bundesrat».

Ich habe versucht, mit dir einen Termin zu vereinbaren. Dies wurde mir mit der Erklärung verwehrt, dass das neue Radio- und Fernsehgesetz zurzeit in der Vernehmlassung sei.

Nun, offenbar ist für dich die Situation im Fernsehbereich alles andere als besorgniserregend. Deine Erklärung bei der Schliessung des «RTL/Pro7»-Fensters («Ich kann nichts dafür, dass die Schweiz nicht grösser ist») deutet darauf hin.

Dann erwähnte ich zwei Beispiele, bei denen ich schon früher vor negativen Entwicklungen gewarnt hatte, die inzwischen eingetroffen waren, und fuhr fort:

Wichtiger ist aber, dass wir in unserem kleinen Land nach dem Ende von «RTL/Pro7 Schweiz» und dem Ende der Newssendung von «TV3» nur noch einen TV-Sender und einen Medienmacher haben, der uns vor dem Rückfall ins Inland-Informationsmonopol bewahrt. Vielleicht würdest du, denke ich mir, ein Aufgeben von «Tele 24» sogar begrüssen, damit endlich die alten, überschaubaren Verhältnisse wieder hergestellt werden. Und bei Bedarf werden dann irgendwelche Naturgesetze erwähnt ... oder dann die Gesetze des Marktes, die man zuvor ordnungspolitisch ausgehebelt hat. Nein, der Markt kann hier nicht entscheiden. Es gibt ihn nach allen gültigen wirtschaftlichen Kriterien nicht. Schlimmer noch: es soll ihn nicht geben.

Wir sehen es etwas anders, und mit uns sehr viele Schweizerinnen und Schweizer (jeden Tag schauen über eine Million von ihnen «Tele 24», und zwar im Durchschnitt 15 Minuten). Doch es fällt uns zusehends schwerer, uns in einer Medienlandschaft zu bewegen, die uns – nicht wegen der fehlenden Grösse des Landes, sondern wegen der herrschenden Gesetzen und ihrer Interpretationen durch Bakom und UVEK – ein wirtschaftliches Überleben kaum ermöglicht. Gerne hätte ich dir berichtet, wie die wirtschaftliche Situation von «Tele 24» wirklich ist. Gerne hätte ich dir unsere Zahlen für 1999 vorgelegt und dir aufgezeigt, welche Verluste wir mit dem einzig «erfolgreichen» und dem einzigen informationsorientierten privaten Fernsehen in den letzten Jahren erwirtschaftet haben. Auch hätte ich dir einige Massnahmen vorgeschlagen.

Das scheint nicht deine Sorge zu sein. Die Sache und der kümmerliche Rest der real existierenden privaten TV-Landschaft interessiert dich zurzeit nur am Rande, wichtiger ist der Berner Gesetzesrhythmus. Vielleicht brauchst du allerdings, wenn alles seinen üblichen Gang gegangen ist, dein schönes neues Gesetz nur noch zur Reglementierung von Schmuddelsendern.

Mit freundlichen Grüssen

Roger Schawinski

Dies war ein wütender, verzweifelter Hilfeschrei. Die Antwort kam prompt, kaum drei Wochen später, und sie versetzte mich augenblicklich in eine tiefe Depression.

Auf privatem Briefpapier und nach der Anrede «Lieber Roger» schrieb mir der Bundesrat:

Nach wie vor liegt mir daran, meine private und berufliche Funktion dir gegenüber auseinander zu halten, was du allerdings schon in früheren Briefwechseln nie verstehen wolltest. Diesmal versuche ich dies so zu tun, dass ich dir mit mit diesem persönlichen Brief auf deine entsprechenden Bemerkungen mit meiner privaten Meinung reagiere. Deine Vorwürfe betreffend Ungleichbehandlung deiner Medien und deiner Konkurrenten werde ich durch einen separaten, amtlichen Brief beantworten. Anderen Marktteilnehmern würde in einen Brief wie den vorliegenden nicht schreiben.

Ich würde ihnen allerdings auch keine Besprechung über die gegenwärtige Mediensituation gewähren. Dies allenfalls aus privaten Gründen mit dir zu tun, reizt mich im Moment wenig. Ich habe deinen Kommentar, der Bundesrat sei schuld, dass das Fenster von «RTL/Pro7» eingegangen sei, etwas vom Lächerlicheren gefunden, was in der Medienpolitik in letzter Zeit dahinpolemisiert wurde. Wenn ich daran denke, wie du für eine Liberalisierung gekämpft hast, bis deine Medienunternehmen zu den entsprechenden Konzessionen und Bewilligungen kamen, und wenn ich daran denke, wie intensiv du auf mich eingeredet hast, weitere Liberalisierungen zugunsten einer Konkurrenz von dir nicht zuzulassen, finde ich es eher etwas peinlich, wenn du dann, wenn deine Konkurrenz eingeht, das wiederum mir anlasten willst.

Es ist wohl eine Stärke deiner Geschäftsstrategie, dass es für dich nur gerade die Interessen deiner eigenen Medien gibt und dass du sie mit den öffentlichen Interessen gleichsetzt. Andere Marktteilnehmer tun das natürlich auch, auch in anderen Märkten als in dem der Medien, ich bin mich da einiges gewohnt. Die Glaubwürdigkeit deines medienpolitischen Diskurses hingegen leidet aber im selben Ausmass an dieser Gleichsetzung privater und allgemeiner Interessen und kann – wenigstens durch mich – nicht mehr ernst genommen werden.

Die offizielle Antwort auf deine Vorhalte betreffend Ungleichbehandlungen wird sehr viel ausgewogener und politisch korrekt sein.

Mit freundlichen Grüssen

Moritz Leuenberger

PS: Und noch etwas Persönliches: Ich habe die Sendung mit Franz Hohler gesehen: Nein, diesen Tonfall von dir kann ich nicht mehr verstehen.

Dies war eine totale Absage, an mich und meine Tätigkeit. Ausgelöst durch eine angebliche Kritik an Bundesrat Leuenberger bei der Schliessung von «RTL/Pro7» – die in dieser Form nie stattgefunden hat –, waren ich und mein Anliegen ad acta gelegt worden. Aus, vorbei. Ähnliches haben viele, auch langjährige Freunde erlebt. Moritz Leuenberger hat, selbst mit alten Parteifreunden, den Kontakt radikal abgebrochen, nachdem ihm Kritik an seiner Person zu Ohren gekommen ist. «Und er vergisst nie», sagte mir einer von ihnen.

Ohne den Versuch, sich mit meinen Argumenten auseinander zu setzen – der spätere Brief vom Bakom enthielt wie erwartet die bekannten Verwedelungen und Standardformulierungen, derentwegen ich mich direkt an Moritz Leuenberger gewandt hatte –, wusste ich nun, dass das Privatfernsehen von diesem Medienminister nichts, aber auch gar nichts zu erwarten hatte, weder kurzfristig, noch langfristig. Durchbeissen und ausharren bis zum neuen Gesetz konnte unter diesen Voraussetzungen nicht mehr eine erfolgversprechende Strategie sein. Hinter all dem Gerede über Privatisierungen, die bei der Telekommunikation auf Druck der EU zu einer schnellen, wenn auch nur halbherzigen Liberalisierung geführt hatten, steckte ein in der Wolle gefärbter Etatist, der sich von seinen frühen ideologischen Thesen nie ernsthaft entfernt hatte und nur unter dem Druck des Zeitgeists eine gewisse äusserliche Flexibilität zeigte.

Nach zwei schlaflosen Nächten schrieb ich am 21. April 2000 nach Bern zurück, im genauen Wissen, dass ich diesmal keine Antwort mehr erhalten würde.

Lieber Moritz,

Danke für deinen Brief. Er bestätigt alle Vorbehalte, welche du seit Jahren grundsätzlich gegen mich und meine Tätigkeit hast. Und umgekehrt weiss ich nun genau, dass ich von dir nicht mehr ernst genommen werde, da alles, was ich vorbringe, unlogisch, inkonsequent und im blossen Eigeninteresse und damit irrelevant ist, wie du schreibst. Damit ist wohl gesagt, dass ein sinnvoller Dialog nicht möglich ist. Auf die sachliche Antwort meines Briefes warte ich, obwohl ich weiss, dass ich dort ebenfalls, politisch-

korrekt im Stil, ins Leere laufen gelassen werde. Ich bin es mir von deinem Departe-
ment seit Jahren nicht anders gewöhnt.

Trotzdem versuche ich es noch einmal, denn schliesslich bist du der zuständige Mi-
nister, und ich betreibe noch das einzige private nationale Fernsehen mit journalisti-
schen Ambitionen. Da wäre ein nochmaliger Versuch vielleicht der Mühe wert.

Also: Ich habe dich tatsächlich davor gewarnt, unter den heutigen rechtlichen Vo-
raussetzungen einfach alle Sendekonzessionen, die eingereicht werden, zu erteilen. Das
führe ins Desaster, habe ich dir erklärt. Dasselbe hat übrigens der von dir in Auftrag
gegebene Prognos-Bericht festgehalten. Liberalisierung heisst eben nicht, wie du für dich
reklamierst, einerseits ein privilegiertes Monopol zu belassen und alles andere freizuge-
ben. Das führt geradewegs ins Verderben. Ich habe zu dir damals aus Erfahrung und
aus meinem theoretischen Grundwissen als Volkswirtschafter gesprochen.

Das Ganze ist aber nicht nur wie ein folgenloses Gewitter vorübergezogen, sondern
hat viel Schaden angerichtet: Eine ganze Branche ist heute diskreditiert, Lohnstruktu-
ren sind durcheinander geraten, die Werbetarife sind in den Keller gerast, und viele
junge Leute haben heute praktisch Berufsverbot. Ist das nicht dein Bier als Chef des
Uvek? «Gouverner c'est prévoir», oder habe ich das falsch verstanden?

Was ist nun an meiner Argumentation «peinlich», wo habe ich eine argumentative
Spitzkehre gemacht, wie du mir unterstellst? Habe ich nicht Punkt für Punkt Recht ge-
habt? Vielleicht gehe ich von der irrigen Annahme aus, dass du eine Medienpolitik be-
treiben willst, mit der Erfolge und nicht nur Bauchlandungen zu erzielen sind. Das
Gegenteil davon würde allerdings ich als «peinlich» empfinden. Nein, als zynisch.

Bei der Schliessung von «RTL/Pro7 Schweiz» habe ich angemerkt, dass der Bundes-
rat schnell und massiv Massnahmen ergreifen sollte, damit sich dieses Ereignis nicht
wiederholt. Dies habe ich gesagt, nicht mehr und nicht weniger. Diese Beurteilung – die
du als Kritik an Bundesrat Moritz Leuenberger siehst – empfindest du als inakzeptabel.

Ich spreche aus einer Position mit klaren Insider-Informationen. Die Lage ist ernst.
Letztes Jahr haben wir mit «Tele 24»/«TeleZüri» zehn Millionen Franken (!) verloren,
und das obwohl wir im Vergleich zur privaten Konkurrenz viel effizienter und erfolg-
reicher sind und in der Öffentlichkeit als die eigentlichen «Gewinner» dastehen. Das
ist für einen Betrieb unserer Grösse sehr viel Geld. Auch für dieses Jahr ist ein Milli-
onendefizit budgetiert. Irgendwann reisst der Faden. Diese Zahlen sind absolut ver-
traulich. Gegen aussen müssen wir immer Optimismus verbreiten, sonst vertraut uns
die Werbewirtschaft nicht, und dann wird alles noch schlimmer.

Aber wahrscheinlich ist dies nicht dein Problem. Oder dann denkst du, ich drohe wieder einmal, um auf diese Weise von meiner Zürichberg-Villa aus irgendwelche persönlichen Vorteile zu ergattern. Wer Fernsehen machen will, trägt allein die Verantwortung, insinuierst du in deinem Schreiben. Er kann es ja auch sein lassen. Der Bundesrat hat ihn nicht gerufen, sondern ihm gnädig eine angeforderte Konzession erteilt. Dafür sollte er dankbar sein, denn er kann sich ja selbst verwirklichen und den grossen Macker am Fernsehen spielen. Das hat eben seinen Preis.

Nur, frage ich, welches sind denn die Ziele und die Verantwortung des zuständigen Bundesrates in Sachen Fernsehen? Welche Medienlandschaft möchtet ihr denn haben? Wie war denn das mit dem dualen System? Wenn ich für das Überleben von «Tele 24» kämpfe, ist das die absolut unzulässige Gleichsetzung von privaten und allgemeinen Interessen, die dadurch meine «Glaubwürdigkeit» herabsetzt, wie du mir mit Hinweis auf Deinen täglichen Kampf gegen die üblichen halsstarrigen Lobbyisten mitteilst, in deren Topf du mich geistig und ethisch verstaust und versenkst? Du hingegen bist der hehre, moralisch höher stehende Vertreter des Allgemeininteresses, Punkt. Doch dieses wird in der Praxis von dir und deiner Partei im Bereich Medien mit dem Wohlbefinden der SRG gleichgesetzt, das im Grundsatz nicht angetastet werden darf. Nun, ich und mit mir viele Leute in diesem Land sehen die totale Bevorzugung der SRG im Jahr 2000 auch als Partikularinteresse, als eines unter mehreren. In einem «NZZ»-Artikel habe ich im letzten Herbst darauf hingewiesen, dass eine Atomisierung der privaten Konkurrenz erstens nur der SRG hilft und zweitens gewisse private Sender dazu zwingt, ihr inhaltliches Niveau immer tiefer zu senken. Beides ist eingetroffen, noch viel brutaler und schneller, als selbst ich erwartet habe. So viel zur moralischen und wirtschaftlichen Wertung deiner und meiner Position – aus meiner Sicht diesmal.

Und so muss ich mich damit auseinander setzen, dass ich, der ich nie anders als SP gewählt habe, der ich journalistische Medien gegründet habe, die sich entgegen dem ehernen linken Vorurteil nicht aus kommerziellen Gründen als Sprachrohr der Wirtschaft vereinnahmen liessen, sondern sich unverbrüchlich für Toleranz gegenüber den Schwächeren, für eine weltoffene Schweiz und explizit gegen rassistische und nationalistische Tendenzen und ihre Vertreter engagieren, nichtsdestotrotz seit dem Jahr 1980, als sich ein Zürcher Gemeinderat namens Moritz Leuenberger vehement gegen die Aufschaltung von «Radio 24» ins Zürcher Kabelnetz eingesetzt hat, mit meinen Unternehmen aus grundsätzlicher ideologischer Ablehnung von denjenigen Leuten am heftigsten bekämpft werde, die ich als meine politischen Vorbilder und Weggefährten sehe.

Dies empfinde ich persönlich als Unglück, ohne dass ich mich von meinen politischen oder gesellschaftlichen Ansichten abbringen lasse.

Als ich mit «Radio 24» begann, erlebte ich, dass ich durch den Tatbeweis, den Erfolg und das nachgewiesene Bedürfnis ein verkrustetes politisches und rechtliches System in Bewegung bringen konnte. Denn nur so, glaubte ich wohl nicht zu Unrecht, lässt sich in der Schweiz in der Medienpolitik etwas bewegen, und dies wurde mir von Politikern vieler Couleurs bestätigt. Gleiches erhoffte ich mir beim Fernsehen. Ich wollte zeigen, dass das Ende des Monopols sowohl möglich wie auch absolut notwendig für eine Demokratie ist, und das Ganze wollte ich mit Anstand und Augenmass, ohne Abgleiten ins journalistische Niemandsland, bewältigen, obwohl die durch den Gesetzgeber eingeengten Möglichkeiten dies kaum erlaubten. Später, so hoffte ich, würde dann die Rechtsordnung angepasst, wenn wir auch hier ein echtes Bedürfnis und eine echte Bereicherung der Medienlandschaft nachweisen können, die uns auch beim viel teureren Medium Fernsehen ein wirtschaftliches Überleben ermöglichen würde. So würde die Schweiz auch in diesem Bereich ein international vergleichbares Mediensystem erhalten. Das ist, glaube ich, auch im allgemeinen Interesse, und damit dies möglich ist, muss ich dafür sorgen, dass mein privates Unternehmen funktioniert, dass ich meinen Angestellten jeden Monat pünktlich den Lohn bezahlen kann und dass ich ein Sendebudget habe, das mir ein qualitativ vergleichbares Programmangebot ermöglicht. Das war 1994, vor beinahe sechs Jahren. Seither habe ich Tausende von Sendungen produziert, mich mit Haut und Haaren persönlich engagiert und mit meinem Fernsehen insgesamt gegen 20 Millionen Franken verloren. Jetzt muss ich bald, kurz vor meinem 55. Geburtstag, wissen, wohin meine Reise führt.

Darum frage ich dich jetzt ernsthaft, Herr Bundesrat Leuenberger: Ist es für die Allgemeinheit, für dich, für den Bundesrat, absolut unwichtig, ob wir wieder ins Monopol zurückfallen (plus eventuell «TV3» mit «Robinson», Pornofilmen und «Big Brother»)? Du stellst ein Gesetz hin, damit hast du deine Aufgabe erfüllt. Was damit passiert, ist nicht mehr deine Sache. Wenn TV-Stationen Pleite gehen, dann haben eben gewisse Leute Pech gehabt und sich verspekuliert. Leute verlieren ihren Job. Selbst schuld! So ist eben unser kapitalistisches Wirtschaftssystem. Was solls? Daran wird die Schweiz nicht zugrunde gehen.

Falls das so ist, und das schliesse ich klar aus der harschen Zurechtweisung in deinem Brief, so wäre ich froh, wenn du das auch einmal deutlich sagen würdest, vielleicht sogar öffentlich. Dann wäre uns wahrscheinlich beiden geholfen. Wir könnten

uns beide anderen Themen zuwenden, das Kapitel dieses unerspriesslichen Briefwech-
sels schliessen.

Aber wie du in deinem Schreiben erwähnt hast, nimmst du mich und meine Ar-
beit nicht ernst. Du sagst mir mit dieser prinzipiellen Absage, die mich sehr verletzt,
dass du mich und meine Arbeit nicht respektierst (schliesslich bin ich nur ein egozen-
trischer, geldorientierter Unternehmer, du hingegen hast als Landesvater von Amtes
wegen ganz andere Verdienste). Damit ist deine Welt in Ordnung. Meine und dieje-
nige meiner vielen TV-Mitarbeiter, lieber Moritz, ist es nicht.

Mit freundlichen Grüssen

Roger Schawinski

PS: Ich freue mich, dass du hie und da unseren Sender schaust. Schade, dass es ein so
unerfreuliches Ereignis war. Das Interview mit Franz Hohler empfand ich auch als
komplett misslungen. Aber in Live-Situationen kann die Stimmung manchmal sehr
schnell kippen, vor allem, wenn sich der eine Teil gleich zu Beginn verweigert und der
andere nicht so gut drauf ist.

Ohne dass ich es an diesem 21. April 2000 wusste, war dies der Anfang vom Ende.
Ein Prozess war in Gang gesetzt worden, der anderthalb Jahre später mit dem Verkauf der Belcom-Gruppe und meinem Ausstieg aus der Schweizer Medienszene enden würde. Zwar trat ich nun vermehrt in Hearings von bürgerlichen Parteien auf,
die sich meine Meinung anhören wollten. Aber nirgends verspürte ich einen echten Willen, das Monopol wirklich zu brechen. Zu sehr waren die Politiker darauf
bedacht, es mit der SRG nicht zu verderben, die mit dem Lockvogel der «Arena»-
Auftritte ein fantastisches Dressurinstrument besitzt.

Moritz Leuenberger sah ich kaum noch, wenn, dann nur von fern. An Anläs-
sen, die wir beide besuchten, richteten wir es immer so ein, dass wir uns aus dem
Weg gehen konnten.

Doch dann kamen wir wieder zusammen, rein professionell. Die Abstimmung
über die für ihn wichtigen Energievorlagen standen bevor. Zu meiner Überraschung nahm er die Einladung für ein «TalkTäglich» ohne Zögern an.

Die Begegnung verlief von der ersten Minute an äusserst freundschaftlich, beinahe herzlich. Zum Schluss bedankte er sich dafür, dass wir ihm dieses Podium offeriert hatten. Bei der SRG hätte er keine Gelegenheit gehabt, die Vorlage so ausführlich darzustellen. Auch für die kritischen Einwände sei er dankbar gewesen. An diesem Abend zumindest registrierte er, für einen kurzen Augenblick wenigstens, die Vorteile des Privatfernsehens – für sich und sein Anliegen.

Kurz bevor wir uns für die Live-Sendung ins Studio begaben, hatte mich Moritz Leuenberger überrumpelt. «Wäre es nicht besser, wenn wir das Interview per Sie führen würden? Du weisst, ich als Bundesrat», fragte er mich.

Ich blickte etwas gar überrascht. Ich hatte mindestens sechs längere Interviews per Du mit ihm geführt, und die meisten Zuschauer hatten dies wohl noch im Ohr. Jetzt plötzlich, zum ersten Mal, anders? Wie hatte es Moritz Leuenberger am Tag seiner Wahl formuliert: «Ich möchte mich gegenüber den Menschen, die ich kenne, nicht verändern, nur weil ich jetzt Bundesrat bin.» Erinnerte er sich noch daran?

Und wenn er sich daran erinnert hätte, wäre es ihm noch wichtig gewesen?

Als Moritz Leuenberger Anfang 2000 endlich einen Entwurf für das neue Radio- und Fernsehgesetz vorlegte, war es nicht der Inhalt, der mich entsetzte. Ich hatte nach unserem Briefverkehr nichts anderes erwarten dürfen, als dass er einseitig die Bedürfnisse der SRG berücksichtigen würde. Sein Kommentar jedoch, dass die Privatsender als Ausgleich fürs SRG-Gebührenmonopol «werben dürfen wie die Wahnsinnigen», drückte seinen ganzen Abscheu gegenüber unserer Arbeit aus, wie sie schon im Brief an mich durchgeschimmert war. Nein, sein eigenes Koordinatensystem liess es nicht zu, uns in der Öffentlichkeit irgendeine Form von Respekt zu verleihen. Für ihn waren wir blindwütige, geldgierige Geschäftsleute ohne jede ethische oder journalistische Ausrichtung.

2001 war sein grosses Jahr. Er war nun Bundespräsident und feierte dies in grossem Stil im kurz zuvor eröffneten Zürcher Schiffbau und in der Tonhalle. Aus diesem Anlass kam er wieder ins «TalkTäglich». Ich machte ihm die Honneurs, so wie man es selbst als kritischer Interviewer einem frisch gewählten Bundespräsidenten eben gewährt. Natürlich wieder per Sie.

Vor allem ein Bild bleibt mir aus jenen Tagen in Erinnerung: wie er im Stil eines Popstars mit weit aufgerissenen Armen und ekstatischem Blick die Zürcher Bahnhofstrasse hinaufparadierte.

Das machte mich stutzig. Offensichtlich hatte ich übersehen, dass diese bei ihm bisher unterdrückte Seite immer mehr in den Vordergrund drängte. Er gab nun seine brillant formulierten Reden in Buchform heraus. «Meine Reden sind meine wichtigste Form des Regierens», hatte er mir einmal erklärt, Reden, für deren Erarbeitung er sehr viel Zeit investiere. Auf diese Weise könne er am besten mitteilen, was seine Anliegen seien, weit über den Tag hinaus, meinte er.

Mir blieb die Frage im Hals stecken, ob denn für ein Exekutivmitglied in der obersten Behörde des Landes nicht die konkreten Aktivitäten und das Detailstudium komplizierter technischer Dossiers viel wichtiger wären als das Halten von Reden vor einigen hundert, meist gelangweilten Zuschauern, Reden, die offenbar vor allem auch als Textvorlagen für eigene Buchprojekte und der künftigen Nachhaltigkeit dienen sollen.

Das war nur der Anfang. Es folgte ein Auftritt im «Literaturclub» des Schweizer Fernsehens, für den er trotz der enormen Belastung als Bundesrat erstaunlich viele neu erschienene Bücher in recht kurzer Zeit hatte lesen müssen. In diesem intellektuellen Umfeld fühlte er sich sichtlich wohler als bei einer Pressekonferenz über die Probleme des Schwerverkehrs.

Es kam sein Drehbuch und sein Auftritt für einen Werbespot für die SBB, für den die SRG natürlich gerne enorme Mittel zur Verfügung stellte, denn wie kann man dem eigenen Minister, dem man unterstellt ist und von dessen Zuneigung man abhängig ist, so etwas abschlagen? Trotzdem beklagte er sich anschliessend lautstark über die Gestaltung einer dreiteiligen «10 vor 10»-Serie, die aus Anlass dieses epochalen Ereignisses gedreht und gesendet wurde.

Dann gab es einen professionellen Auftritt im Casino-Theater in Winterthur, bei dem er sein komisches Talent in die Öffentlichkeit trug. Die NZZ kommentierte ungewohnt salopp, dass er die Leistungen der versammelten Kabarettisten-Elite «getoppt» habe. Immer häufiger und bald auch immer ernsthafter wurde jetzt die Frage erörtert, ob er in dieser Rolle wohl besser besetzt sei als in seinem Hauptberuf. Denn dort produzierte er zuweilen recht brutale Abstürze, etwa bei einem von der Tagesschau mitgeschnittenen emotionalen Ausbruch beim WEF in Davos oder bei einer live übertragenen Pressekonferenz zur Swissair, bei der er gelangweilt und schnoddrig Auskunft gab. Bei manchem Auftritt vor der Bundeshaus-Presse wirkte er fahrig, abweisend, manchmal gar unhöflich und zynisch. Hier zeigte sich eine Seite seiner Persönlichkeit, die das beinahe totale Gegenteil seiner Popstar-Performances zu sein schien.

Und ich überlegte mir: Bundesrat, ja selbst Bundespräsident – vielleicht war dies alles nicht genug? Vielleicht war dies gar nicht die richtige Rolle für ihn. Vielleicht wollte er insgeheim noch mehr Aufmerksamkeit und Bewunderung? Und wo ist sie leichter zu holen als am Fernsehen, wo alle, von Lothar Späth über Helmut Zilk bis Thomas Borer und demnächst Bill Clinton danach drängen, als Talkmaster aufzutreten? Die eigene Talkshow als neuer Traumjob einer ganzen Generation, der Talkmaster als *Superman* der Gegenwart, der Entertainer als der allseits umjubelte Star.

Vielleicht, so kam mir der Gedanke, empfand er es als geradezu unerhört, dass ich über ein eigenes Fernsehen verfügte und sogar die Impertinenz besass, dort beinahe jeden Abend selbst aufzutreten! Offenbar ging ihm dies auf die Nerven, wie er mir mit seiner schriftlichen Kritik mitgeteilt hatte. Implizit las ich nun in diesen Zeilen: Ich könnte das einfühlsamer, besser, intelligenter. Vielleicht kam all dies hinzu zu seiner allgemeinen Bevorzugung des TV-Monopols und seiner erklärten Vorliebe für Elitäres auch im Bereich Fernsehen, mehrfach belegt durch seine deklarierte Bevorzugung des Senders «Arte», hoch subventioniert und mit kaum messbarer Einschaltquote in der Schweiz.

Unser gemeinsamer Freund Viktor Giacobbo besetzte uns beide einmal in einem Sketch für sein «Spätprogramm»: An seinem Schreibtisch im Bundeshaus sitzt zuerst ein sichtlich depressiver, verzweifelter Moritz Leuenberger (Walter Andreas Müller), der wieder einmal mit sich und der ganzen Welt hadert. Ein Weibel kündigt einen seltsamen Besucher an. Herein tanzt Roger Schawinski (Viktor Giacobbo), in der Hand sein Buch «Das Ego-Projekt», und beginnt pausenlos auf den Bundesrat einzuschwatzen, um ihm seine positive Weltsicht anzudrehen. Am Schluss setzt sich Schawinski dank seines Temperaments durch und verführt Leuenberger dazu, selig mit ihm zu Reggae-Rhythmen zu tanzen.

War hier der sehr *gschpürige* Viktor Giacobbo mit seiner aussergewöhnlichen Fähigkeit, aus jeder Person die Essenz zu destillieren, nicht auf etwas ganz Zentrales gestossen? Hatte er nicht herausgeschält, weshalb es zwischen uns beiden in der realen Welt nicht zu einer vorurteilslosen Beziehung hat kommen können, nachdem es der eine – im Sketch der passive, depressive – bis auf den Stuhl des Medienministers geschafft hatte und der andere – im Sketch der aktive, aufgekratzte – als Unternehmer und Talkmaster das erste private Fernsehen gegründet hatte und sie so in einer ganz besonderen Konstellation beruflich ineinander verkrallt waren?

Als «Tele 24» Ende November 2001 eingestellt wurde, hielt sich sein Bedauern in sehr engen Grenzen. Beim Ende von «RTL/Pro7 Schweiz» hatte er noch verkündet: «Es musste damit gerechnet werden. Der Markt hat gespielt, es hat nicht für alle Platz.» Als «Tele 24» und «TV3» kurz hintereinander das Handtuch werfen mussten, sprach er wieder vom «Markt, der gespielt» habe – als ob von einem Markt gesprochen werden könnte, wenn ein Teilnehmer unvergleichlich bessere Bedingungen hat als alle anderen. Diesmal erwähnte er nicht mehr, für wie viele Sender es nach Meinung des Medienministers nun wirklich Platz habe. Denn jetzt war praktisch nur ein einziger übrig geblieben.

Vielen Zuschauern erschien sein Kommentar, dass man die Initianten immer vor den Risiken gewarnt hatte, als kaltschnäuzig und wenig einfühlsam. Auch seine Bemerkung, dass er keine eigene Verantwortung für diese Ereignisse sehe, wurde nicht überall goutiert. Denn wofür hat ein Medienminister in der Schweiz Verantwortung, wenn nicht für die Gestaltung und die Entwicklung der Radio- und Fernsehlandschaft?

Auch ich wurde persönlich, als ich erklärte, dass ich so lange nicht mehr im Schweizer Mediensektor tätig sein werde, wie Moritz Leuenberger im Amt des Medienministers verbleiben würde.

Doch dies schien ihn nicht zu berühren. Als ich seine Statements vor laufender Kamera sah, wusste ich, dass er zufrieden sein musste. Es war genau so herausgekommen, wie er es sich gewünscht hatte.

«TeleZüri» – der Anfang von allem

Urplötzlich war die Idee da: Ich würde Fernsehen machen. Jahrelang hatte ich allen Journalisten beteuert, dass das Medium Fernsehen für mich gestorben sei, weil in der Schweiz dafür die Voraussetzungen fehlen. Nun wurde dieser Glaubenssatz von einer Minute zur andern ausser Kraft gesetzt. Das neue Mantra hiess nun: Die Schweiz ist zu klein für Fernsehen, aber Zürich ist gross genug. Das tönte so unverschämt originell, dass ich es selbst immer inbrünstiger glaubte, je mehr ich es für mich und andere formulierte. Denn es juckte mich in den Fingern.

Zu diesem epochalen persönlichen Ahaerlebnis gelangte ich einmal nach einer kühlen Analyse der Medienentwicklung, dann durch eine gewisse persönliche Unterforderung und zuletzt nach einem direkten bundesrätlichen Appell an mich.

Beginnen wir beim Grundsätzlichen.

Das Radio- und Fernsehgesetz war nach unsäglich langen Jahren des Zögerns 1992 endlich in Kraft getreten, mit dem erstmals privates Fernsehen möglich sein sollte. Das formulierte Ziel benannte man «duales System», das zuvor im Nachbarland Deutschland eingeführt worden war und mit dem man ein ungefähres Marktanteilsgleichgewicht zwischen privaten und öffentlichen Sendern erreicht hatte.

Doch in der Schweiz war das Resultat der langen politischen Auseinandersetzung bloss ein taktischer Kompromiss zwischen links und rechts, der nicht das Geringste mit den tatsächlichen Verhältnissen im Fernsehbereich zu tun hatte. Die Politiker schienen sich um diese auch nicht ernsthaft zu kümmern. Deshalb holten sie im Laufe ihrer intensiven Beratungen auch keine Basisinformationen bei den wenigen real existierenden Fernsehexperten ein. Diese wären wohl als störend empfunden worden, da die Zielsetzungen von Beginn an klar waren. Die Linken, angeführt von Liliane Uchtenhagen, wollten bremsen, die Rechten unter dem Kommando von Ernst Mühlemann wollten öffnen. Und so traf man sich wie üblich in irgendeiner imaginären Mitte, mit der alle glaubten, leben zu können – das heisst mit einer einzigen Ausnahme: Für die potenziellen privaten Fernsehmacher war das Gesetz so restriktiv formuliert, dass sich niemand auf Anhieb um eine Sendekonzession für ein professionelles Projekt bewarb.

Nur ganz am Rande tat sich in der Folge sachte etwas. In Zürich fanden sich auf dem Rediffusionskanal freie Produzenten unter der Dachbezeichnung «Forum Züri» zusammen, wo sie mit ungewohnten, innovativen *low-cost*-Sendungen ein staunendes, ständig grösseres Publikum erreichten. Da waren die schrägen Vögel von «Eden TV», die Techno-Freaks von «Sputnik TV», die lockeren Interviewer von «Taxi-TV», und der ehemalige SRG-Mitarbeiter Urs Emmenegger lieferte mit seinen Leuten unter dem Namen RTV Informationsbeiträge. Bald wurde auch die Werbeindustrie auf dieses neue Phänomen aufmerksam und schaltete die ersten Spots, mit denen aber noch kein professioneller Betrieb finanziert werden konnte. Das Ganze lebte vom Enthusiasmus der Mitwirkenden, die sich und ihre Produktionen erstmals im nigelnagelneuen Medium Lokalfernsehen erleben durften.

Wie viele andere hatte ich die Sendungen zappenderweise entdeckt. Bald jedoch nahm ich bewusst wahr, dass hier die Vorboten einer echten Innovation am Werk waren. Etwas schien nun möglich zu sein, das bis anhin als undenkbar gegolten hatte.

Zu jener Zeit langweilte ich mich, wenn ich ganz ehrlich zu mir selbst war. «Radio 24» war wie immer die klare Nummer 1 in Zürich, aber dieser immer gleiche Erfolg hatte im Laufe der Jahre viel von seinem Glanz verloren, so wie es jeder Wiederholung der wiederholten Wiederholung unweigerlich ergeht. Aus dem Filmgeschäft, in das ich Ende der achtziger Jahre mit grosser Begeisterung eingestiegen war, hatte ich mich ernüchtert zurückgezogen. Dem Klassik-Sender «Opus Radio» war wiederholt eine UKW-Frequenz verweigert worden, weil die PTT behaupteten, eine solche sei in Zürich nicht mehr frei verfügbar. Nach dem Ende von «Opus Radio» als reines Kabelradio wurden, welch Wunder!, solche Frequenzen gleich in der Mehrzahl gefunden. Das Zeitgeistmagazin «Bonus» hatte ich an die TA-Media abgegeben, da ich keine Entwicklungschancen mehr sah. Radios in anderen Regionen waren nicht zu kaufen. Mit einem Wort: Ich fühlte mich blockiert, uninspiriert und unausgefüllt und wartete insgeheim auf eine nächste grosse Herausforderung, der ich mich kurz vor meinem 50. Geburtstag stellen würde.

Als drittes Element platzte mitten in diese Phase ein direkter Appell von Bundesrat Dölf Ogi, dem Medienminister. Bakom-Vorsteher Marc Furrer, hatte mir bei einem Essen in einer Bieler Pizzeria, direkt neben dem Bakom, die persönliche Botschaft seines Chefs übermittelt: Der Herr Bundesrat würde mich ermutigen, ein Fernsehen zu gründen. Man habe ein Gesetz, aber niemand wolle es benützen, was sehr bedauerlich sei, vor allem für ihn selbst als der zuständige Bundesrat. Ich sei seiner Meinung nach als Radiopionier am besten geeignet, ein heimisches Fernsehen auf die Beine zu stellen, und natürlich würde man mich bei diesem Unterfangen nach Möglichkeiten unterstützen.

Das ehrte und motivierte mich natürlich ungemein. Ein eigenes Fernsehen? Ich? Weshalb wandte er sich ausgerechnet an mich und nicht an die grossen Verlage, die für ein solches Unterfangen viel bessere Vorraussetzungen hatten?

Und so war an einem Herbsttag im Jahre 1993 die Idee vom regionalen Fernsehen als Kondensat all dieser Inputs plötzlich da. Einfach so, von einer Sekunde zur andern und absolut glasklar. Ich errechnete ein Jahresbudget von etwa 7 Millionen Franken und konnte Ringier schnell als Fifty-fifty-Partner gewinnen. Fibo Deutsch von Ringier und ich präsentierten unsere Idee gemeinsam der Presse, um stolz am gleichen Tag ein Konzessionsgesuch einzureichen – und ich machte mich an die Arbeit.

Ich liebe es, bei einem Projekt die ersten fahrigen Notizen auf ein Blatt Papier zu werfen, aus denen bald ein gewaltiges Gebilde aus Menschen, Apparaten und Geld entstehen würde. Und beim Start eines Fernsehens war alles noch eine Spur spannender, ungewisser, grösser und damit auch gefährlicher.

In jenen Tagen las ich in «Time Magazine» einen kurzen Artikel über ein lokales Fernsehen in New York, das neuartige Produktionsmethoden eingesetzt hatte. Anstelle der üblichen Drei-Mann-Filmteams erledigte dort eine Person alle Funktionen. Dies elektrisierte mich, denn neben einem eigenen inhaltlichen Ansatz brauchten wir dringend günstigere Produktionsmethoden als die bisher üblichen.

Also reiste ich nach New York, schlug im Telefonbuch die Adresse von «NY1» auf und fragte nach dem Chef. Als ich mein Anliegen vorbringen sollte, wurde ich sofort abgewimmelt. Es sei absolut unmöglich, den Sender zu besichtigen, da solche Anfragen aus der ganzen Welt eingetroffen seien. Aber ich könne mich auf die Warteliste setzen lassen. Wahrscheinlich würde ich dann etwa in drei Monaten einen Termin erhalten.

Drei Monate? Ich hatte nicht einmal drei Tage Zeit! Also rief ich unter einem anderen Vorwand nochmals an und wurde mit einem der Produzenten verbunden.

Ich erzählte kurz von meinem Projekt, das ich in der Schweiz starten wolle. Beim Stichwort Schweiz stieg der Aufmerksamkeitspegel am anderen Ende der Leitung deutlich hörbar an. Er sei für ein Jahr in der Schweiz zur Schule gegangen, begann er zu erzählen, und er denke gerne an diese Zeit zurück. Wie es wäre, wenn ich gleich morgen früh vorbeikommen würde.

Bei «NY1» sah ich erstmals Videojournalisten am Werk, die dort *VJs* genannt wurden. Sie lieferten News-Beiträge ab, die sich in ihrer Qualität kaum von denjenigen anderer Sender unterschieden. Ganz zum Schluss meines Rundgangs fragte ich meinen Gastgeber, wie denn seine Leute geschult worden seien. Auf einen Fetzen Papier kritzelte er mir den Namen und die Telefonnummer eines gewissen Michael Rosenblum hin, den ich ohne Hemmungen anrufen könne.

Das tat ich denn auch umgehend, und er war sofort am Apparat. Ich trug mein Anliegen vor, und er schlug blitzschnell ein Treffen noch am selben Tag in einem Restaurant in der Nähe meines Hotels vor.

Michael Rosenblum war mir durch seine Lebendigkeit sofort sympathisch. Er präsentierte mir sein Konzept, verwies auf ein geheimes, dickes Buch, das er geschrieben hatte und das alle wichtigen Grundregeln enthielt, und erklärte, dass er gerne mit seiner Freundin, einer begnadeten Fernsehfrau, nach Zürich kommen würde, wenn wir uns über das Honorar einigen konnten. Noch am Tisch entschied ich: Diesen Mann werde ich in die Schweiz holen, um meine künftigen Mitarbeiter mit der neuen, revolutionären Technik vertraut zu machen.

Später würde mir Michael Rosenblum gestehen, dass ich der einzige all seiner Kunden gewesen sei, der sein Konzept konsequent umgesetzt hatte. Der New Yorker Lokalsender «NY1», welcher im Besitz der vornehmen «New York Times» war, wurde mit den grossen, schweren, professionellen Beta-Kameras ausgerüstet, mit denen sich die VJs über Gebühr abmühten. Man schämte sich dort, die eigenen Reporter mit den kleinen, handlichen H8-Kameras auf die Strasse zu schicken, wie er empfohlen hatte, weil man glaubte, dass man sich damit vor der Konkurrenz und den lokalen Politikern lächerlich machen würde. Mir hingegen gefiel genau dieser klare optische Unterschied zu den traditionellen Fernsehanstalten. Also folgte ich ohne Zögern seinem Rat und war überglücklich, im richtigen Moment den weltweit einzigen Menschen gefunden zu haben, der mich in die richtige Richtung weisen konnte.

Auch im Programm musste ich mit meinem Minibudget völlig neue Wege gehen. Ohne lange theoretische Überlegungen war mir sofort klar, dass wir uns – Grundsatz eins – allein mit Eigenproduktionen von all den anderen, finanziell viel reicher dotierten Sendern, die per Knopfdruck auf jeder Fernbedienung abrufbar sind, abheben konnten. Doch unser Budget erlaubte höchstens – Grundsatz zwei – eine einzige Sendestunde täglich, die wir selbst herstellen konnten. So war ohne grosse theoretische Überlegung – Grundsatz drei – das Wiederholungsprinzip geboren, das zu Beginn weit herum belächelt wurde.

Vor allem die SRG-Oberen mokierten sich laut hörbar über diesen seltsamen Fernsehbegriff.

Erst nach und nach zeigten sich die Vorteile des Wiederholungsprinzips. Erstmals hatten die Zuschauer die Freiheit, eine Sendung dann zu konsumieren, wenn sie wollten, und nicht dann, wenn sie ein Fernsehdirektor angesetzt hatte. Für viele wurde das Programm von «TeleZüri» schnell zu einer täglichen Gewohnheit, das sie ideal in ihren jeweiligen Tagesablauf einfügen konnten.

Auch die SRG begann bald darauf, Sendungen zu wiederholen, und gründete einige Jahre später sogar mit «SF Info» einen eigenen Wiederholungskanal – ganz im Stil des zuvor belächelten «TeleZüri», nur mit viel weniger Erfolg. Und die Stadtsender in Berlin, Hamburg, München und Wien, die nach «TeleZüri» gegründet worden waren, gingen einen anderen Weg und versuchten, wie die grossen Stationen mit ihren limitierten Mitteln ein Vollprogramm anzuliefern – mit dem sie allesamt nach gewaltigen Millionenverlusten untergingen.

Was aber sollten wir in dieser einen Sendestunde anbieten? Die erste Hälfte war leicht mit einer regionalen News-Sendung zu füllen, war ich mir sicher. Was aber konnte ich in den zweiten 30 Minuten als tägliche Eigenproduktion anbieten? Für dieses Zeitfenster hatte ich weder Geld noch eine zündende Idee.

«Nichts ist billiger als eine Talkshow im Studio», sagte ich schliesslich halb verzweifelt zu meinem ehemaligen «Bonus»-Mitarbeiter Domenico Blass, der mich bei meinen ersten Fernseh-Tastversuchen durch New York begleitet hatte.

«Eine tägliche Talkshow?», fragte er ungläubig. «Gibt es dafür überhaupt genügend spannende Gäste in der Schweiz?»

«Keine Ahnung», antwortete ich. «Nach drei Monaten sind wir wohl die ganze Liste durch. Dann sehen wir weiter.»

So entstand «TalkTäglich», geboren aus der Not, gedacht als Füller zur Komplettierung der Sendestunde. «TalkTäglich» entwickelte sich im Laufe der nächsten Jahre zu einer äusserst attraktiven Programmform und zur meistbeachteten Talkshow der Schweiz, vor allem als wir später bei «Tele 24» für ein nationales Publikum senden konnten. Ich selbst moderierte die Sendung in sieben Jahren über 900 Mal, jeweils während drei von vier Wochen, Hugo Bigi den Rest. All die anderen regionalen TV-Stationen, die später entstanden, übernahmen nach und nach dieses stündliche Sendekonzept mit News und Talk, nachdem sie mit anderen Programmabläufen gescheitert waren.

Nach meiner Rückkehr in die Schweiz begann ich ernsthaft, einen Ort für unser künftiges Studio zu suchen. Von Beginn weg hatte ich mein Augenmerk auf die unmittelbare Umgebung von «Radio 24» im Kreis 5 in Zürich geworfen, da ich wusste, dass ich bald an beiden Orten tätig sein würde und möglichst wenig Zeit beim ständigen Hin und Her verlieren wollte.

«Im Steinfels-Areal gibt es vielleicht eine Möglichkeit», sagte ein Freund von Gabriella bei einem unserer Abendessen. Ueli Stutz arbeitete als Anwalt für Eric Steinfels, der die ehemalige Seifenfabrik ausgehöhlt hatte und sie nun als neuen Industrie- und Wohnort vorbereitete.

Am nächsten Tag besuchte ich mit Ueli Stutz die trostlosen Bauten im weitgehend verlassenen Industriequartier. Was ich sah, gefiel mir auf Anhieb. Hohe, leere Räumlichkeiten, in die sich mit einiger Fantasie ein Fernsehstudio hineindenken liess. Und zudem war der Kreis 5 ja seit vielen Jahren unsere Heimat. Hier, ganz in der Nähe vom weltberühmten «Needle Park» am Platzspitz und später am Letten, fühlten wir uns zu Hause und nicht im mondänen Seefeld-Quartier der Boutiquen und Werbeagenturen.

So zogen wir als erste Mieter in diesen gewaltigen Gebäudekomplex ein, der sich nach und nach mit anderen jungen Firmen füllte. Unser unmittelbares Umfeld entwickelte sich in den folgenden Jahren unter dem neuen Namen Zürich West zum absoluten Trendquartier der Stadt mit Schiffbauhalle, Restaurants, Clubs, High-Tech-Firmen und Technopark. Und so waren wir schon allein durch die Wahl unseres Standorts im höchsten Mass innovativ, ohne dies im Entferntesten geplant zu haben.

Nun brauchte ich die richtigen Leute. Vom «Teleclub» holte ich Peter Canale, der unser Studio bauen sollte und als Leiter Technik engagiert wurde. Als Chefredaktor wählte ich meinen langjährigen Freund Hanspeter Bürgin, einen ausgewiesenen Journalisten, der damals stellvertretender Chefredaktor der «SonntagsZeitung» war. Er sichtete als Erster die eingegangenen VJ-Bewerbungen, sodass ich nur die besten Kandidaten sehen musste. Beworben hatten sich auf unsere Inserate hin sehr viele junge Leute, die meisten von ihnen waren mir völlig unbekannt.

Schliesslich entschieden wir uns für 16 Kandidaten. Dabei war eine junge, attraktive Journalistin aus dem Aargau namens Eva Wannenmacher (später «10 vor 10»), zudem Nik Niethammer, ein Journalist der «Schweizer Illustrierten», dann ein gewisser Matthias Ackeret, der bei «S Plus» tätig gewesen war und der passionierte Theatermann Peter Röthlisberger, der nach dem Verkauf der Belcom-Gruppe einige Monate lang Programmchef werden sollte. In der Startformation waren aber auch Reto Brennwald (heute «Rundschau»), Sandra Lehmann (später «Zischtigsclub»), Daniela Lager («Tagesschau») und Hugo Bigi («TeleZüri»), die von «Radio 24» zum Fernsehen wechseln wollten.

In Michael Rosenblums Einführungskurs in einem heissen Büro im Limmathaus gab es bald die ersten ernsthaften Turbulenzen. Ein Mitarbeiter hatte einen Beitrag über die katastrophalen Zustände am Zürihorn abgeliefert, dessen Höhepunkt Bilder von nahrungssuchenden Ratten waren. Wir gratulierten ihm zu diesen aufrüttelnden Aufnahmen. Als er jedoch erzählte, dass er zwar gehört hätte, dass es dort Ratten gebe, aber keine gefunden habe und sie deshalb anderswo gefilmt und in seinen Beitrag hineingeschnitten hatte, war die Hölle los. Rosenblum wetterte «Betrug und unseriösen Journalismus» – und der Mitarbeiter wurde fristlos entlassen. Die Massnahme war vielleicht überhart, aber sie setzte einen journalistischen Standard, der uns von Beginn weg begleitete.

Für den Sendestart am 3. Oktober 1994 erhielten wir viel Lob, doch die von der Telecontrol, einer SRG-Tochterfirma, täglich angelieferten Einschaltquoten wuchsen nur sehr zögerlich. Als ich eines Morgens Hampi Bürgin darauf hinwies und erwähnte, dass wir wohl zu viele Politgeschichten und zu wenig Boulevardthemen im Programm hatten, stellte er zu meiner Verblüffung sofort sein Amt zur Verfügung.

«Ich kann nicht mehr weiter arbeiten, wenn du kein Vertrauen zu mir hast», erklärte er.

«Komm, man kann doch darüber reden. Dies ist Fernsehen, das funktioniert offensichtlich anders als eine Zeitung», sagte ich.

Aber der Bruch war nicht zu kitten. So hatten wir, nur zwei Monate nach dem Start, unseren ersten Skandal.

Als wir die Mitarbeitenden über Hampis Abgang informierten, flossen viele Tränen. Unsere gemeinsame Erklärung, dass unsere Freundschaft wichtiger sei als alles andere und dass wir sie nicht gefährden wollten, wurde in allen Presseberichten als unglaubwürdige Schutzbehauptung in der Luft zerrissen, so wie man es sich von den immer gleichen, geheuchelten «Im gegenseitigen Einvernehmen»-Rausschmiss-Meldungen her gewohnt ist. Bei uns war es die Wahrheit. Und die Freundschaft zwischen Hampi Bürgin und mir hat alle Stürme bis auf den heutigen Tag überlebt.

Nun brauchte ich schnell einen neuen Programmleiter. Bei der SRG war ich zuvor auf Ueli Frei gestossen, einen ausgewiesenen Fernsehjournalisten und echten Gentleman. Doch Ueli konnte sich als Chef des Teams nicht auf die Hektik unseres Kleinbetriebs umstellen, sodass ich mich ebenfalls bald von ihm trennen musste. In vielen Presseberichten wurde die höhnische Frage gestellt, weshalb ich mich immer wieder mit leitenden Mitarbeitern verkrachen würde. Die implizite Antwort war evident: weil ich ein unmöglicher Chef sei, der alles allein bestimmen wolle.

Als Nächstem bot ich Hugo Bigi den Posten an, der seit vielen Jahren bei «Radio 24» und später als Leiter von «Opus Radio» mit mir zusammengearbeitet hatte. Hugo lehnte jedoch mit der Begründung ab, dass er seinen Platz nicht im Management, sondern allein auf dem Bildschirm sehe.

Was war nun zu tun? Die Variante mit einem Chef aus der SRG-Küche hatte sich als untauglich erwiesen, und anderswo gab es keine erfahrenen Fernsehleute – ausser bei uns. So entschied ich mich, nachdem ich mich im Reporterteam gut umgesehen hatte, Nik Niethammer vom VJ zum Programmleiter zu befördern.

Diese Ernennung verlief alles andere als reibungslos. Erstens sollte nun Nik seinen ehemaligen Kollegen Anweisungen erteilen, die mit ihm zusammen erst vor kurzem das Fernsehhandwerk gelernt hatten. Zweitens hatte er ein Softie-Image wegen seiner ehemaligen Tätigkeit bei der «Schweizer Illustrierten», welches er auch nach mehreren Fernsehjahren nie vollständig ablegen konnte.

Mit Nik Niethammer fand ich schnell eine gemeinsame Sprache. In den überlangen Stunden, die er in den nächsten Jahren für seinen Job einsetzte, entwickelten wir eine reibungslose Zusammenarbeit. Dies trug ihm zusätzlich den Ruf ein, kritiklos meine Meinungen zu übernehmen, was natürlich die Probleme mit seinen ehemaligen VJ-Kollegen noch überhöhte. Für mich jedoch war die interne Welt in Ordnung, und ich konnte mich auf andere Bereiche konzentrieren.

Wir hatten alles neu erfinden müssen, alle Abläufe, die neuen Techniken, die Arbeit in einem kleinen Team. Oft rieben wir uns die Augen, dass wir es wieder einmal ganz knapp geschafft hatten, eine Sendung zustande zu bringen, in der es keine grossen Löcher gab. Meist zirkelten wir hauchdünn am Absturz entlang, wenn etwa ein eben erst zu Ende geschnittener Filmbericht zehn Sekunden vor dem vorgesehenen Sendetermin ins Abspielgerät geschoben wurde und wir alle wussten, dass kein Ersatzbeitrag für den Notfall bereitlag, weil wir eben wieder wie meist aus dem letzten Loch pfiffen. Bald einmal wurde dieser tägliche Wahnsinn zur Routine, und das Selbstvertrauen wuchs, mit dem wir glaubten, alle, alle Probleme lösen zu können. Bei manchem Mitarbeiter wurde der Adrenalinkick, der jede dieser Zitterpartien begleitete, beinahe zur Sucht, nach der man gierte, bevor man sich erleichtert auf die Schultern haute und im nächsten Spunten ein Bier trinken ging.

Bereits im Frühling 1995 hatten wir eine lokale Konkurrenz. Klaus Kappeler von «Radio Z» wollte ebenfalls ein eigenes Fernsehen. Seit Jahren hatte er versucht, mich zu imitieren. Zuerst kopierte er mit seinem «Radio Z» das Programm von «Radio 24» und schaffte es trotzdem niemals, uns zu überholen. Als ich mit «Opus Radio» im Kabel ein zweites Radio mit klassischer Musik startete, konterte er mit dem volkstümlichen «Radio Eviva». Jetzt hatte er sich das darbende «Forum Züri» unter den Nagel gerissen, um es als «Züri 1» zu einer direkten Herausforderung von «TeleZüri» zu machen. «Züri 1» wurde mit riesigem Werbeaufwand als «das andere Fernsehen» lanciert und konzentrierte sich auf möglichst «schräge» Sendungen, um sich von unserem Informationsprogramm abzuheben.

Doch nach zehn Monaten und 10 Millionen Verlust war der Spuk vorbei, und «Züri 1» wurde von einem Tag auf den andern eingestellt. Wir waren wieder ohne zürcherische Herausforderer. Doch Kappeler gab noch nicht auf. Als ich später «Tele 24» startete, konterte er bald mit «RTL/Pro7 Schweiz». Diesmal dauerte es nur sieben Monate. Das völlig verquer angelegte «Infomotion»-Konzept kostete die

Investoren mehr als 20 Millionen, und Beat Curtis Medienkonglomerat, das Kappeler so viele Jahre geleitet hatte, konnte sich nur dank den Werbefenster-Erträgen knapp über Wasser halten.

Bei «TeleZüri» war nach einigen Monaten bereits der Moment gekommen, wo ich einen Schritt weiter gehen wollte. So kam mir eines Tages die Idee, ausländische Fussballspiele live zu übertragen, nachdem wir bereits einmal ein Europacup-Spiel zwischen GC und Sampdoria Genua übertragen hatten, was die SRG ungemein verärgerte. Im Vordergrund standen natürlich die Bundesliga und die Serie A aus Italien. Die SRG bot nichts Ähnliches im Programm, ebenso wenig die frei empfangbaren deutschen Sender. Dies war eine der wenigen attraktiven Lücken, die noch nicht besetzt waren.

Nach zwei Telefonanrufen wusste ich, dass die Rechte für die Bundesliga bei der Agentur ISPR in München lagen. Ich rief an, und zu meiner eigenen Überraschung hatte ich schon kurz darauf einen von beiden Seiten unterschriebenen Vertrag, gemäss dem ich für eine Gesamtsumme von 100 000 DM jeden Samstag ein Topspiel der Bundesliga live übertragen durfte, sofern ich mich daran hielt, dass dies nur über die Kabelnetze in der Region Zürich geschehen würde. Die 50 000 DM, die als Vorauszahlung gefordert wurden, schickte ich gerne nach München, denn ich wusste, dass ich einen echten Coup gelandet hatte.

Die Reaktion kam schnell und brutal. Erstmals fühlte sich die SRG durch uns auf einem Gebiet herausgefordert, das sie automatisch für sich reklamierte. Mit Millionenbeträgen hatte man sich alle verfügbaren Fussballrechte gesichert, neben der Schweizer Meisterschaft und dem Cup natürlich auch alle Länderspiele, die Europameisterschaft und die Weltmeisterschaft. Und nun kam ausgerechnet das Zürcher Lokalfernsehen und schickte sich an, live über die extrem attraktive Bundesliga zu berichten!

Schnell wurde eine gewaltige Maschinerie gegen uns in Gang gesetzt. Zuerst wurde das Schweizer Fernsehen aktiv, und zwar auf höchster Ebene. Man intervenierte beim Schweizer Fussballverband, mit dem man über einen mehrjährigen Millionen-Exklusivvertrag verbunden war. Der Auftrag war präzis: Der Fussballverband sollte bei der Uefa, dem europäischen Fussballverband mit Sitz am Genfersee, vorsprechen. Diese erklärte die Übertragung der Live-Spiele bei «TeleZüri» prompt als illegal. Diese Meinung wurde an den Deutschen Fussballbund weitergeleitet, der die Bundesliga-Rechte an die Firma ISPR vergeben hatte. Und diese sollte den Deal stoppen.

ISPR reagierte ohne Zögern. Der Minivertrag mit dem Schweizer Lokalsender, der zum internationalen Ärgernis geworden war, musste aus der Welt geschafft werden, denn es war viel wichtiger, den Deutschen Fussballbund bei Laune zu halten, mit dem man noch viele Jahre zusammenarbeiten wollte.

Schriftlich wurde ich darauf von ISPR informiert, dass der mit mir geschlossene Vertrag ungültig sei. Wir hätten eine europäische Regel nicht beachtet, gemäss der keine Fussballspiele übertragen werden dürfen, wenn sie damit gleichzeitig stattfindende nationale Spiele konkurrenzieren. Der Haken dieser Argumentation war nur, dass in der Schweiz Samstag um 15 Uhr gar nicht auf oberer Ebene Fussball gespielt wurde. Dieser Termin wurde allein von Junioren und unteren Ligen genutzt.

Ich reiste nach München, um mich beim Chef von ISPR über das vertragswidrige Vorgehen zu beschweren. Meyer-Wölden, Mitinhaber von ISPR und Boris-Becker-Anwalt, war etwa gleichaltrig wie ich und empfing mich in seiner vornehmen Villa im Stadtteil Bogenhausen in Gegenwart einer gertenschlanken Blondine. Nachdem ich meinen Vertrag vorgelegt und die Sachlage erläutern wollte, winkte er bald ab.

«Machen Sie sich wegen einer solchen Angelegenheit nicht krank, Herr Schawinski. Dafür ist das Leben zu kurz.»

«Aber unser Vertrag ist gültig. Das wissen Sie genau. Sie hätten es sich vorher überlegen sollen.»

«Dann klagen Sie uns doch ein. Hier in München. Daran kann ich Sie nicht hindern», sagte er süffisant.

Ich hatte begriffen. In der Sache selbst hatte ich nicht den Hauch einer Chance. Natürlich durfte ich ihn einklagen, bitte sehr, aber was konnte ich mir davon erhoffen? Als ich Meyer-Wölden später darum bat, wenigstens den bereits bezahlten Vorschuss für den seiner Meinung nach ungültigen Vertrag zurückzuerstatten, stellte er sich stur. Die 50 000 DM sahen wir nie mehr wieder, da wir die Umtriebe eines Gerichtsverfahrens in Deutschland wegen dieser Summe nicht eingehen wollten. Und Meyer-Wölden verstarb kurz darauf an einer tödlichen Krankheit.

Ich gab mich aber noch nicht geschlagen, denn nach Ansicht unseres Anwalts hatten wir in der Schweiz ausgesprochen gute juristische Karten. So klagten wir gegen die Entscheidung der Uefa vor einem Waadtländer Gericht – und zu unserer eigenen Verblüffung stimmten die Richter unserer Argumentation zu. Die gegen uns verhängten Massnahmen waren also rechtlich nicht haltbar, und wir durften gemäss den Uefa-Bestimmungen live senden. Mit dieser Handhabe würden wir wiederum in München gute Karten haben.

Allerdings hatten die geschlagenen Uefa-Juristen in den Beilagen etwas gefunden, das nichts mit diesem konkreten Fall zu tun hatte: In der Sendekonzession von «TeleZüri» war ein Passus enthalten, gemäss dem wir ausserhalb der Hauptsendezeit keine eingekauften Programme ausstrahlen durften. Es war eine jener unsinnigen Einschränkungen, die das Bakom uns, und nur uns, aufs Auge gedrückt hatte. Bei anderen Lokalstationen, die nach uns konzessioniert wurden, fehlte diese Einschränkung.

Sofort bat ich die beiden leitenden Herren des Bakom, Marc Furrer und seinen Vize, den Hausjuristen Martin Dumermuth, diese unnötige und klar diskriminierende Formulierung in unserer Konzession zu ändern, und zwar schnell, denn das Gericht hatte uns eine Frist von zehn Tagen gesetzt, um eine geänderte Konzession nachzureichen.

Doch das Bakom liess sich nicht drängen. Bewusst liess man uns mit der rein formellen Anpassung warten. Dies war nun zu einem Prestigefall geworden, welchen SRG und der Schweizerische Fussballverband unter keinen Umständen verlieren wollten, und so intervenierten sie auf allerhöchster Ebene. In meiner Verzweiflung gelangte ich sogar direkt an Medienminister und Sportfan Adolf Ogi, der mir damals seine Unterstützung zugesagt hatte. Aber er liess mich wissen, dass er nicht in ein laufendes Verfahren eingreifen könne. Und so verloren wir diesen wichtigen Prozess, den wir eigentlich schon gewonnen hatten, wegen der gezielten, bewusst gegen uns eingesetzten Trödelei des Bakom. Dieses Verhalten wiederholte sich immer wieder. Wann immer das Bakom die Möglichkeit sah, uns zu sabotieren, packte sie diese. So hatte man uns zum Beispiel verboten, unser Programm im Säuliamt aufs Kabel zu geben, einem wichtigen Teil des Kantons Zürich.

Die brutale Machtdemonstration der gesamten Nomenklatura erbitterte mich so sehr, dass meine alte Pizzo-Groppera-Piratenseele geweckt wurde, mit der ich schon so oft gegen die unseligen und engstirnigen Entscheide der Bakom-Bürokraten gekämpft hatte. So entschied ich, dass wir am folgenden Samstag ein Bundesliga-Signal direkt und ohne Erlaubnis vom deutschen Pay-TV-Kanal «Premiere» übernehmen würden, für das wir schliesslich schon bezahlt hatten. Unser Technikchef Peter Canale hatte das raffiniert codierte Signal geknackt, und so sass ich neben Timo Konietzka im Studio, um den Knüller Bayern München gegen Borussia Dortmund selbst zu kommentieren.

Ich wusste genau, dass dies keine längerfristige Lösung war. ISPR drohte uns prompt über ein Gericht in Hamburg eine Klage wegen Piraterie an. So gaben wir enttäuscht auf. Die alte Ordnung hatte gesiegt, und es gab nichts in dieser Welt, was wir dagegen tun konnten.

Bald darauf kaufte sich die ISPR die Rechte für die Schweizer Fussballmeisterschaft und gab sie teilweise an «Sat 1» weiter, wo sie seither Wochenende für Wochenende übertragen werden – jeweils am Nachmittag, so wie wir es getan hatten, so wie man es uns verboten hatte. Diesmal konnte die SRG nicht intervenieren, denn sie war darauf angewiesen, von der ISPR einige wichtige Rechte zurückzukaufen, und so einigte man sich auf einen Deal.

Nach dem erzwungenen Aus bei Fussball setzten wir auf Tennis. Die SRG zeigte sich nicht mehr an Live-Übertragungen vom Tennisturnier in Gstaad interessiert. Sportchef Urs Leutert hatte erklärt, dass man allein aufs Frauentennis setze, bei der die junge Martina Hingis auf dem Weg zur Weltspitze war.

In ihrer Not kamen die Organisatoren des Tennisturniers von Gstaad auf uns zu, und wir waren erfreut, neue Sendeinhalte gefunden zu haben. Im Berner Oberland produzierten wir nicht bloss die Live-Spiele, wie das bisher üblich gewesen war. Wir lieferten zusätzlich ein tägliches Tennis- und Gstaad-Magazin, das damals recht innovativ war, inzwischen aber bei solchen Veranstaltungen zum Standardangebot aller Sender gehört. Zwei Sommer lang legten wir uns ins Zeug, und alle waren rundum zufrieden.

Das stach der SRG in die Nase. Der neue Generaldirektor Armin Walpen wollte nicht zulassen, dass wir diesen prestigeträchtigen Event übertragen konnten, bei dem er jeweils persönlich Hof hielt. Im dritten Jahr trat die SRG deshalb mit einer Offerte auf, mit der wir nicht mithalten konnten – viel aufwendiger, mehr Kameras, mehr Zuschauer – und damit waren wir draussen.

Dieses Muster hat sich seither oft wiederholt. Wann immer wir eine Lücke entdeckt hatten, setzte das Staatsfernsehen seine unlimitierten Mittel ein, um uns auszubooten. So übertrugen wir die Zürcher Street Parade vom ersten Jahr an. Als die Veranstaltung bereits als grösster Anlass der Schweiz etabliert war, kam die SRG mit einem Produktionsbudget angetanzt, dem wir nichts Gleichwertiges entgegensetzen konnten – und die Organisatoren liessen uns ohne Zögern fallen. Wir wurden auf ein Seitengeleise verdrängt, wo wir den Event quasi inoffiziell übertragen konnten. Und als wir einmal sogar wagten, eine Offerte für die Übertragung eines Fussball-Länderspiels Italien–Schweiz abzugeben, und zwar zu einem bisher üblichen Preis, überbot uns die SRG gleich ums Dreifache, um uns für jetzt und für alle Zukunft zu signalisieren, dass wir mit unseren Mitteln mit dem Staatsfernsehen niemals mithalten könnten.

Je mehr Erfolg wir hatten, desto heftiger wurden wir angefeindet. Natürlich fielen unsere VJs mit ihren kleinen H8-Kameras auf, einem offensichtlichen Consumer-Produkt, wie es in jedem Elektronikshop im Regal stand. Zuerst verblüfften wir damit Bundesräte, die sich an die schwer beladenen, schwerfälligen Dreimannteams der SRG mit ihren teuren Apparaturen gewöhnt waren. Auch Michael Gorbatschow blickte überrascht, als ihn «TeleZüri» auf diese Weise im Fahrstuhl interviewte, ebenso der damalige Bundeskanzler-Kandidat Gerhard Schröder, der auf einem Pedalo im Zürichsee über seine Zukunft parlierte und dabei in ein klitzekleines Objektiv gucken sollte.

Jeder VJ hatte seine eigene Ausrüstung, und damit war das winzige, aber flexible «TeleZüri» bei Grossereignissen schnell einmal mit einer grösseren Zahl von Kameras am Schauplatz als die grosse SRG. So brachte «TeleZüri» in der heissen Schlussphase der «Drogenhölle» am Letten oder bei den traditionellen Krawallen am 1. Mai mehr, damit auch stärkere Bilder in ausführlichen News-Sendungen als die übermächtige Konkurrenz.

Auch journalistisch wurden von uns laufend neue Wege beschritten. Am Anfang noch mokierten sich die Lokalredaktoren bei den grossen Zeitungen über den Mangel an Eigengeschichten des neuen Fernsehens. Bald schon mussten sie sich hastig TV-Apparate in ihre Redaktionsstuben stellen lassen, um am nächsten Tag nicht dabei erwischt zu werden, eine grosse Story verpasst zu haben. «TeleZüri» war nun immer für einen journalistischen Primeur gut. Und bei einigen grossen lokalen Geschichten, wie dem Mordfall Bilkei oder dem grossen, aussergewöhnlichen Prozess um den Zürcher Chefbeamten Raffael Huber, lieferten wir klar die beste Berichterstattung.

Die Kontinuität, welche neben den News auch eine tägliche Talksendung erstmals bot, eröffnete ganz neue Möglichkeiten. So konnten Hintergründe auf eine ganz besondere Weise dargestellt werden, immer mit den Hauptdarstellern im Mittelpunkt – live und interaktiv im Gespräch mit Zuschauern, die in die Sendung anrufen konnten. Der Auftritt am Fernsehen wurde für viele Personen des öffentlichen Lebens erstmals möglich, und damit bekam der Bildschirm eine neue Bedeutung.

Auch im Unterhaltungsbereich machten wir auf uns aufmerksam. Patricia Boser wurde mit ihrer Sendung «Züri Date» (später «Swiss Date») nach den ersten, üblichen Frotzeleien der Journalisten der geschriebenen Presse zu einer Kultfigur, ein Status, den sie durch die Moderation der Sendung «Lifestyle» noch vertiefen konnte.

Wir wussten, dass es allein Ideen waren, die uns weiterbringen würden. Es genügte nicht, im täglichen News-Wettbewerb hie und da die Nase vorne zu haben. Wir brauchten Highlights, *big points* nannten wir sie, mit denen wir zusätzliche TV-Konsumenten auf uns aufmerksam machen konnten und um ihnen so mitzuteilen, dass es bei uns Dinge zu erfahren gab, über die weder die «Tagesschau» noch «10 vor 10» berichteten, die für viele Schweizer zu einem Teil ihres Tagesablaufs geworden sind – ganz unabhängig von der Qualität der einzelnen Sendungen.

Aus diesem Grund entschieden wir uns, die Generalversammlung der UBS aus dem Hallenstadion live zu übertragen, bei der Martin Ebner den Verwaltungsrat der grössten Schweizer Bank herausfordern wollte. Dieser Anlass dauerte, wie bei solchen Mammutveranstaltungen üblich, viele Stunden lang, bei denen die folkloristischen Auftritte von Kleinaktionären überwogen. Doch dann kam die entscheidende Abstimmung, welche der damalige «Cash»-Chefredaktor Markus Gisler und ich live und exklusiv kommentierten. Anschliessend folgten sofort die Interviews mit den Protagonisten, einerseits mit dem geschlagenen Martin Ebner, andererseits mit den Tagessiegern Niklaus Senn und Robert Studer.

Damit hatten wir erstmals ein neues Element in die Schweizer Fernsehlandschaft eingebracht, das die SRG erst einige Zeit später zögerlich zu imitieren begann, nämlich die Live-Übertragung von Generalversammlungen und wichtigen Pressekonferenzen. Werbeeinnahmen konnten wir mit solchen Sendungen nicht erzielen, doch sie verschafften uns eine grosse Beachtung bei einem neuen Publikum. Und für unser Technik- und Redaktionsteam löste die neue Herausforderung jeweils einen zusätzlichen Motivationsschub aus.

Gleichzeitig hatten wir mit der Doppelmoderation bei Live-Veranstaltungen ein neues Konzept eingeführt, das wir später auch bei «Tele 24» regelmässig einsetzten. Besonders deutlich wurde dies Ende 2001 bei einer Pressekonferenz im Bundeshaus zur Swissair, die auf 17 Uhr angesetzt war. Dort sollte mitgeteilt werden, ob und in welcher Höhe sich der Bund an einer Nachfolgegesellschaft für die bankrotte Swissair beteiligen würde.

Bereits zehn Minuten früher gingen wir auf Sendung und die SRG tat dasselbe, nachdem sie bei früheren Swissair-Entscheiden auf Live-Einsätze verzichtet hatte. Für «Tele 24» standen Markus Gilli und ich an einem kleinen runden Tisch vor dem Zimmer 386, für die SRG war es wenige Meter daneben allein Ursula Hürzeler an einem identischen Tischchen.

Als sich der Beginn der Pressekonferenz verzögerte, zuerst um 20 Minuten, dann um 30, dann um 60, um schliesslich um 18.20 Uhr endlich zu beginnen, redeten wir pausenlos miteinander vor der Kamera, wir schalteten zu unserem Korrespondenten am Flughafen Kloten und dem Nachrichtenredaktor im Studio in Zürich. Wir schnappten uns Politiker für Interviews, die auf die grosse Entscheidung warteten, und kommentierten ihre Kommentare. Derweil geriet die einsame Ursula Hürzeler vor laufender Kamera immer mehr unter die Räder, denn allein war eine solche Überbrückung von achtzig unendlich langen Minuten von niemandem zu schaffen. Und so wirkte das kleine Fernsehen in einer aussergewöhnlichen Stunde der Schweizer Wirtschaftsgeschichte wieder einmal professioneller und personell besser bestückt als der grosse Bruder – einfach deshalb, weil wir unsere knappen Mittel zielgerichtet für die entscheidenden Situationen einsetzten.

«TeleZüri» wuchs trotz vieler Widerstände stetig weiter. 1997 erreichten wir tägliche Ratings von 150 000 Zuschauern in unserer News-Sendung (das Zuschauer-Rating ist diejenige Zahl von Personen, die eine Sendung von Anfang bis zum Ende sehen, das heisst, wenn jemand sich nur die Hälfte anschaut, dann wird er im Rating nur als «halber Zuschauer» gezählt). «TalkTäglich» hatte nach anfänglichen Ratings von 20 000 Zuschauern die 100 000er-Grenze überschritten. Insgesamt erreichten wir Tag für Tag gegen 500 000 Zuschauer mit unseren Sendungen. Im ersten Geschäftsjahr hatten wir einen Verlust von fünf Millionen Franken eingefahren, 1996 ging das Defizit auf die Hälfte zurück. Für 1997 erwarteten wir gar, wie im Business-Plan vorgesehen, den *break even* zu erreichen.

War «TeleZüri» also die Erfolgsstory geworden, wie ich es mir erhofft hatte? Hatten wir den einzig denkbaren Weg gefunden, um in der Schweiz das Privatfernsehen einzuführen? Gehörte uns die Zukunft? Und würden die drei «TeleZüri»-Partner ihr eingesetztes Geld in Bälde wieder einspielen können?

Je intensiver ich unsere Lage analysierte, desto deutlicher erkannte ich Warnsignale. Das Bakom hatte den Kampf gegen die ausländischen Werbefenster definitiv aufgegeben. So kompensierten die Bieler Beamten das eigene Unvermögen, gegen die ausländischen Werbegeld-Exporteure vorgehen zu können, mit einer verstärkten Polizeitätigkeit gegen die heimischen Sender, die sie kompromisslos mit Aufsichtsbeschwerden, Bussen und Strafverfahren drangsalierten.

Ich zweifelte keine Sekunde lang, dass die Werbefenster mit ihrer national verbreiteten Werbung den Schweizer TV-Markt grundsätzlich verändern mussten. Sie würden einen Preiskampf entfachen, dem wir als lokales Fernsehen nichts Gleichwertiges entgegensetzen konnten, auch wenn wir im grössten regionalen Markt der Schweiz eine respektable Position erworben hatten. Wir mussten also damit rechnen, in Zukunft weniger Einnahmen zu generieren, denn die Expansionsmöglichkeiten in unserem Verbreitungsgebiet schienen bald einmal ausgereizt. Damit würden wir aber wieder brutal in die Verlustzone zurückfallen.

Und ich sah noch eine zweite Gefahr am Horizont. Unser Erfolg würde über kurz oder lang jemanden ermutigen, ein Fernsehen für die ganze Deutschschweiz zu lancieren. Ein solches Projekt würde eine gewaltige Sogkraft auf unsere wichtigsten Mitarbeiter ausüben, die von einer solchen nationalen Plattform fasziniert sein mussten. Was sollte ich dem entgegenhalten können?

Zuwarten war also eine gefahrvolle Strategie. Aber noch riskanter erschien mir die einzige Alternative, nämlich das eigene Vorprellen in die höhere Liga.

Als ich mit meinen leitenden Mitarbeitern darüber sprach und das Thema «nationales Fernsehen» erstmals ins Spiel brachte, waren alle augenblicklich Feuer und Flamme. «TeleSwiss», wie ich das Projekt nannte, faszinierte auf Anhieb wegen der neuen, viel grösseren Möglichkeiten, die wir erhalten würden. Technik-Chef Peter Canale begann umgehend erste Versionen der künftigen Studios zu zeichnen und zu berechnen. Und Mario Aldrovandi, der mit dem Titel Chefredaktor vor einiger Zeit zu «TeleZüri» gestossen war, hämmerte mir täglich ein, dass dies das einzig richtige Vorgehen sei. Auch das Team wäre durch diesen Quantensprung auf ungeahnte Weise zu motivieren.

Je länger ich die Argumente für «TeleSwiss» hin und her schob, desto mehr kroch neben einem tief sitzenden Angstgefühl eine seltsame, irrationale Begeisterung für eine solche Herausforderung hoch. Und ich erinnerte mich: Niemand hätte es sich damals, als ich 1969 meine ersten Schritte als Filmbearbeiter und Reporter in Erich Gyslings «Rundschau» des Schweizer Fernsehens machen durfte, auch nur als formulierte Fantasie vorstellen können, dass es in der Schweiz irgendwann einmal möglich sein würde, dass jemand ein eigenes nationales Fernsehen auf die Beine stellen könnte. Und nun war ausgerechnet ich derjenige, dem sich diese Möglichkeit zu bieten schien.

Als ich in diesem Frühling 1997 mit Hampi Bürgin auf unserem Nepal-Trekking im total isolierten Mustang über diese Frage diskutierte, sagte ich ihm, kurz bevor wir nach stundenlangem Wandern den Flecken Gemi erreichten: «Wenn ich je auf die Idee kommen sollte, nationales Fernsehen zu machen, und das womöglich noch allein, so musst du mich unbedingt davon abhalten. Ich spüre es, dass es für mich zu gefährlich wäre. Das Stichwort heisst von nun an ‹Gemi›. Dann erinnere ich mich an dieses tiefe Gefühl, das ich in diesem Augenblick hier in Mustang habe und das mir die Richtung weisen soll.»

Nur vier Monate später, am 1. August 1997, reichte ich das Konzessionsgesuch für «TeleSwiss» ein.

Hampis wiederholte Zwischenrufe nach «Gemi» waren ungehört verhallt.

Michael Ringier, der Partner

Begonnen hat die Partnerschaft mit Michael Ringier an einem heissen Sommerabend im Jahr 1984 in Greifensee, im Garten von Fibo Deutsch, dem langjährigen Chefredaktor der «Schweizer Illustrierten». Seit Jahren waren wir beide vom Thema Fernsehen fasziniert, und so redeten wir auch diesmal von kaum etwas anderem. Plötzlich war die Idee da, aus dem Nichts, wie der Vorschlag für einen Bubenstreich: Wir würden ein Fernsehprogramm auf die Beine stellen, und zwar bereits in wenigen Wochen. An der «Fera», der Radio- und Fernsehausstellung, wollten wir der Schweiz erstmals beweisen, dass es auch ausserhalb der SRG möglich sei, Fernsehen zu machen. Fibo Deutsch zog sofort seinen neuen Chef Michael Ringier hinzu, der kurz zuvor aus Deutschland zurückgekehrt war, und der gab ohne Zögern grünes Licht.

Die Zürivision war über alle Massen und jenseits aller Vernunft ambitiös. Wir produzierten während fünf Abenden nicht weniger als jeweils dreistündige Live-Sendungen vor Ausstellungspublikum – und hatten mit diesem unsinnigen Konzept sogar Erfolg, wie wir in einer Studie später nachweisen konnten. Dieses Fernsehexperiment, das wir aus der eigenen Tasche finanzierten, hatte nur einen Zweck: Wir wollten erreichen, dass die Werbung für privates Fernsehen gleich wie fürs private Radio möglichst schnell zugelassen würde. Denn das war damals nicht der Fall.

Die Einführung der TV-Werbung für private Sender war im Entwurf zur RVO (Rundfunkverordnung) von Bundesrat Leon Schlumpf vorgesehen. Doch als sein Text 1983 kurz vor der Beratung im Gesamtbundesrat gezielt in der linken «WochenZeitung» veröffentlicht wurde, bekam es der vorsichtige Bündner Magistrat mit der Angst vor dem eigenen Liberalisierungsmut – und buchstabierte zurück. Kurzerhand schlug er seine eigene Verordnung entzwei. So halbierte er beim Lokalradio den Senderadius und die erlaubte Werbezeit, und beim Fernsehen, für das sich damals niemals ernsthaft interessierte, strich er die bereits vorgesehenen Werbemöglichkeiten gar vollständig. Durch einen Federstrich sollte im Bereich Fernsehen ein ganzes, entscheidendes Jahrzehnt verloren gehen, ein Jahrzehnt, in dem in der Schweiz die gerade aufkommenden deutschen Privatsender ihre Marktposition ohne einheimische Konkurrenz ausbauen konnten.

Unbeschwert und erlebnishungrig, wie wir in diesem heissen Sommer 1984 waren, glaubten wir, diese Totalblockade durchbrechen zu können. Wir stellten uns vor, mit dem «Tatbeweis», dass privates Fernsehen in der Schweiz machbar, sinnvoll und erfolgreich sei, den Schlumpf'schen Sündenfall beheben zu können.

Doch in Bern rührte sich nichts. Also produzierten wir im übernächsten Jahr in einer aufwendigen, innovativen Acht-Stunden-Sendung die Zürcher Stadtratswahlen als TV-Ereignis. Wir versuchten es im folgenden Jahr noch ein drittes Mal bei den Regierungsratswahlen, diesmal auch mit dem «Tages-Anzeiger», der sich inzwischen bei der «Zürivision» eingekauft hatte.

Die Berner Politiker zeigten sich in höchstem Masse unbeeindruckt. Niemand setzte sich für unser Anliegen ein, und natürlich bremste die SRG sehr effektvoll im Hintergrund. Waren unsere Fernsehträume damit bereits vorbei, bevor sie richtig begonnen hatten? Denn nach dem dritten Testlauf hatten wir entschieden, ohne echte Zukunftsaussichten keine weiteren Sendungen zu produzieren.

Bevor wir in Sachen Television definitiv kapitulierten, versuchten wir es auf andere Weise. Eines schönen Morgens klemmten sich Michael Ringier und ich in eins dieser kleinen Crossair-Flugzeuge, um nach Luxemburg zu reisen. Dort empfing man uns bei «RTLplus», wie der Sender damals hiess, äusserst freundlich. Man zeigte uns die Studios, erklärte uns das Geschäftsmodell und meinte zu unserem Anliegen betreffend einer Zusammenarbeit, dass bereits ein gewisser Herr Beat Curti aus der Schweiz vorbeigekommen sei. Der habe mit dem «RTL»-Chef Gaston Thorn, dem ehemaligen Ministerpräsidenten des Landes, eine Vereinbarung getroffen. Und wirklich, Jahre später, sicherte sich Beat Curti mit dem «RTL»-Werbefenster automatisch fliessende Einnahmen in zweistelliger Millionenhöhe, mit denen er alle Fehlentscheide seines Medienunternehmens finanzieren konnte.

Michael Ringier und ich aber wussten, dass damit auch unsere letzte Chance vertan war, nämlich das private Fernsehen mit einem Umweg über das Ausland in der Schweiz einzuführen, so wie das zuvor beim Privatradio vom Pizzo Groppera aus erfolgreich geschehen war.

Aber Fernsehen war noch immer ein Teil meines Systems. Vor allem in den Jahren beim «Kassensturz» hatte ich mich mit dem Virus infiziert. Innerlich haderte ich mit dem Umstand, dass es keine Möglichkeit gab, zu dieser alten Liebe zurückzufinden, denn im Fernsehen der SRG waren mir nach meinen «Radio 24»-Aktivitäten alle Wege verbaut. Dies kam unter den gültigen Gesetzen einem Berufsverbot gleich, wie ich mir selbst eingestehen musste.

Viele lange Jahre geschah überhaupt nichts. Gebannt beobachteten wir, wie die deutschen Privatsender die ganze Landschaft umpflügten, während wir blockiert waren. Immer wieder kamen wir aufs alte Thema zurück. Im Sommer 1992 kritzelte ich einmal in Fibo Deutschs Büro auf einem A5-Blatt die Eckdaten für ein künftiges TV hin, über das wir wie so oft fantasierten. Die Gesamtkosten für ein Deutschschweizer Fernsehen schätzte ich auf 30 Millionen Franken im Jahr, basierend auf einem Preis von 1000 Franken für eine Sendeminute. Ungenau blieb ich bei den möglichen Einnahmen im ersten Jahr. Präziser war ich hingegen bei den möglichen Aktionären. Dort kam ich auf Ringier und Jean Frey – und dann fügte ich noch hinzu: «Radio 24» (kleiner Partner). Das Blatt hing danach während vieler Jahre schön eingerahmt in Fibo Deutschs Büro. Vor allem die Bemerkung «kleiner Partner» sorgte später immer wieder für Erheiterung.

An einem trüben Herbstmorgen im Jahr 1993 stand ich wieder im Büro von Fibo Deutsch und erzählte ihm von meiner morgendlichen Eingebung für ein Lokalfernsehen. Nein, nationales Fernsehen sei nicht zu refinanzieren, lokales hingegen schon, verkündete ich ihm mit begeisternden Worten meine jüngsten Erkenntnisse. Nach wenigen Minuten streckte Michael Ringier den Kopf zur Tür hinein, um guten Tag zu sagen. Sofort informierten wir ihn, wie beinahe zehn Jahre zuvor bei der Zürivision, über die neue Fernseh-Idee, und wieder sagte er auf Anhieb zu. Er sei dabei, fifty-fifty. Ich solle ein Projekt vorlegen, ein Budget machen und das Konzessionsgesuch vorbereiten.

Das beeindruckte mich. Wenn an einem Morgen bereits zwei erfahrene Leute so spontan positiv reagierten, dann musste die Sache überzeugend sein. Also machte ich mich an die Arbeit. Innerhalb weniger Wochen stand das Konzept, das wir der Presse präsentierten, die mit grosser Überraschung über dieses unerwartete Projekt berichtete.

Natürlich wollten wir unser Fernsehen Zürivision nennen, denn der Name hatte immer noch einen gewissen Bekanntheitsgrad. Doch Michel Favre von der TA-Media hielt dagegen. Als dritter Partner der Firma Zürivision, der sich ausgeschlossen fühlte, verweigerte er die Zustimmung. Nein, auch mit Geld sei nichts zu machen, beschied er uns.

Also suchten wir einen neuen Namen und entschieden uns schliesslich für «Tele 24».

«Damit ist das ‹Tele› unserer Fernsehzeitschrift vertreten», sagte Ringier-CEO Oscar Frei zufrieden, der mit mir die Verhandlungen führte. «Ebenso das 24 deines Radios. So ist es fair.»

Doch je länger ich überlegte, desto mehr störte mich etwas an diesem Namen. So stolz ich auf das «24» war, so sehr fehlte mir die Herkunftsbezeichnung, die unser Fernsehen schon äusserlich einmalig machen sollte. So schlug ich «TeleZüri» vor, und unser Fernsehen hatte einen Namen. All die später gegründeten Regional-TV-Stationen, die im Nachgang zur Lancierung von «TeleZüri» gegründet wurden, kopierten uns ungefragt: «TeleBärn», «TeleOstschweiz», «TeleBasel», «TeleTell», «TeleTop», «TeleSüdostschweiz», «Tele M1» …

Wenige Wochen vor Sendebeginn kam Oscar Frei mit einer überraschenden Idee.

«Wie wäre es, wenn wir den ‹Tages-Anzeiger› als dritten Partner ins Boot holen würden?», fragte er mich.

«Wie kommst du auf so etwas?», fragte ich verblüfft.

«Nun, erstens steigen sie so bei ‹Forum Züri› aus, die ohne den ‹Tagi› wohl nie richtig auf die Beine kommen. Das heisst, wir haben keinen ernsthaften lokalen Konkurrenten mehr. Und zweitens sind sie so verzweifelt, weil sie mit diesem wilden Haufen bei ‹Forum Züri› nicht weiterkommen und sich mit ihrem ‹RTL›-Programmfenster verrannt haben, dass sie sehr viel Geld bezahlen, um bei uns dabei sein zu können.»

«Trotzdem, ich bin dagegen», sagte ich. Der «Tages-Anzeiger» war bisher auch in unseren Diskussionen das klare Feindbild gewesen, der sich mit meinem Hauptkonkurrenten Beat Curti von «Radio Z» zusammengetan hatte. Zudem wusste ich von der tief sitzenden Abneigung von Ringier gegen den Verlag, der mit dem «Stellen-Anzeiger» fantastische Gewinne scheffeln konnte, denen man nichts gleichwertiges entgegensetzen konnte.

«Also, gib mir etwas Bedenkzeit», erbat ich vom immer freundlich lächelnden, zuvorkommenden Oscar Frei. «Ich muss nochmals über die Bücher.»

In der nächsten Nacht konnte ich kaum schlafen. Die unerwartete Idee eröffnete mir neue Horizonte. Zusammen mit den beiden grössten Verlagen mussten die Chancen unseres Projekts massiv grösser sein. Die versammelte Werbepower und die vielen Gratisanzeigen waren genau das, was wir in den ersten harten Jahren brauchen würden. Und zudem lockte der Preis, den der «Tagi» zu zahlen bereit war und der mein beträchtliches finanzielles Risiko abfedern konnte. So würde ich die budgetierten Verluste der ersten Betriebsjahre schon vor dem Sendestart decken. War dies nicht ein Angebot, das ich gar nicht zurückweisen konnte?

Also änderte ich meine Meinung und gab meine Zustimmung für Verhandlungen mit den Leuten von der TA-Media. Sie kamen, hörten uns an und waren ohne Diskussion bereit, den von uns geschätzten künftigen Firmenwert von 25 Millionen zu akzeptieren.

Nur eine Bedingung stellten sie, die nicht verhandelbar war: Sie wollten an «TeleZüri» genau gleich beteiligt sein wie Ringier, um in der Öffentlichkeit nicht als Juniorpartner dazustehen. Hingegen wurde sofort akzeptiert, dass ich als Initiant, Motor und künftiger CEO anders behandelt würde, damit mich die beiden Verlage in keiner Situation überstimmen konnten. So einigte man sich schliesslich auf einen Verteilschlüssel, bei dem jeder der drei Partner je einen Drittel des Aktienkapitals halten würde. Als Initiant wurden mir 50 Prozent der Stimmen zugesprochen, und jedes der beiden Verlagshäuser erhielt 25 Prozent.

Während diese Gespräche liefen, platzte ich einmal ungebeten mitten in eine Sitzung, die offenbar schon länger im Gange war. Neben Oscar Frei und Fibo Deutsch war erstmals auch Thomas Trüb dabei, der Mann für alle Fälle im Hause Ringier. Auf der anderen Seite sass die Abordnung aus dem Hause TA-Media. Aus Bruchstücken erfuhr ich nach und nach, worüber meine beiden potenziellen Partner in meiner Abwesenheit debattiert hatten: Ringier setzte zusätzliche Bedingungen für eine Zustimmung zu einer Beteiligung der TA-Media am Projekt «TeleZüri», von denen ich nichts erfahren sollte. Aus Andeutungen erkannte ich, dass es um Zugeständnisse der TA-Media im damals hart umkämpften Zeitungsmarkt Luzern und um die Zusage von Druckaufträgen ging.

Ich war wie vor den Kopf geschlagen. Da war ich nun offensichtlich in den Verteilkampf von zwei Grossen geraten, von dem ich nichts wusste. Mein Projekt wurde benützt, um hinter meinem Rücken Deals abzuschliessen, die sonst nie stattgefunden hätten und über die man mich nicht einmal informieren wollte.

Dies war aber nur der Anfang der Probleme. Nun sollte die Beute verteilt werden. Für Ringier war die Sache klar: Beide Seiten sollten vom «Tagi»-Eintrittspreis gleich viel erhalten, da beide bisher je die Hälfte des Kapitals eingeschossen hatten. Dagegen erhob ich Einspruch. In meiner Zeit im Filmgeschäft hatte ich gelernt, wie Hollywood funktioniert. Dort werden bei den meisten Filmprojekten *talent* und *money* gleich gewichtet, denn beide Elemente sind für die Realisierung eines erfolgreichen Films notwendig – sowohl Kreativität wie Finanzen. Nun hatte ich im Gegensatz zu Ringier nicht nur den gleichen finanziellen Beitrag geleistet, sondern auch das Projekt eingebracht, es entwickelt und die Ausführung übernommen. Mein Name und meine Reputation als erfolgreicher Radiomacher hatten «TeleZüri» so attraktiv erscheinen lassen. Deshalb schien es mir nicht fair, dass Ringier vom schnellen, unerwarteten «Tagi»-Geldregen gleich viel abbekommen würde wie ich. Und ausserdem gab es ja diese Geheimverhandlungen, bei denen sich Ringier einseitig Vorteile verschaffte, von denen ich nicht wissen sollte.

Und ich erinnerte die Ringier-Leute, wie das damals bei der Zürivision gewesen war. Dort hatte Ringier klar den Grossteil der Kosten getragen und zudem einen Teil des Manpowers gestellt. Als Michael Ringier damals den Löwenanteil des «Tagi»-Eintrittspreises einforderte, hatte ich deshalb ohne Zögern zugestimmt.

Nun schaltete sich überraschend Michael Ringier erstmals direkt in unsere Gespräche ein. Er war damals nur VR-Präsident, der das Management seinem CEO Oscar Frei und seinen Mitarbeitern übergeben hatte.

«Ich bin dagegen, dass der ‹Tagi› mitmacht», sagte er mir in seinem Büro. «Ich will ihn nicht dabeihaben. Er ist unser direkter Konkurrent, mit dem wir klare Interessenkonflikte haben.»

«Aber der Vorschlag kam doch von euch», sagte ich. «Ich selbst wäre nie auf diese Idee gekommen. Offenbar geht es auch um Geschäfte, die nichts direkt mit ‹TeleZüri› zu tun haben.»

«Ich bin dagegen.»

«Ich finde, dass es dafür zu spät ist. Dein CEO hat während Wochen verhandelt. Der Vertrag liegt unterschriftsreif vor», entgegnete ich.

Das Gespräch zwischen uns wurde erstmals hart, giftig, beinahe feindselig. In den letzten Jahren waren wir uns sehr nahe gekommen und hatten uns gegenseitig oft nach Hause geladen. Ich hatte Michael immer als angenehmen, intelligenten, zuvorkommenden und geistreichen Freund und Geschäftsmann erlebt, der eine Vornehmheit und Blaublütigkeit ausstrahlte, die mich nicht nur beeindruckte, sondern mich in Diskussionen auf eine für mich untypische Weise unterwürfig werden liess, wie ich zu meiner eigenen Verblüffung immer wieder feststellen musste. Und nun verbissen wir uns in einer wichtigen Frage in einer Weise, die für uns beide gleichsam neu und unangenehm war.

Ich zögerte. In der Sache war ich mir nun absolut klar, wenn ich an die Entwicklung der letzten Woche und die neuen Chancen für unser Fernsehen dachte. Aber würde ich eine Freundschaft zerstören, wenn ich auf meinem Standpunkt beharrte? Offensichtlich war Michaels «Tagi»-Antipathie echt und nicht gespielt.

Nach längerem Überlegen blieb ich hart – und setzte mich schliesslich nach unangenehmen Gesprächen auch durch. Dies sei mein Projekt, sagte ich, und wenn die Bedingungen nun kurzfristig geändert würden, müsste ich mich zurückziehen. Ich wusste, dass man sich bei Ringier, wo man kein Know-how für elektronische Medien hatte, nicht ohne mich in dieses unbekannte Abenteuer stürzen wollte.

Ich glaube, dass mir Michael Ringier diesen Ausgang nie richtig verziehen hat, auch wenn er die rund 2,6 Millionen der TA-Media, die ihm zustanden, ohne Probleme annahm. Noch während Jahren erwähnte er immer wieder, dass ich den «Tagi» gegen seinen Willen ins Boot geholt hätte. Meine Erklärungen über den konkreten Ablauf liess er nicht gelten. In seiner Denkwelt war es wohl nicht vorgesehen, dass er, der Besitzer des grössten Schweizer Medienunternehmens, sich mit einer klaren Meinung gegen den Besitzer eines Kleinbetriebs nicht durchsetzen konnte.

Kurz darauf, beim Start von «TeleZüri», stand Michael Ringier neben «Tagi»-Verleger Hans Heinrich Coninx, der wie üblich eine recht pathetische Ansprache hielt. Michael Ringier hingegen war wie immer witzig und pointiert. Als er in einem Aperçu bemerkte, dass «man es mit dem Roger eben nicht immer leicht habe», lachten alle. Ich aber wusste, dass eine gehörige Portion Bitterkeit mitschwang.

«TeleZüri» entwickelte sich von Anfang an erfreulich gut. Der Sendestart war geglückt, die Einschaltquoten stiegen und bald auch die Werbeeinnahmen. Mein Konzept schien aufzugehen. Aber ein Problem wurde immer deutlicher: Meine beiden Partner verhielten sich weitgehend passiv. Die erhoffte publizistische und selbst die vertraglich zugesagte werbliche Unterstützung blieb fast vollständig aus. Ich hatte im Gegenteil das Gefühl, dass man uns sogar überhart anfasste.

Erst nach einiger Zeit begriff ich diesen Mechanismus. Die Redaktionen der einzelnen Blätter wollten so – auf unsere Kosten – ihre Unabhängigkeit demonstrieren. Und die Verlagsmanager taten deshalb nichts, weil sie nicht wollten, dass der andere, ungeliebte Grossverlag durch die von ihnen erbrachten Leistungen profitieren würde. Anstelle der Addition der zwei grössten Player auf dem Markt hatte ich also eine Situation kreiert, in der sie sich zu unserem Schaden gegenseitig lahm legten. Selbst als «Blick»-Chefredaktor Sacha Wigdorowicz einen beispiellosen offiziellen Boykott gegen «TeleZüri» verhängte, weil wir es gewagt hatten, in einem Streit zwischen «Blick» und Jörg Kachelmann für unseren freien Mitarbeiter Stellung zu beziehen, griff Michael Ringier nicht ein, obwohl ich ihn im Interesse von «TeleZüri» inständig darum gebeten hatte.

All meine Aufforderungen für mehr Unterstützung verhallten. Erschwerend kam bald hinzu, dass die beiden Verlage ihre Vertreter im Verwaltungsrat von «TeleZüri» fleissig auswechselten, weil sie ihr Management laufend umgruppierten. Schliesslich nahm Michael Ringier für Ringier persönlich Einsitz. Dies war mir lieb, denn nun hatte ich endlich meinen eigentlichen Partner am Tisch direkt dabei. Damit würde sich sein Verlag mehr für «TeleZüri» engagieren, war meine Hoffnung.

Als ich 1997 im Verwaltungsrat über die Gefahr der immer zahlreicheren Werbefenster für die Zukunft von «TeleZüri» sprach, eine Vorwärtsstrategie Richtung nationales Fernsehen vorschlug und meine beiden Partner einlud, bei diesem Projekt mitzutun, winkten beide ab. Ringier konzentrierte sich mittlerweile auf «Presse-TV», die Pläne der TA-Media waren zu jenem Zeitpunkt noch unbestimmt, auch wenn das Thema Fernsehen offenbar eine neue Priorität in Geschäftsleitung und Verwaltungsrat erhalten hatte. Nein, Steine würde man mir nicht den Weg legen, sagte man mir, wenn ich es alleine versuchen wolle. Wichtig sei jedoch, dass ich ein Konzept vorlegen konnte, mit dem die Kosten und Einnahmen von «TeleZüri» und dem nationalen Fernsehen klar abgegrenzt würden. Dies sagte ich gerne zu. Noch wusste ich nicht, dass ich damit die Büchse der Pandora für endlose Diskussionen geöffnet hatte.

Für mein nationales Fernsehen brauchte ich, wie ich haargenau wusste, einen strategischen Partner, und ich erhoffte mir natürlich vor allem eine erweiterte Partnerschaft mit Ringier. Viele Leute dieses Verlags standen mir auch persönlich nahe. Und zudem war mir schon immer klar gewesen, dass Ringier besser als jeder an-

dere Verlag geeignet war, das nationale Privatfernsehen in der Schweiz einzuführen. Man hatte die richtigen nationalen Boulevardpressetitel im Sortiment, die für
die Lancierung eines Privatfernsehens unschätzbare Dienste leisten konnten. Ringier war zudem der klar grösste Verlag im Land und konnte so jene Rolle übernehmen, die in Deutschland Bertelsmann («RTL») und Springer («Sat 1») bezogen
hatten.

Doch es gab evidente Unterschiede, die über die völlig unterschiedlichen Grös-
senverhältnisse der beiden Märkte hinausgingen. Erstens erwirtschaftete Ringier
während Jahren keine genügend hohen Gewinne, um den Start eines nationalen
Senders aus eigener Tasche finanzieren zu können. Studien, die von Ringier in Auftrag gegeben worden waren, schätzten damals ein Jahresbudget von mindestens 100
Millionen Franken und Anfangsverluste in noch schwindelerregenderer Höhe – was
ich immer für einen falschen, viel zu ambitiösen Ansatz für den Schweizer Markt
gehalten habe. Manchmal hatte ich den Verdacht, dass diese Projekte bewusst so
gross konzipiert wurden, um sie dann umso lockerer abschiessen zu können.

Zweitens war Michael Ringier nicht der Typ des Haudegens, sondern agierte
lieber vorsichtig mit kleinen Würfen. Grosse Risiken liebt er nicht. Trotz seiner erklärten Faszination zum Medium Fernsehen wollte er sein Familienerbe nicht
wegen einer falschen Euphorie aufs Spiel setzen. Daher hatte er sich umgekehrt
ohne Zögern und sehr erfolgreich für die Expansion in Osteuropa entschieden, weil
dafür keine vergleichbar grossen Mittel eingesetzt werden mussten. Auch in Sachen
Internet zögerte Ringier später sehr lange. Erst ganz kurz bevor die Dotcom-Blase
platzte, verkündete Michael Ringier in einem Interview, dass «Ringier nun eine
Internet-Firma» sei, und kaufte sich für über 30 Millionen Franken das Finanz-
portal «Borsalino», dessen Wert innert wenigen Monaten gegen Null schmolz.

War es also realistisch, dass sich Michael Ringier unter solchen Gesamtbedin-
gungen schliesslich doch noch an «Tele 24» beteiligen würde? Würde er sich, obwohl das wirtschaftliche Risiko überschaubar war, in eine direkte Konfrontation
mit der SRG und dem Grossteil der Berner Nomenklatura gehen? War dies Michael
Ringiers Stil? Wollte er einen solchen Kampf durchfechten, bei dem zumal der Ausgang ungewiss war?

Vieles sprach dagegen. Und wenn ich ehrlich analysierte, gab es noch zusätzliche Gründe, die mich negativ stimmen mussten.

Da war vor allem Frank A. Meyer. Der Charakter der Beziehung zwischen Frank

A. Meyer und Michael Ringier wird seit Jahren an beinahe jeder Journalistenrunde diskutiert, ohne dass jemand eine glaubwürdige Version vorlegen kann. Als ich einmal Informationen an der Quelle holen wollte, wurde ich abgeblockt.

Zusammen mit Michael und Ellen Ringier sass ich im Restaurant Blaue Ente, als ich meine Vorbehalte gegen die Rolle und das Vorgehen von Frank vorbrachte. Ich wurde sofort mit einem Wortschwall überzogen, der kaum zu bremsen war, und zwar von meinen beiden Tischpartnern. Die Erläuterungen kulminierten in der Aussage: «Frank wird nur deshalb angegriffen, weil die anderen Journalisten neidisch sind, dass er besser schreiben kann als sie.»

«Und was ist mit seiner Vermischung von Journalismus und politischer Einflussnahme?», warf ich ein. Ich hatte erfahren, dass er stolz darauf war, für Bundesräte Reden zu schreiben, Reden, die er manchmal kurz darauf im «Sonntags-Blick» für ihre Weitsicht lobte. Was für einen Adrenalinkick muss eine solche Macht in einem Menschen auslösen, der auf solche Dinge abfährt?

Frank hatte sich Jahre zuvor mit mir verbünden wollen, als er mich im Umfeld von Michael entdeckte. Bei einer offiziellen Führung in der Ringier-Druckerei in Adligenswil zog er über den Bürgersohn Thomas Held her, der damals eine wichtige Stelle im Ringier-Management einnahm und gegen den wir zwei, die wir ganz von unten kamen, zusammenstehen sollten. Ich äusserte mich nicht zu diesem Vorschlag. Bald darauf war Held nicht mehr bei Ringier, so wie im Laufe der Jahre viele andere Topleute eliminiert wurden, von denen sich Meyer in seiner Stellung als einziger Vertrauter von Michael Ringier bedroht fühlte.

Er war es, der die Konzernpolitik machte und seinen Chef in brillanter Manier managte. Sein letzter Linienjob war die Ko-Chefredaktion beim Magazin «Woche» gewesen, das schnell und kläglich scheiterte. Danach schrieb er nur noch Kolumnen und gab Ratschläge. So schlug er etwa vor, den serbelnden Berner «Bund» zu kaufen, den Ringier nach gescheiterten Wiederbelebungsversuchen gerade noch an die «NZZ» weiterreichen konnte. Er war es, der Monika Kälin zur Chefredaktorin der «Glückspost» und Fred David zum «Cash»-Chef vorschlug, obwohl beide für diese Jobs keinen Leistungsausweis hatten und schnell ausgewechselt werden mussten. Er verpasste Ringier die kompromisslose Anti-Blocher-Strategie und erfand die Devise, dass deutsche Chefredaktoren die Qualität der eigenen Produkte heben würden. Das führte, wie man jetzt weiss, geradewegs ins Borer-Desaster, das Michael Ringier erstmals nicht nur Millionen kostete, sondern etwas viel Weitreichenderes auslöste: Sein Ruf und der seines ganzen Unternehmens wurden massiv beschädigt. Und schliesslich war es Frankie, der in Bern Ringiers Fernsehpolitik bestimmte.

Als der «Bonus», das Zürcher Stadtmagazin, das ich herausgab, einige saloppe Aussagen über Frank A. Meyer machte, rief er mich bei einem meiner Besuche im Ringier-Haus in sein Büro und stauchte mich in einer Diktion zusammen, die ich noch nie erlebt hatte. Als die Tirade nicht enden wollte, sagte ich schliesslich: «Du bist ein Arschloch. Ich sehe keinen Grund, mit dir jemals wieder zu reden», und stapfte davon.

Damit war ich in der Welt von Frank A. Meyer, die nur aus Freunden und Feinden besteht, ganz klar im anderen Lager. Er bezeichnete mich nun weit herum als Autisten, später auch als Faschisten, weil ich auch Christoph Blocher in meine Sendungen einlud.

Rein geschäftlich gesehen war dieser Konflikt natürlich ein äusserst unkluger Schritt, das wusste ich genau. Doch sollte ich rein opportunistisch handeln, nur um bei Entscheiden von Michael Ringier nicht gegen seinen ungreifbaren Einflüsterer antreten zu müssen, der Methoden anwandte, die ich zutiefst ablehnte? Nein, dies konnte ich aus psychohygienischen Gründen nicht tun – und ich tat es auch nicht. War dies später in der Endabrechnung der alles entscheidende Faktor, der alles andere überschattete? Vielleicht, wie wir noch sehen werden.

Mit Michael sprach ich jedenfalls nach jenem Abendessen in der «Blauen Ente» nie mehr über Frank. Ich hatte begriffen, dass man mit ihm jedes Thema kritisch und kontrovers diskutieren kann, mit Ausnahme dieses einen. Hier stiess ich an ein Glaubenssystem, das keine Widerrede duldete.

Dabei war ich mir sicher, dass Frank A. Meyer in seiner feudalen Suite im Berner Hotel Bellevue nicht nur Medienpolitik für Ringier betrieb, sondern er hatte vor allem seine eigene Agenda im Auge.

Deutlich wurde dies erstmals, als das Schweizer Fernsehen seine Talksendung «Vis-à-vis» abschaffen wollte, weil sie nicht mehr ins Programm zu passen schien. In einer beispiellosen Aktion mobilisierte Meyer Politiker und sogar hohe Militärs, die bei der SRG intervenieren sollten. So wurde der bereits verkündete Entscheid in einer einmaligen Aktion rückgängig gemacht, und Frankie behielt die Sendung – bis auf den heutigen Tag.

Das ist für ihn besonders wichtig. Die Position des TV-Talkmasters besitzt offenbar selbst für jene ernsthaften Presseleute eine gewaltige Faszination, deren Stärke eindeutig beim geschriebenen Wort liegt, wie die TV-Auftritte der Chefredaktoren von «NZZ» bis «Basler Zeitung» beweisen, die sogar gerne in Sendungen auftreten, die kein grösseres Zuschauerinteresse auslösen.

Frank A. Meyer und die ganze Schweiz wussten nun, dass er seinen medialen Hochsitz allein mit politischen Mitteln behalten durfte. Hätte Ringier die Monopolstellung der SRG ernsthaft bedroht, so wäre er zusammen mit seiner Talkshow umgehend vom Bildschirm verbannt worden.

Was sollte er tun, da Ringier nun wie alle anderen grossen Verleger in Europa ins Medium Fernsehen drängte? Er heckte zusammen mit seinem Freund Dölf Ogi einen Plan aus, um Ringier und die SRG zu vermählen. So wurde zuerst «Cash-TV» geboren und trotz der eindeutigen Werbewirkung für ein Ringier-Produkt gleich auf einen prominenten Sendeplatz bei SF 1 gesetzt. Aus diesem ersten gemeinsamen Gehversuch entstand bald darauf «Presse-TV».

«Presse-TV» ermöglichte es den drei Verlagen Ringier, «Neue Zürcher Zeitung» und «Basler Zeitung», ohne jegliches finanzielles Risiko Fernsehen zu betreiben, da die SRG alles zur Verfügung stellte, von den Programmplätzen über die Programmverbreitung bis zur kompletten Finanzierung. Für Michael Ringier musste dieser Modus attraktiv erscheinen, zumindest als Einstieg in die nationale Fernsehwelt. Die SRG anderseits konnte für einige wenige Millionen Franken verhindern, dass diese Verlage sich an einem echten, erfolgversprechenden nationalen Fernsehprojekt beteiligen würden, das die SRG herausfordern könnte. Gleichzeitig sicherte man sich die politische Unterstützung dieser wichtigen Verlage für die entscheidenden Belange der SRG, vor allem das Gebührenmonopol, von dem «Presse-TV» direkt profitierte. Und ausserdem kam man sich ganz allgemein so nahe, dass die Kritik an der SRG und ihren Exponenten niemals eine gewisse Schärfe erreichen kann. Mit einem Wort: Man war (und ist) zusammen im selben Bett und kann sich in Krisenzeiten aufeinander verlassen.

Es war ein heisser Sommertag Anfang August 1998. Michael Ringier hatte mir einige Tage zuvor vorgeschlagen, dass wir uns am Rande des Filmfestivals von Locarno treffen sollten, um über eine mögliche Zusammenarbeit im Bereich des nationalen Fernsehens zu reden. Dies sei der ideale Ort, um diskret und in Ruhe alles besprechen zu können.

In zwei Monaten wollte ich mit «Tele 24» starten, und zwar allein, ohne Partner. Dabei hatte ich meine Frau Gabriella immer wieder inständig gebeten, mich vor genau diesem Szenario zu warnen. «Mach dir keine Sorgen», hatte ich ihr gesagt, «bis es losgeht, werde ich nicht mehr ohne Partner sein. Ich weiss, dass dieses Projekt für mich zu gross ist. Ich bin nicht so dumm, um mich in ein solches Abenteuer zu begeben.»

Aber dann hatten sich alle Gespräche zerschlagen. Auch bei den regionalen TV-Veranstaltern war ich abgeblitzt. «Wir brauchen kein Programm aus Zürich», sagte mir Polo Stäheli vom Verlag der «Berner Zeitung» direkt ins Gesicht. Und nun war ich allein.

Michael Ringier hatte mich in einen lauschigen Innenhof im «Castello del Sole» in Ascona geführt. Dort würden wir am frühen Nachmittag ungestört bleiben, meinte er. Wir setzten uns, bestellten ein Mineralwasser, und ich erläuterte die Ausgangslage meines künftigen Fernsehens und weshalb ich glaubte, dass dies für Ringier eine äusserst spannende Gelegenheit sei.

Michael Ringier stellte Fragen und brachte Einwände. Vor allem die finanziellen Risiken liessen ihn zögern. Also machte ich ihm auf der Stelle einen äusserst waghalsigen Vorschlag, der mir hätte das Genick brechen können: Ringier würde sich für eine 50-Prozent-Beteiligung mit 20 Millionen Franken engagieren, und ich würde umgekehrt alle Verluste bis zum *break even* allein tragen. Damit zeigte ich mich gegenüber dem grössten Medienkonzern des Landes bereit, einseitig das gesamte Zukunftsrisiko zu tragen – denn ich wollte diesen Deal unbedingt.

Während wir sprachen, streckte plötzlich SRG-Generaldirektor Armin Walpen den Kopf aus einer Türe.

«Was treibt ihr denn so zusammen?», wollte er wissen, und wir antworteten etwas Unbestimmtes.

Unser Besprechungsort war also nicht ganz so diskret, wie er angekündigt gewesen war. Hinterher überlegte ich mir, ob es wohl wirklich ein unglücklicher Zufall gewesen war, dass der oberste SRG-Chef Michael Ringier und mich bei einer offensichtlich vertraulichen Besprechung über künftige Fernsehpläne ertappte. Vielleicht sollte man uns zusammen sehen.

Fiebrig wartete ich in den nächsten Wochen auf das Ergebnis der Tessiner Ringier-Retraite, bei der die Fernsehpolitik für die nächsten Jahre bestimmt werden sollte. Der negative Bescheid, der dann eintraf, war ein Schlag, kam aber nicht wirklich überraschend. Ich hatte es bei der bekannten internen Konstellation bei Ringier wohl nicht anders erwarten dürfen. Erst als ich später erfuhr, wie die Sitzung abgelaufen war, wusste ich, dass ich und das private Fernsehen von Beginn weg chancenlos waren – und das ärgerte mich dann schon.

Als Erster erläuterte der eingeladene SRG-Publikumsforscher Matthias Steinmann mit einer Vielzahl von komplizierten Grafiken, dass ein privater Sender niemals gegen sein Unternehmen antreten könne. Was hätte er anderes erzählen sollen? Dafür war er schliesslich bezahlt. Dann erinnerten Frank A. Meyer und Fibo Deutsch, der Leiter von «Presse-TV», an die gute Zusammenarbeit mit der SRG. Eine echte Gegenposition gab es nicht. Und wirklich lief für die Protagonisten der SRG-Lösung alles nach Plan, sodass zu keinem Zeitpunkt eine echte Diskussion aufkommen konnte. Von niemandem wurde ernsthaft die Frage gestellt, ob Ringier mit «Presse-TV» jemals Geld verdienen könne. Die Antwort darauf wäre für das Management eines privaten Unternehmens eher peinlich ausgefallen. Frank A. Meyers Inszenierung, mit der er seine Ziele durchsetzen konnte, klappte wie immer reibungslos.

Auch den Wunsch von Michael Ringier nach etwas mehr als dem drögen, perspektivelosen «Presse-TV» konnte man erfüllen. Die SRG war sehr beflissen mit einem neuen Angebot zur Stelle, einem neuen Projekt, in das man Ringier wieder völlig kostenlos und absolut grosszügig einbinden wollte. Aus dem Hut zauberte man die Idee des Nachrichtenkanals «SF Info», der das von mir eingeführte und zuvor von Schellenberg verhöhnte Wiederholungsprinzip zum Programm erhob. Bald darauf beteiligte sich Ringier bei «Sat 1 Schweiz» zu 50 Prozent an einer Firma, die ein Schweizer Programmfenster betrieb, obwohl es ausgerechnet Frank A. Meyer gewesen war, der das geplante «RTL»-Programmfenster am heftigsten bekämpft hatte und in der «Arena» des Schweizer Fernsehens vom 18. Februar 1994 gegen das Eindringen der «grossdeutschen Sender» gepoltert hatte. Davon war nun keine Rede mehr. Jetzt war man Teil des Partie. Und ein eigener Schweizer Kanal war damit endgültig vom Tisch.

In einem Interview im «Tages-Anzeiger» distanzierte sich kurz darauf Michael Ringier von «TeleZüri» und von mir: «Die Beteiligung ist für uns strategisch nicht so wichtig, weil wir keine Lokalanbieter sind. Und für einen Einstieg bei ‹Tele 24› hätten wir andere Aktivitäten aufgeben müssen. Ausserdem bin ich gerne unternehmerisch tätig, und das ist als Partner von Roger Schawinski bekanntlich nicht so einfach.»

Der Eindruck, dass ich zu Michael Ringier keinen echten Zugang mehr finden konnte, verstärkte sich noch. Als ich ihm vor dem Sendestart vorschlug, bei «Tele 24» das erste tägliche Börsenmagazin der Schweiz zusammen mit seinem «Cash» und ein People-Magazin mit der «Schweizer Illustrierten» zu produzieren, blitzte ich wieder ab.

«Ich stelle meine guten, eingeführten Marken doch nicht so einfach zur Verfügung», beschied er mich.

«Beide Seiten können profitieren», warf ich ohne Erfolg ein. «Die Werbewirkung spielt nicht nur einseitig.»

Doch es blieb beim kategorischen Nein, obwohl die Chefredaktoren der beiden Ringier-Publikationen ganz anderer Meinung waren. Also nannte ich das Börsenmagazin «Money», das unter der Leitung von Martin Spieler innert kurzer Zeit zu einem echten *brand name* wurde. Das People-Magazin hiess «Inside» und füllte schnell eine andere Lücke im Schweizer Fernsehangebot.

Nach dem Sendestart von «Tele 24» ging es im Verwaltungsrat von «TeleZüri» plötzlich sehr rüde zu. Die TA-Media war nun offiziell in der Projektierungsphase von «TV3» und weigerte sich trotz meiner Bitten, bei «TeleZüri» auszusteigen, obwohl man wegen der Verbindung zwischen «TeleZüri» und «Tele 24» in die Geschäfte des direkten Konkurrenten Einblick erhielt. Ausserdem würde es Interessenkonflikte beim Personal und der Werbeakquisition geben.

Der Ton zwischen mir und «Tagi»-Vertreter Kurt W. Zimmermann wurde immer gehässiger, und Michael Ringier wohnte den Verwaltungsratssitzungen im kleinen, kargen Besprechungsraum von «Radio 24» an der Limmatstrasse sichtlich genervt und unangenehm berührt bei. Jede Sitzung wurde für ihn zur Qual, wie er selbst gestand, vor allem weil er sich im Konflikt zwischen dem «Tagi» und mir nicht auf eine Seite schlagen wollte. Trotz einer tief sitzenden Abneigung gegen den grossen Zürcher Konkurrenten, betrieb er mit diesem mehrere gemeinsame geschäftliche Tätigkeiten. Auch mit mir mochte er sich nicht verkrachen. Und schliesslich gab es ja noch die Beurteilung der Traktanden aus rein sachlicher Sicht. Also enthielt sich Michael Ringier bei Abstimmungen meist der Stimme. Dieses taktische Verhalten trieb umgekehrt mich zur Weissglut, denn ich fühlte mich verraten, weil es evident war, dass der «Tagi» alles tat, um «TeleZüri» zu sabotieren. Wie aber sollte man je aus dieser vertrackten Situation herauskommen? Würden wir gemeinsam unser Fernsehen zerstören? Musste «TeleZüri» zu einem Nonvaleur verkommen, wie Michael Ringier einmal anmerkte, einfach weil die Firma nicht mehr zu führen war?

Anfang 1999 schlug ich ihm deshalb vor, dass er seinen Anteil verkaufen solle. Zuvor hatte er diesen Vorschlag immer apodiktisch abgelehnt. Nun aber war er so degoutiert, dass er mein Angebot sofort annahm, ohne über den Preis zu diskutieren. Er war sichtlich froh, einigermassen heil aus diesem Schlammassel entkommen zu können.

Und ich atmete auf. So konnte ich die Stimmenmehrheit erwerben, auch wenn der «Tagi» die Option wahrnehmen würde, sich die Hälfte der Ringier-Beteiligung zu sichern, was auch geschah. Am Ende dieser Transaktion kamen zu meinen bisherigen 50-Prozent-Stimmenanteilen weitere 12,5 Prozent hinzu. Aus dieser Position heraus konnte ich mich erstmals gegen die destruktiven «Tagi»-Positionen zur Wehr setzen. Schliesslich war ich nun Mehrheitsaktionär.

Nachdem der Deal in der vornehmen Zürcher Anwaltskanzlei Lenz & Stähelin unterzeichnet und das Geld wie vereinbart fristgerecht überwiesen worden war, erschien im Ringier-Personalorgan «Domo» ein von Michael Ringier geschriebener Artikel, in dem er sich von seinem ersten TV-Partner und langjährigen Freund, von mir, verabschiedete. Er zeigte ganz offen, wie verletzt er war.

Das stellte er schon im Titel seiner seltsamen Fabel fest. «Der Klügere gibt nach» – damit meinte er sich – beschrieb das traurige Ende einer traurigen Geschichte. Die Firma Ringier bezeichnete er in seiner Erzählung abwechselnd als den «Geldgeber von der Dufourstrasse», den «friedfertigen Investor» und als «das grosse Verlagshaus», den «Tages-Anzeiger» als die «Werdsträssler». Mir teilte er den Part des lokalen «Züriböötlikapitäns» zu, die SRG beschrieb er umgekehrt als den unsinkbaren «staatlich konzessionierten Flugzeugträger vom Leutschenbach». Als Grund für seinen Ausstieg bei «TeleZüri» erwähnte er den Streit zwischen mir und dem «Tages-Anzeiger», um zu folgendem Schluss zu gelangen.

Jeder Vermittlungsversuch durch die Abgeordneten von der Dufourstrasse scheiterte an der Unversöhnlichkeit der Kontrahenten. Und bevor das Boot von den Eigentümern oder vom Bakom oder vom Bundesgericht ganz versenkt wird und an Bord jeder jedermanns Feind geworden ist, hat sich der friedfertige Investor aus dem Seefeld vom regionalen (Alp-)Traumschiff verabschiedet – für den Preis eines Pedalos. Er wird in Zukunft seine Interessen nur noch selbst verfolgen. Denn eines hat er definitiv gelernt: Interessenvertreter sind sehr oft Menschen, die mit deinem Geld ihre Interessen vertreten.

Nun, die Fakten waren ziemlich böse zurechtgebogen. Gleich zu Beginn seiner Fabel hielt er fest, dass «das grosse Verlagshaus» die Firma «mehrheitlich finanziert hatte», obwohl wir beide am Anfang gleich viel eingeschossen hatten. Und Ringier erhielt für die Beteiligung an einer Firma, an deren Wert er offensichtlich nicht mehr glaubte, einen Preis von 2,6 Millionen Franken in bar ausbezahlt – ein solch teures Pedalo gibt es weltweit wohl nirgends zu kaufen. Aber offensichtlich wollte er seinen Mitarbeitern den Eindruck vermitteln, dass er nicht der Verlierer, sondern der Betrogene war.

Was war geschehen? War es das Geld, das im Vordergrund gestanden hatte? Oder war es der Groll, dass ich nun ausgerechnet mit dem «Tages-Anzeiger» eine Firma führen würde, bei deren Gründung er dabei gewesen war? Hatte ich meinem Partner nicht laufend Vorschläge für eine weitergehende Zusammenarbeit gemacht, die immer wieder abgeschmettert worden waren? Und hatte er mich nicht hängen lassen, als ich ihn so sehr brauchte, um die Attacken der TA-Media abzuwehren?

Oder war ich für ihn eben immer bloss ein «Züriböötlikapitän» gewesen, eine fleissige, ideenreiche Arbeitsbiene, die in einer anderen, tieferen Liga spielte?

Als wir uns einige Monate später beim Tennisturnier in Gstaad mit gemeinsamen Freunden und unseren Ehefrauen zu einem festlichen Abendessen trafen, kam Michael schon beim Aperitif mit einem überraschenden Vorwurf.

«Du hast doch sicher schon mit der Credit Suisse über den Verkauf der Beteiligung an deiner Firma verhandelt, als du mir ein Angebot für den Kauf der «TeleZüri»-Aktien gemacht hast», meinte er spitz. «Eigentlich würde mir noch Geld zustehen, glaube ich.»

«Erstens ist der zeitliche Ablauf ein anderer», gab ich zur Antwort. «Das kann ich beweisen. Und im Übrigen habe ich einen Anteil meiner Holding an die CS verkauft. Ich sehe nicht ein, weshalb ich dich darüber hätte informieren müssen, selbst wenn es vor unserem Deal gewesen wäre, was nicht so war. Du erzählst mir schliesslich auch nichts über deine anderen Geschäftsaktivitäten. Und du weisst, wie gerne ich gerade mit dir zusammen das SRG-Monopol geknackt hätte.»

«Aber ich bin der Einzige, der mit Fernsehen in der Schweiz kein Geld verloren hat», meinte er. «Meine Strategie ist die einzig richtige.»

«Und was hat das dir gebracht? Du hast keinen Sender, über den du verfügen kannst. Auch nicht bei ‹Sat 1›. Das ist für das grösste Verlagshaus des Landes nicht sehr viel.»

Wir debattierten noch eine ganze Weile über Fernsehen, doch dann wechselte die Tonalität, und die Stimmung am Tisch wurde freundschaftlich, beinahe wie früher. Beide Seiten hatten ihre angestauten Frustrationen formuliert, und am Schluss spürte ich beinahe so etwas wie ein Bedauern, dass wir nun unsere alten TV-Träume nicht mehr zusammen realisieren würden.

Jetzt waren wir eben keine Partner mehr.

«Tele 24» – die ganz grosse Kiste

Der Sommer 1998 war ein Tollhaus. Wir mussten gleichzeitig «TeleZüri» produzieren und «Tele 24» erfinden. Neue Sendungen, ja ein ganzes Programmschema, galt es zu entwickeln. MitarbeiterInnen mussten ausgesucht werden, ModeratorInnen wurden gecastet, und gleichzeitig bauten wir in den bisherigen, aber erweiterten Räumlichkeiten einen völlig neuen Studiokomplex.

Die Szene in jenen Wochen hatte etwas Unwirkliches. Technik-Chef Peter Canale hatte im Hof des Steinfels-Areals ein ganzes Containerdorf aufstellen lassen, in das er unsere Büros und Schnitträume zügeln liess, wo wir unsere Sendungen vorbereiteten. Daneben standen zwei kleine, hässliche Wohnwagen. Im einen richtete er sein Büro ein, den zweiten teilte er mir zu. In dieser meist klebrig heissen Pseudo-Camping-Atmosphäre führte ich an einem engen Aufklapptisch alle entscheidenden Gespräche, die uns zum ersten privaten Fernsehen der Schweiz bringen sollten.

Der Start von «Tele 24» war auf den 5. Oktober angesetzt, ein Datum, das nicht verrückbar war, wenn wir uns nicht bei Werbekunden und Zuschauern unglaubwürdig machen wollten. Im September wurde die Stimmung von Tag zu Tag hektischer, da unser detaillierter Terminplan durch unvorhersehbare Ereignisse immer wieder ins Wanken geriet. Aber wir blieben zuversichtlich, dass in letzter Minute alles bereitstehen würde: Die neuen Signete für die neuen Sendungen, die neuen Studiodekors, die neuen Sendungen wie «SwissNews», «Inside» (People-Magazin), «24 Minuten» (Reportage), «Blöff» (Quiz) und «Silvan Grütter» (Talkshow) – die ich allesamt ausgedacht und entwickelt hatte – und der neue, tolle *state-of-the-art*-Studiokomplex mit seinen vielen hochmodernen Geräten und einer unendlich komplizierten Verkabelung, in das ich insgesamt über neun Millionen Franken investiert hatte.

Die Kosten waren im Verlauf der letzten Monate ständig gestiegen, von sechs auf schliesslich neun Millionen Franken, und ich erfuhr bei jedem konkreten Entscheid die brutale Grundregel, der jeder Bauherr ausgesetzt ist. Es gibt immer zwei

Möglichkeiten: eine schlechte und eine teure, wähle! Mal für Mal liess ich mich überzeugen, dass wir das modernste Studio Europas haben würden, um das uns alle beneiden müssten. Hier würden wir unser Fernsehen produzieren, für das wir ständig neue, spannende Ideen ausgeheckten, die wir auch noch fristgerecht umsetzen wollten.

Am 5. Oktober, unserem D-Day, erhielt ich früh am Morgen ein Telefon. Technik-Chef Peter Canale sei soeben im Spital in Lachen eingeliefert worden, der Befund sei noch nicht klar, aber die Sache sehe recht ernst aus. Auf jeden Fall würde er für längere Zeit ausfallen.

Das war nun das schlimmstmögliche Omen für diesen entscheidenden Tag, das ich mir auch in meinen wildesten Träumen nicht hatte vorstellen können. Die Testsendungen hatten wir bestenfalls holprig über die Bühne gebracht. Nichts klappte richtig, und wir hatten unser Programm nicht wie vorgesehen im Massstab 1:1 geprobt, weil am Schluss die Zeit doch noch zu knapp wurde. Und nun stand der Eröffnungsabend an, bei dem alle Journalisten mit Argusaugen auf Fehler spähen würden. Bisher hatte ich gewusst, dass uns ein gefährlicher Hochseilakt bevorstand. Aber mit dieser Nachricht war uns soeben unser Sicherheitsnetz abhanden gekommen.

Der technisch brillante Peter Canale hatte während der Planungs- und Bauphase seines grandiosen Meisterwerks alle Fäden in seiner Hand gehalten. Als Einziger hatte er so Zugang zu den wichtigen Informationen, und jetzt fehlte er ausgerechnet in der allerwichtigsten Phase. Natürlich war mir dieses Gefahrenrisiko bereits in einer früheren Phase aufgefallen, doch ich hatte es verdrängt. Ich war froh gewesen, dass Peter Canale alles unter Kontrolle hatte und mich nicht laufend mit Problemen belästigte, für die ich keine zusätzlichen Kapazitäten zu haben schien. Dafür stieg mein Stresspegel jetzt ins Stratosphärische.

Mit zittrigen Knien mogelten wir uns schliesslich durch unseren ersten Abend und verhinderten dabei einige gewaltige Abstürze in allerletzter Sekunde. Andere Flops kaschierten wir mit unserer Routine, sodass nur wir sie erkennen konnten. Wir öffneten vor laufenden Kameras die ersten Flaschen Champagner und gratulierten uns selbst zum Gelingen. Doch ich wusste, dass uns die schlimmste Prüfung erst bevorstand. Das Studio war noch nicht fertig gebaut, und trotzdem mussten wir nun ohne unser Technik-Gehirn Tag für Tag mehr Live-Sendungen ausspucken, als wir es je zuvor getan hatten.

Bei einem Besuch im Spital in Lachen sagte mir Peter Canale: «Mein Arzt hat dich gesehen. Wenn du nicht aufpasst, bist du der Nächste, den es erwischt, hat er gemeint.»

Nur, wie sollte ich alles unter einen Hut bringen, was ich mir aufgeladen hatte? Ich wusste, dass man einen verpatzten Start nur unter unverhältnismässig grossem Aufwand wettmachen kann. Also gab es keine Alternative: Wir mussten jetzt alles aus uns herausholen, auch wenn uns bereits die chaotische Vorbereitungsphase über Gebühr ermüdet hatte. Und ich hatte natürlich mit dem persönlichen Beispiel voranzugehen.

Denn so funktionierten alle meine Betriebe, und nur so. Die Mitarbeiter selbst nannten es den *spirit*, der uns vorantrieb. Dieser Geist motivierte uns dazu, Höchstleistungen zu erbringen, um gemeinsam das beste Radio oder das beste Fernsehen der Welt zu schaffen.

Die Voraussetzung für den *spirit* war Ehrlichkeit. Wir betrieben einen ehrlichen, fairen Journalismus, bei dem wir uns tendenziell immer auf die Seite der sozial Schwächeren stellten. Es gab keine Tricks, bei denen Freunde der Chefs geschont oder protegiert wurden oder umgekehrt Feinde fertig gemacht werden mussten, wie das anderswo gang und gäbe ist.

Im täglichen Produktionsstress gingen wir ehrlich miteinander um und entwickelten so einen Teamgeist, der Dinge möglich werden liess, die sonst undenkbar gewesen wären. Und alle Vorgesetzten, inklusive der Chef und Inhaber, engagierten sich gleichermassen mit Haut und Haaren. Sie waren jederzeit ansprechbar und residierten nicht in irgendeiner fernen Teppichetage, sondern sassen mitten im täglichen Getümmel. Deshalb konnte ein Graben zwischen oben und unten gar nicht entstehen. Dieses spezielle Klima prägte beinahe alle Mitarbeiter, sodass sie auch nach einem Wechsel zu einem anderen Unternehmen immer wieder durch ihr aussergewöhnliches Engagement fürs Gesamte auffielen – und es noch heute tun.

Also hängte ich mich in diesen Wochen wie alle anderen noch etwas stärker rein als sonst. Eines Morgens verspürte ich beim Aufstehen einen starken, undefinierbaren, stechenden Schmerz am Körper. Die Diagnose war schnell gemacht: Ich hatte eine Gürtelrose, die, so sagte mir mein Arzt, leicht zu bekämpfen ist, wenn man sofort mit der Medizinkeule einfährt. Gefährlich sei nur, wenn diese Krankheit wiederholt auftrete. Ja, und die Ursache sei meist ein Übermass an Stress.

Dies war ernüchternd. Wie konnte ich nun auf diesen deutlichen, nicht zu übersehenden Warnschuss reagieren?

Es war mir sofort klar, dass ich abbauen musste, aber wo? Welche meiner Funktionen konnte ich abgeben, ohne neue Probleme zu kreieren, welche ich anschliessend unter noch grösserer Kraftanstrengung lösen musste?

Schliesslich entschied ich mich schweren Herzens, als ersten Schritt die Diskussionssendung «Doppelpunkt» an Markus Gilli abzutreten, die ich bei «Radio 24» seit 15 Jahren Sonntag für Sonntag moderiert hatte. So wurde Markus Gilli mein Nachfolger, so wie ich ihm zuvor meine Funktion als Chefredaktor von «Radio 24» übertragen hatte und so wie er später mein Nachfolger beim «SonnTalk» und noch später bei «TeleZüri» werden würde.

Die Gürtelrose liess mich für einen Augenblick innehalten, um Bilanz zu ziehen. Hatte ich mich nicht nur körperlich übernommen, begann ich mich zu fragen, denn «Tele 24» hatte einen viel schwierigeren Start, als ich erwartet hatte. Bereits nach einer Woche fetzte uns der «SonntagsBlick» auf einer Doppelseite Zuschauer-Ratings um die Ohren, mit denen wir bereits zum Versager-Sender gestempelt wurden.

Natürlich hatten wir gewusst, dass wir in den neuen Regionen bei Null anfangen mussten. Und wir hatten auch geahnt, dass man uns als «Zürcher Sender» abstempeln würde, um mit dem gängigen Anti-Zürich-Reflex leicht Stimmung gegen uns zu machen. Da half es selbst wenig, dass wir in Basel, Bern, Luzern und St. Gallen lokale Korrespondenten mit den lokalen Dialekten einsetzten, die täglich aus ihren Regionen berichteten. Auch bei den neuen VJs in Zürich hörte man jetzt seltsame neue Idiome, um die Dominanz von *Züridütsch* abzuschwächen. Aber selbst die schwierig entzifferbaren Oberwalliser oder Deutschfreiburger Dialekte konnten gegen die schnellen Vorurteile nicht ankommen. Der «Blick» schoss aus allen Rohren gegen den «Zürcher Sender», vor allem nachdem ich – taktisch unklug, aber journalistisch korrekt – dem neuen Chefredaktor Jürg Lehmann im «TalkTäglich» in einigen Fällen Schludrigkeit vorgeworfen hatte und der introvertierte, mundfaule Berner die konkreten Beispiele vor laufender Kamera nur sehr zögerlich kontern konnte.

Doch das waren bei weitem nicht unsere grössten Probleme. Absolut entscheidend war es für uns, mit unserem Programm von Anfang an in die grössten

Kabelnetze zu gelangen. Darauf waren wir essenziell angewiesen, da wir beinahe zu 100 Prozent auf die Kabelverbreitung setzen mussten, da die SRG einseitig alle terrestrischen Fernsehfrequenzen des Landes beansprucht. Und bei diesen Kabelnetzbetreibern mussten wir betteln gehen – wegen einer krassen Benachteiligung im gültigen Radio- und Fernsehgesetz. Dieses sieht vor, dass die Kabelnetze alle SRG-Sender aufschalten müssen, nicht aber die privaten Sender, die ebenfalls vom Bundesrat eine Konzession erhalten haben. Die *must carry rule* (Zwang zur Verbreitung) gilt also einseitig nur für alle SRG-Sender, sodass diese inklusive des kaum beachteten «SF Info» nun schweizweit in allen Netzen bereits sieben Kanäle besetzt halten, obwohl Kabelplätze in den letzten Jahren zur absoluten Mangelware geworden sind.

Spontan erhielt ich die Unterstützung von Leo Fischer, dem schweizerischen Kabel-Pionier, der damals die neu gegründete Cablecom leitete, die mehr als die Hälfte der Kabelhaushalte der Schweiz bedient. Wir kannten uns seit Jahren und waren uns gegenseitig sympathisch, da wir uns durch unsere jeweilige Vorreiterrolle verbunden sahen. Beide hatten wir Strukturen aufgebrochen und uns zumindest teilweise gegen übermächtige Staatsbetriebe durchgesetzt.

Ich erklärte Leo Fischer mein Anliegen: Gemäss Untersuchungen werden Fernsehsender stärker beachtet, wenn sie auf der Fernbedienung weit vorne platziert sind, je weiter vorne, desto besser. Wäre es also möglich, uns den Platz des wenig beachteten, historisch aber weit vorne platzierten Senders «SWF 3» auf Position 4 zu überlassen?

Leo Fischer schüttelte sich vor Lachen. «Ich habe eine bessere Idee», sagte er schliesslich. «Ich setze dich einfach auf den Platz von ‹SF 2›. Das soll denen von der SRG eine Lehre sein. Du weisst, ich bin immer ein Anhänger des Wettbewerbs gewesen.»

Ich war überrascht. Sollte ich zupacken und der grossen Konkurrenz eins auswischen, dort, wo es wirklich weh tut? Schliesslich überzeugte ich Leo Fischer, dass dies die SRG als Provokation empfinden würde, gegen die sie sich mit allen Mitteln zur Wehr setzen musste. So einigten wir uns auf den Platz von «SWF 3».

Der Kanalwechsel ging dann mit grossem Getöse über die Bühne, da viele der älteren TV-Konsumenten fest an ihren Gewohnheiten hängen. Leo Fischer musste sich üble Beschimpfungen gefallen lassen, aber er hielt durch und beliess uns auf diesem so wichtigen Kabelplatz. Noch heute bin ich ihm für seinen Einsatz dankbar, der für uns gerade in den ersten Monaten absolut entscheidend war. «TV3», das ein Jahr später auf Sendung ging, konnte sich auf dieses Präjudiz berufen und gelangte so auf den Platz von «Bayern 3», direkt hinter uns. Ohne meine Spurarbeit hätten sie das wohl nicht geschafft.

Ich hatte gehofft, dass die kleineren Kabelnetze dem Beispiel der Cablecom folgen würden, doch ich wurde brutal eines besseren belehrt. Die lokalen Kabelfürsten genossen ihre Macht bis zur Neige. So liess uns das grosse Basler Kabelnetz, die Balcab, während Monaten zappeln, sodass unser Programm in der zweitgrössten Schweizer Stadt nicht gesehen werden konnte. Schliesslich entschied man gnädig, dass «Tele 24» ins Netz aufgenommen würde. Sofort erkundigte ich mich nach dem Kabelplatz.

«Ganz weit hinten», antwortete man mir prustend ins Telefon. «Etwa auf Position 55. Zuhinterst – bei den Arabern.»

Der Anti-Zürich-Reflex treibt wahrlich seltsame Blüten in unserem Land, dachte ich mir. Tatsächlich dauerte es in Basel länger, als in anderen Regionen des Landes, bis das Programm von «Tele 24» zuerst zur Kenntnis genommen, dann regelmässig genutzt und später auch geliebt wurde. Am Schluss wurde ich bei jedem Besuch in Basel wie ein Volksheld empfangen. «Tele 24» war endlich angekommen – auch ganz hinten, bei den Arabern.

Noch Schlimmeres erlebten wir in Interlaken. Der ehemalige Elektrikgeschäft-Besitzer Walter Balmer hat im Lauf der letzten Jahre sein Kabelnetz Bödeli auf die gesamte Region ausgedehnt und bedient dort exklusiv gegen 11 000 Haushalte. Dieser Balmer war im Anschluss an eine Präsentation, die ich vor der ganzen Kabelbranche in Bern gemacht hatte, spontan auf mich zugekommen. Er betreibe auch einige Kameras in Touristenstandorten im Berner Oberland und würde mir diese Bilder zum Kauf anbieten. Dies sei doch sicher ein interessanter Programmteil für «Tele 24».

Ich bedankte mich für diesen Vorschlag und sagte, ich müsse ihn später prüfen. Kurz darauf rief Balmer mehrmals in Zürich an und fragte, was denn nun mit seinen Bildern sei. Als man ihm mitteilte, dass wir uns in näherer Zukunft nicht mit einem solchen Touristikprogramm befassen könnten, hängte er sichtlich verärgert ein.

Umgehend teilte er uns nun mit, dass es in seinem Kabelnetz keinen Platz für «Tele 24» gäbe. Ich sah mir seine Programmpalette an, die mehrere exotische, ausländische Sender enthielt. «Das geht Sie nichts an», gab mir Walter Balmer zur Antwort. «Das ist meine Sache.»

Damit konnten wir uns nicht abspeisen lassen. Wir riefen an, doch am Telefon begann Balmer, unsere Mitarbeiter auf übelste Weise zu beschimpfen. Nein, für diesen Zürcher Sender habe es keinen Platz.

Kurz darauf wurde der Fall von einer lokalen Zeitung aufgegriffen, denn natürlich wunderte man sich, weshalb das erste Schweizer Privatfernsehen in der ganzen Region nicht zu sehen war. Ich erklärte dem interviewenden Journalisten den Ablauf dieser Geschichte und sagte schliesslich verärgert, dass die selbstherrliche Art des Herrn Balmers mich an das Grüssen des Gesslerhuts erinnere, was ich ihm offenbar verweigert habe.

Bei einem nächsten Anruf war Balmer noch klarer: «Ich bestimme allein, was auf meinem Netz ist. Nehmen Sie das zur Kenntnis. Und das mit dem Gesslerhut war keine sehr gescheite Bemerkung.»

So blieb es. Auch als wir im folgenden Sommer täglich mit grossem Aufwand über die Überschwemmungen am Thunersee berichteten, wurde unser Sender nicht aufgeschaltet. Ich wies Walter Balmer auf unsere grosse Informationsleistung in seiner Region hin, doch er sagte nur: «Ja, ja, solche Sachen zeigt ihr gern, aber nichts über die Schönheit unserer touristischen Attraktionen. Nein, es bleibt dabei. Ich habe keinen Platz für ‹Tele 24›.»

Das Bakom, das wir um Hilfe gebeten hatten, erklärte sich als unzuständig. Leider hätten sie keine rechtlichen Mittel, um einzugreifen, teilte man uns mit. Später hat sich dasselbe Bakom mit einer Verfügung für die Aufschaltung von «Tele-Top» im Schaffhauser Kabelnetz engagiert, obwohl die Rechtslage dieselbe geblieben ist.

Als im Herbst 1999 «TV3» auf Sendung ging, fand Balmer plötzlich einen Kabelplatz. Wir aber blieben weiter draussen.

Wie grotesk diese schweizerische TV-Realität für private Veranstalter wirklich war, erlebte ich hautnah bei einem Besuch in Ägypten. Zusammen mit einer Gruppe von Journalisten begleitete ich Aussenminister Joseph Deiss auf einer Reise durch drei arabische Länder. In Kairo war ein Empfang bei der Schweizer Kolonie auf dem Programm. Bundesrat Deiss betrat als Erster das weitläufige Gelände der Schweizer Botschaft, die inmitten eines dichten Häusermeers liegt. Viele der anwesenden Landsleute begrüssten ihn freudig. Als ich kam, wurde es hektisch.

«Wir sehen Ihre Sendung jeden Abend», erklärte man mir enthusiastisch. «‹Tele 24› ist für uns die direkteste Verbindung mit der Heimat.»

Verblüfft stellte ich fest, dass nicht der hohe Bundesrat, sondern ich der Star des Abends war. Unser über Satellit verbreitetes Programm – mit dem wir vor allem die Kabelanlagen in der Schweiz ansteuern wollten – wurde von den Auslandschweizern fleissig genutzt.

Eine beinahe bizzare Note erhielt dann unser anschliessender Besuch in Damaskus. Dort fanden wir zu meiner Verblüffung im vornehmen Hotel Cham das Programm von «Tele 24» im Fernsehangebot. Offenbar hatte man im Polizeistaat Syrien «Tele 24» zugelassen, weil kaum jemand diese seltsame Sprache verstehen konnte, etwa das gerade ausgestrahlte Interview mit einer entnervten Ursula Koch. Am nächsten Morgen teilte mir ein erfreuter Schweizer Aussenminister mit, dass er hier in Damaskus zum ersten Mal «Tele 24» gesehen habe. Bei ihm zu Hause im Freiburgischen sei dies nicht möglich.

Unser Fernsehen funktionierte in diesen Monaten mit jedem Tag besser und reibungsloser. Wir hatten unseren eigenen Stil gefunden und wussten, wie wir die Sendungen bauen sollten und welche Gäste hohe Einschaltquoten bringen würden. Unsere Korrespondenten wurden zu regionalen Helden, die in den Dörfern und Städten der Ostschweiz oder der Innerschweiz jedes Mal mit Begeisterung empfangen wurden, wie sie uns mit leuchtenden Augen berichteten. Innerhalb von kurzer Zeit war «Tele 24» weit über Zürich hinaus zu einem Begriff geworden, man kannte unsere Moderatoren und konsumierte unsere Sendungen. Wenn etwas Wichtiges passierte, rief man uns an, damit wir als Erste vor Ort sein konnten, was wir sehr oft auch waren, da auch unsere technische Equipe mit demselben Elan bei der Sache war.

Trotzdem rutschte ich in diesem Frühling 1999 immer tiefer in die Krise. Die Werbeeinnahmen waren in der ersten drei Monaten über den Erwartungen gelegen. Wie immer hatten sich die Werber auf das neue Medium gestürzt, und davon konnten wir in der Vorweihnachtszeit, der besten Saison des Jahres, optimal profitieren. Doch im Januar brachen die Buchungen ein. Jetzt wartete man ab und hielt sich zurück. Der Anfangsbonus, den man uns gewährt hatte, war definitiv vorbei. Und nach dem Januarloch kam das Februarloch, und auch im März und im April warteten wir vergeblich auf den Aufschwung.

Hinzu kam ein veritabler Schock. Die Endabrechnung des Studioumbaus hatte Mehrkosten von drei Millionen Franken gezeigt. Offenbar war Peter Canale in den letzten Wochen vor dem Start die Kostenkontrolle völlig entglitten. Zerknirscht stellte er seinen Posten zur Verfügung. Er wolle nicht mehr weiter arbeiten, wenn ich das Vertrauen in ihn verloren hätte.

Lange kaute ich an diesem Problem herum. Welche Fehler hatte ich begangen? Und ich erinnerte mich, dass wir oft über Firmen berichtet hatten, bei denen Ähnliches passiert war. Und sind wir Journalisten nicht automatisch der Meinung, dass der oberste Chef versagt habe und gehen müsse?

Schliesslich entschied ich mich, die Zusammenarbeit mit Peter Canale nicht aufzukündigen. Doch der Stachel sass tief. Die drei Millionen taten weh, aber beinahe noch schlimmer waren die Zweifel, die sich nicht mehr verdrängen liessen. Ich spürte nun, dass der Boden unter mir einbrach.

Ab März musste ich zur Kenntnis nehmen, dass wir mit unserem Fernsehen Monat für Monat eine Million Franken verloren. Eine Million im Monat! Verrückt! Und jetzt musste ich zu allem Übel noch 1,25 Millionen Franken an Ringier überweisen, um mich so bei «TeleZüri» gegen die Obstruktionspolitik der TA-Media zur Wehr zu setzen. Ich wusste, dass ich diesen verhängnisvollen Negativtrend auffangen musste, sonst würden all die schönen, in vielen erfolgreichen «Radio 24»-Jahren angehäuften Reserven noch vor Jahresende aufgebraucht sein. Und was dann? Hatte ich einen kapitalen, einen tödlichen Fehler begangen, der mir nun das Genick brechen würde?

Nachts wachte ich nun häufig gegen drei Uhr schweissgebadet auf und konnte danach während Stunden nicht mehr einschlafen. Mit gewaltiger Faust ergriff mich die Angst und liess nicht mehr los. Immer und immer wieder wälzte ich dieselben Fragen, ohne zu Antworten zu gelangen, die das Rasen im Kopf einlullen konnten. Man belehrte mich, dass man dieses Symptom in der medizinischen Vulgärsprache als Panikattacken bezeichnet. Panikattacken! War ich nun schon so weit?

Bereits erschienen die ersten Zeitungsartikel, in denen gefragt wurde, ob «Tele 24» überlebensfähig sei. Auch an Partys wurde ich darauf angesprochen, wobei Gabriella das Gefühl hatte, dass wir seltener eingeladen wurden als früher, als ob man sich nicht mit einem *loser* umgeben wollte. Eine enge Freundin sagte zu Gabriella einmal unverblümt: «Roger muss sich nicht wundern, wenn ihm jetzt niemand hilft. Wer so austeilt wie er, steht halt eben allein da, wenn er Probleme hat.»

Natürlich widersprach ich den negativen Gerüchten immer emphatisch und bemühte mich, mit einem saloppen Spruch das Thema zu wechseln. Auch bei meinen beinahe täglichen TV-Auftritten versuchte ich, besonders kraftvoll, optimistisch und wortgewandt zu wirken, um die bösen Vermutungen nicht noch weiter zu nähren. Ich wusste, wie unerbittlich grausam das Medium Fernsehen ist und alle Schwächen sofort sichtbar macht. Nur mit höchster Konzentration gelang es mir jeweils, die Sendezeit zu überstehen, ohne einen verräterischen Moment des Wegdriftens zuzulassen.

Tagsüber war ich oft bei Verhandlungen mit den grössten und wichtigsten Kunden, um unser Fernsehen und unsere Erfolge im Zuschauermarkt in den höchsten Tönen zu besingen. In all den Jahren war ich es gewesen, der viele der *big points* erzielt hatte, und in dieser Phase war meine Präsenz natürlich ganz besonders gefordert. An manchen Tagen aber sass ich allein in meinem Büro, vor mir dieses riesige, offenbar unlösbare Problem, während ich vor meiner Tür die fröhlichen, lachenden Stimmen der Mitarbeiter hörte, denen ich nichts von meinen Sorgen erzählen konnte. Meine Aufgabe war es, zu motivieren, nicht zu klagen. Ja, es war mein Job, eine Lösung zu finden, damit unser Fernsehen überleben konnte.

Seit Jahren erhielt ich täglich Anrufe von Menschen, die mit mir und nur mit mir über eine ganz wichtige Sache sprechen wollten. Sie drucksten oft bei der Telefonistin herum, wenn man sie bat, ihr Anliegen vorzutragen. Viele versuchten es mit dem Ansatz, dass es sich um etwas Privates handle und dass ich sie persönlich kennen würde. Unsere Telefonistinnen hatten gelernt, die meisten dieser Anrufer freundlich abzuwimmeln. Nur bei den wenigsten dieser Unbekannten fragten sie bei mir nach, ob ich das Gespräch entgegennehmen wolle.

Eines Tages wollte mich ein Herr der internationalen Treuhandfirma Ernst & Young sprechen, und aus einer blossen Intuition heraus liess ich ihn durchstellen. Herr C. kam gleich zum Thema. Er arbeite im Auftrag eines grossen amerikanischen Medienkonzerns, der nach Beteiligungen in Europa Ausschau halte. Ob ich interessiert wäre, dass er – völlig kostenlos und streng vertraulich – eine finanzielle Analyse meiner Firma machen würde? Selbst wenn ich anschliessend nicht an einem Gespräch mit seinem Kunden interessiert sei, wäre es doch für mich interessant zu sehen, wie meine Firma nach internationalem Massstab bewertet werde.

Zuerst wollte ich reflexartig absagen. Weshalb sollte ich einem Unbekannten meine Bücher öffnen? Doch dann stach mich der Hafer. Was hatte ich zu verlieren? Es war tatsächlich spannend, zu erfahren, wie meine Firmengruppe im Zeitalter der New Economy bewertet wurde.

Also schickte ich ihm die von ihm verlangten Unterlagen der einzelnen Firmen für die letzten drei Jahre. Einige Wochen später lag der Bericht in einem dicken Buch vor. Zum ersten Mal las ich Begriffe, die inzwischen zum Standardrepertoire von Firmenbewertungen geworden sind. Der wichtigste Eckwert, erfuhr ich, ist der *Ebitda (earnings before interest, taxes, depreciation and amortization),* das heisst der Gewinn vor Steuern, Zinsen und Abschreibung. Der Firmenwert errechnet sich als ein Mehrfaches *(multiple)* dieses *Ebitda.* Zu diesem zählt man noch den *free cash* hinzu, das ist das Geld, das man in der Kasse hat und das nicht für den laufenden Betrieb benötigt wird. So einfach war das. Alles andere war unwichtig. Deshalb etwa erschienen die teuren Investitionen in meinem neuen Studio nicht in der Endbetrachtung, ebenso wenig wie das Radiohaus an der Limmatstrasse. Anlagen sind notwendig, um den *Ebitda* zu erwirtschaften, belehrte man mich, fallen also ausser Betracht. All das, was ich vor Urzeiten an der Hochschule St. Gallen über Firmenbewertungen gelernt hatte, war jetzt Makulatur.

Der freundliche und fleissige Herr C. nannte mir nun den Namen seines Kunden. Clear Channel hatte in Texas mit der Bewirtschaftung von Plakatwänden begonnen und war in wenigen Jahren nicht nur zum absoluten Marktführer in den USA geworden, sondern hatte sich durch aggressive Zukäufe das grösste Radio-Portefeuille des Landes erworben. Zudem war man auch in den Fernsehmarkt eingedrungen, und nun stand die Expansion in Europa auf dem Programm, die man sich wie gewohnt über die boomende Aktienbörse in New York finanzieren liess, wo man als nunmehr eine der 500 wichtigsten Firmen im Standard-&-Poor's-Index aufgenommen war.

Ja, und übrigens, man sei dort an einer Beteiligung an meinem Unternehmen sehr interessiert, wenn immer möglich sogar an der Mehrheit. Die entscheidenden Leute von Clear Channel würden nach einer ersten Besichtigung und einem Vorgespräch vorbeikommen, um mir eine konkrete Offerte zu machen, falls ich nichts dagegen einzuwenden hätte.

Das Ganze erschien mir reichlich abstrakt. Amerikaner? Weshalb sollte ich einer amerikanischen Firma etwas verkaufen, und was würden die aus meinem Unternehmen machen? Doch mein Gemütszustand war in jenen Frühlingsmonaten so, dass ich mir das Angebot zumindest anhören wollte. Der Termin des Besuchs wurde mir mitgeteilt: 20. Mai, 15 Uhr, im Büro von «Radio 24».

Ich schaute auf meinen Terminkalender. Ja, das ging. Der Nachmittag war frei, am Abend war ich auf Sendung. Und zuvor hatte ich ein Mittagessen mit Lukas Mühlemann von der Credit Suisse im Hotel Savoy.

Diesen Lunch hatte die Credit-Suisse-Pressesprecherin Karin Rhomberg eingefädelt. Mit ihr hatte ich seit Wochen über das Sponsoring für eine künftige tägliche Börsensendung verhandelt, die wir «Money» nannten. Bevor die Grossbank ihr definitives Okay geben wollte, sollte ich Lukas Mühlemann treffen, den damaligen CEO der CS-Gruppe, erklärte mir Karin Rhomberg. Er wolle von mir persönlich hören, dass die Sendung kein Flop werden würde, für den sich die Credit Suisse schämen müsste.

Lukas Mühlemann empfing mich in einem der privaten Dining Rooms im vornehmen Credit-Suisse-Hotel Savoy am Paradeplatz. Wir hatten uns persönlich nur flüchtig gekannt, bis uns im Sommer zuvor der Zufall zur selben Zeit ins gleiche Hotel geführt hatte. Im kleinen, eleganten Hotel Pitrizza an der Costa Smeralda in Sardinien wies uns der Oberkellner zudem zwei Nachbartische zu, so dass wir es gar nicht vermeiden konnten, jeden Abend auf engster Tuchfühlung zu sein. Und so entwickelte sich vorsichtig ein Gespräch zwischen uns, das wir am Tag am Strand fortführten.

Der Lunch im Hotel Savoy verlief angeregt. Wir sprachen, wie das bei solchen Lunches üblich ist, über Gott und die Welt, über gemeinsame Bekannte und aktuelle Ereignisse. Beim Kaffee, als sich Lukas Mühlemann seine Zigarre anzündete, fragte er schliesslich, wie denn mein Radio und mein Fernsehen so laufe.

«Eigentlich gut», sagte ich. «Aber es ist im Fernsehbereich verdammt schwierig unter diesen Bedingungen. Heute Nachmittag sehe ich Amerikaner, die sich bei mir beteiligen wollen.»

«Das wäre auch etwas für uns», sagte Lukas Mühlemann schnell.

Ich war überrascht. Daran hatte ich nicht eine Sekunde lang gedacht. «Aber Sie bewegen sich als Chef einer der grössten Banken der Welt im Bereich der Milliarden», gab ich zur Antwort. «Hier handelt es sich um einen mittleren Gewerbebetrieb.»

«Erzählen Sie mir etwas darüber. Wie war der Umsatz letztes Jahr, und wie hoch ist der erwirtschaftete Gewinn?»

«Unter Bankgeheimnis, versteht sich, kann ich das wohl tun.» Ich skizzierte kurz die Resultate, die mir im dicken Buch vorgelegt worden waren. Er zeigte sich über den erwirtschafteten *Ebitda* im hohen einstelligen Millionenbereich sichtlich beeindruckt.

«Falls Sie vielleicht an einem Gespräch mit uns interessiert wären», rufen Sie mich an, sagte er schliesslich und kritzelte seine direkte Telefonnummer auf eine Zündholzschachtel mit dem «Savoy»-Logo, die er mir herüberreichte.

Das Meeting um 15 Uhr verlief enttäuschend. Die bulligen Texaner gaben sich sehr selbstsicher, beinahe arrogant. Sie behandelten mich wie einen tollpatschigen Amateur, der nichts über die gängigen Bewertungen von europäischen Medienunternehmen wusste. Da ich mich im Vorfeld dieses Meetings in dieser Sache kundig gemacht hatte, empfand ich das am Schluss unterbreitete Angebot als unattraktiv, beinahe beleidigend.

«Und denken Sie daran, wir bezahlen Sie zum grossen Teil in unseren eigenen Aktien. Vor drei Monaten standen die bei 48 Dollar, und jetzt sind sie bei 64. Sie sollten also nicht zu lange zögern», gab man mir mahnend auf den Weg mit.

Ich bedankte mich höflich und wählte am nächsten Morgen die direkte Nummer von Lukas Mühlemann. Augenblicklich wurde ich zu ihm durchgestellt. Ein Mitarbeiter würde sich bei mir umgehend melden, teilte er mir sichtlich erfreut mit. Eine Stunde später sprach ich mit einem seiner Investmentbanker am Hauptsitz in Zürich.

Drei Tage danach flogen zwei Investmentbanker aus New York ein, da ein Fonds der Credit Suisse First Boston die Investition tätigen sollte. Und wieder eine Woche später hatten wir die Eckwerte des Vertrags, über den wir am 10. Juni 1999 die überraschte Öffentlichkeit in einer geheimnisvoll angekündigten Pressekonferenz im Pressefoyer der Credit Suisse informierten, zu der selbst leicht verwirrte Journalisten vom «Wall Street Journal» kamen. Lukas Mühlemann war persönlich anwesend und liess sich eine «Tele 24»-Kamera in die Hand drücken, um sich für die zahlreichen Fotografen mit breitem Lachen neben mich zu stellen.

In den nächsten Jahren wurde Lukas Mühlemann zu einem Partner und einem Freund. Wenn ich ihn brauchte, nahm er sich Zeit und hörte mir zu. Ich habe ihn nie anders als gut informiert, neugierig, offen, fair, kreativ und effizient erlebt. Meine Meinung änderte ich auch nicht, als er in die Swissair-Wirren geriet und in seiner Hauptfunktion unter Beschuss kam.

Der Betrag, den der Fond der Credit Suisse First Boston für die 40-Prozent-Beteiligung an meinem Gesamtunternehmen Belcom bezahlte, überstieg meine kühnsten Fantasien. Nun war ich mit einem Schlag, wie durch ein Wunder, alle Geldprobleme los, dachte ich mir. Nun bin ich endlich ein freier Mensch, der nachts wieder schlafen kann und nicht von Alpträumen gejagt wird, Alpträume, in denen ich Mitarbeiter entlassen muss, während mich der Pleitegeier im Würgegriff hält.

Die Wirklichkeit war dann etwas komplizierter. Denn meine neuen Partner wollten Geld sehen, viel Geld. Dies war der Zweck ihrer Investition, und ich als CEO war dafür verantwortlich. Ich musste das Unternehmen in neue Sphären führen, um es dann in vielleicht zwei, drei Jahren an die Börse zu bringen, wo Ende der neunziger Jahre die fantastischsten Dinge möglich waren. An die Stelle der Angst vor dem drohenden Bankrott war nun die moralische Verpflichtung getreten, die Erwartungen meiner Partner zu erfüllen, die grosses Vertrauen in mich gesetzt hatten. Und diese neue Verantwortung drückte ähnlich schwer wie die frühere Angst vor dem Bankrott.

Hinzu kam ein völliger Stilwechsel. Bereits die Verhandlungen über den definitiven Kaufvertrag zogen sich in die Länge, weil nach amerikanischer Manier alle denkbaren Eventualitäten in einem dicken Vertragswerk mit vielen Beilagen berücksichtigt werden mussten. Im Sitzungszimmer der Credit Suisse im «Üetlihof» sassen auf der einen Seite mein Anwalt Armin Zucker und ich, auf der Gegenseite war eine ganze Batterie von erfahrenen Investmentbankern, die sich in dieser Welt absolut zu Hause fühlten und offenbar mühelos stundenlang debattierten. Ich bemerkte, wie mich die länglichen, oft subtilen Diskussionen um einzelne Formulierungen viel Kraft kosteten und bald einmal nervten. Als das letzte Dokument endlich unterzeichnet war und die Zahlungsanweisungen ausgeführt wurden, fühlte ich mich nicht erleichtert, wie ich erwartet hatte, sondern völlig ausgepumpt.

Dies war nur ein Vorgeschmack, denn nun sollte bei uns alles professioneller, komplizierter, amerikanischer werden. Unsere Buchhaltung musste auf IAS-Standard umgestellt werden, eine Arbeit, die nur von einem CFO *(Chief Financial Officer)* bewältigt werden konnte. Nach mehreren intensiven Interviews engagierten wir schliesslich Brigitte Aeschlimann von Arthur Andersen, die genau wusste, welche Daten wir unseren amerikanischen Partnern und Verwaltungsratsmitgliedern monatlich zu füttern hatten, um sie zufrieden zu stellen.

Meine Partner von der Credit Suisse First Boston CSFB waren in den nächsten zwei Jahren immer freundlich und aufmerksam und attackierten mich auch dann nicht mit unqualifizierten Vorwürfen, als wir unsere eigenen Budgetvorgaben nicht erreichten und das Ziel des Börsengangs so immer weiter zu entschwinden drohte. Doch bald einmal begann ich mich in den Verwaltungsratssitzungen zu langweilen, in denen immer dieselben Fragen gestellt wurden und ich mit beinahe denselben Erklärungen die Details des so schwierig zu verstehenden Schweizer Medienmarktes zu beschreiben versuchte. Hie und da sehnte ich mich jetzt nach der scheinbar einfacheren Vergangenheit zurück, als ich den Betrieb in meinem Stil geführt hatte und meine Zeit kreativer einsetzen konnte.

In diesem Herbst 1999 erhielten wir private Konkurrenz, wie ich es seit langem erwartet hatte – und zwar gleich doppelt. Zuerst ging «RTL/Pro7 Schweiz» auf Sendung, wenige Wochen später «TV3». Beide Stationen konzentrierten sich zu Beginn auch auf News, was mich ebenfalls nicht überraschte. Und ich hatte auch damit gerechnet, dass man unsere VJs abwerben würde, denn bessere Berufsleute gab es im ganzen Land nicht.

Tatsächlich sprangen einige von ihnen ab, zum Teil wegen massiv höherer Löhne, mit denen vor allem «RTL/Pro7 Schweiz» lockte. Andere verliessen uns, weil sie beim Start eines neuen Fernsehens dabei sein wollten, wie sie uns erklärten. Für beides hatte ich natürlich Verständnis, auch wenn ich jeden einzelnen Abgang bedauerte. Bereits Monate zuvor hatten wir die Zahl der zu erwartenden Verluste geschätzt und deshalb wohlweislich eine neue Gruppe von VJs gesucht und durch unseren Spezialisten Dani Pünter schulen lassen, sodass unser Programm in keiner Phase gefährdet war.

Meine wichtigsten Mitarbeiter wollte ich der Konkurrenz aber nicht so einfach überlassen. Daher hatte ich ihnen im Herbst 1998 einen festen Vertrag bis Ende 1999 vorgelegt.

«Ich muss wissen, mit wem von euch ich rechnen kann, wenn die anderen Sender kommen», hatte ich ihnen damals erklärt. «Solche festen Verträge sind bei ausländischen Stationen längst üblich. Aber weil dies neu bei uns ist, erhöhe ich die einzelnen Saläre recht massiv. Wenn jemand nicht unterschreiben will, ist das auch okay für mich. Dann aber haben wir die Möglichkeit, jemanden anderen aufzubauen, bevor die Konkurrenz kommt.»

Alle Moderatoren und Produzenten unterschrieben diese Verträge, einige erst nach längerem Zögern. Dann, einige Monate später, kamen wie erwartet die attraktiven Angebote, und zwei meiner wichtigsten Leute schmissen mir den Vertrag vor die Füsse. Der eine war Produzent Gregor Sonderegger, den «TV3» ermutigt hatte, seine Verpflichtungen zu missachten. Die andere war unsere Moderatorin Daniela Lager.

«Ich muss einfach zu ‹RTL/Pro7 Schweiz› gehen», erklärte mir Daniela in meinem Büro. «Dies ist eine einmalige Chance. Man hat mir zugesagt, dass ich nach einiger Zeit nach Deutschland gehen kann, zu RTL. Das war schon immer mein Traum.»

«Das ist blanker Unsinn, Daniela», sagte ich. «Ein ganz billiger Köder. Wenn sie dich unbedingt wollen, dann nehmen sie dich auch noch in einigen Monaten. Es bringt kein Glück, einen Vertrag zu brechen.»

Aber sie blieb stur, denn man hatte ihr den Rücken gestärkt.

«Die zahlen alles, wenn ich eingeklagt werde. Das haben die mir zugesagt.»

Das machte mich traurig, und zwar nicht nur, weil dies eine bisher unbekannte Verluderung der Sitten war. Daniela Lager hatte im Oktober 1994 unsere allererste «TeleZüri»-Sendung moderiert, weshalb sie für mich immer einen ganz speziellen Stellenwert hatte. Und nun gab sie uns den Fusstritt.

Also regelte ich, tief frustriert, die Angelegenheit mit dem Anwalt von «RTL/Pro7 Schweiz», der sich tatsächlich bereit erklärte, Daniela aus ihrem Vertrag auszukaufen. Sieben Monate später stellte «RTL/Pro7 Schweiz» den Sendebetrieb von einem Tag zum andern ein, und Daniela hatte keinen Job mehr. Von Deutschland war nie ernsthaft die Rede gewesen.

Genau in diese heikle Phase platzte ein anderer interner Konflikt, der mich nun völlig aus der Fassung brachte.

Nach dem Abgang vom Mario Aldrovandi, der sich mit Nik Niethammer in die Haare geraten war, brauchte ich einen neuen Chefredaktor, auch wenn Nik mir mit einem unmenschlichen Arbeitstempo beweisen wollte, dass er beide Positionen allein füllen konnte – die des Programmleiters wie auch diejenige des Chefredaktors.

Markus Gilli war die logische Wahl für den Job des Chefredaktors, auch wenn er als langjähriger Radiojournalist und Programmleiter von «Radio 24» keine spezifischen Fernseherfahrungen hatte. Aber ich war mir sicher, dass er sich diese schnell aneignen würde. Erst nach langem Zögern sagte Markus mir schliesslich zu. Ich wusste, dass ihm der Abschied vom «Radio 24» äusserst schwer fallen musste, das er in all den langen Jahren als seine eigentliche Heimat betrachtet hatte.

Wie aber sollte ich die Hierarchie zwischen Markus und Nik wählen? Wen sollte ich wem unterstellen? Beide Varianten schienen unmöglich. Also stellte ich beide auf dieselbe Stufe, was für die Beteiligten in Ordnung ging, wie sie mir unisono erklärten.

Natürlich gerieten sie schon bald aneinander. Es gab Abstimmungsprobleme und persönliche Reibereien, die den Tagesablauf prägten. Eines Tages kamen Markus Gilli und Peter Canale in mein Büro und erklärten mir mit ernster Stimme, dass sie nicht mehr gewillt wären, so weiter zu arbeiten. Das Ultimatum wurde klar formuliert: Entweder Nik – oder wir beide.

Ich geriet ins Trudeln. Tagelang versuchte ich zu vermitteln. Wir führten viele stundenlange, zermürbende Gespräche, aber die Forderung blieb im Raum. Er oder wir.

Konnte ich es mir leisten, in der schwierigen Lage, in der wir uns befanden, zwei meiner wichtigsten Mitarbeiter aufs Mal zu verlieren, mit denen ich so viele Jahre zusammengearbeitet hatte? Aber durfte ich umgekehrt auf ein solches Ultimatum eingehen? Würde ich mich nicht auf alle Zeit unglaubwürdig machen? Und hatte sich Nik nicht in den letzten Jahren für unser Fernsehen aufgeopfert und war mir dabei immer sehr nahe gestanden? Oder war es vielleicht gerade das, was diesen Konflikt zusätzlich angefacht hatte?

Ich war hin- und hergerissen. In einer von mehreren quälenden Sitzungen teilten die anderen Nik mit, dass die Mehrheit des Teams nicht mehr hinter ihm stehen würde. In diesem Augenblick brach er zusammen. Als er seinen sofortigen Rücktritt anbot, hielt ich ihn nicht zurück. Ich war erleichtert, dass mir die Entscheidung auf diese Weise abgenommen worden war.

Natürlich war dies feige. Nach aussen war der Konflikt bereinigt, doch die Spuren dieser Auseinandersetzung in meinem Führungsteam und mein eigenes schwächliches Verhalten gingen tiefer, als ich damals ahnen konnte. Irgendwie fühlte ich, dass in meinem Unternehmen die Unschuld verloren gegangen war. Vielleicht war dies sogar der erste Riss in einer vorher glatten Oberfläche, der sich immer mehr ausweiten sollte, bis es möglich wurde, dass ich von allem völlig loslassen konnte.

Nach diesem Machtkampf legte sich Markus Gilli noch mehr ins Zeug. Er hatte das Fernsehhandwerk schnell erlernt, und die Qualität unserer News-Sendungen stieg unter seiner Führung ständig weiter. Auch die Einschaltquoten zeigten deutlich nach oben. Unser Team leistete vor allem bei den ganz grossen Geschichten Hervorragendes. Im Jahrhundert-Lawinenwinter, beim Jahrhundert-Sturm, den Jahrhundert-Überschwemmungen und beim Felssturz von Gondo berichteten wir oft schneller und besser als die grosse SRG. Peter Canale sorgte für reibungslose Live-Übertragungen, sodass auch ausländische Sender unsere Dienste immer öfter in Anspruch nahmen.

Peter Rothenbühler, war zu uns gestossen, um die Position von Nik Niethammer zu übernehmen. Vor allem Markus Gilli hatte sich für diese Lösung eingesetzt. Ich erhoffte mir vom äusserst erfolgreichen langjährigen Chefredaktor der «Schweizer Illustrierten» nicht nur neue Programmideen im Unterhaltungsbereich, sondern setzte auch auf seine Kontakte mit potenziellen Grosskunden, die er in seinem Heft mit meist unkritischen Reportagen gehätschelt hatte. Doch in beiden Bereichen blieben die Erfolgserlebnisse aus, und der nette, immer fröhliche Peter Rothenbühler verliess uns bereits nach wenigen Monaten. Wir hatten uns bei einem letzten, freundschaftlichen Essen darauf geeinigt, dass er allen Journalisten sagen würde, dass «Fernsehen nicht mein Ding ist». Die Formulierung traf den Nagel genau auf den Kopf.

In der zweiten Hälfte 1999 wuchsen unsere Werbeeinnahmen wieder, und wir schrieben dies vor allem unserer Leistung zu. Dabei profitierten wir wie alle Medien von einer überbordenden Börsenstimmung, der Dotcom-Hysterie und der Liberalisierung der Telekomindustrie. Für längere Werbesendungen zogen wir mehrere Millionenaufträge an Land, etwa von Diax, Kuoni, der Zürcher Kantonalbank oder von Möbel Hubacher. Auch das Sponsoring lief hervorragend, bei dem sich Firmen wie Coop, Migros oder die Credit Suisse bei uns engagierten.

Alle Zeichen zeigten nach oben, und wir waren sicher, dass wir im nächsten Jahr, dem magischen Jahr 2000, erstmals den *break even* erreichen würden. Wie alle anderen berauschten wir uns in diesen Monaten an fantastischen Zukunftserwartungen, die wir in grossartigen Budgets festhielten. Ohne dass wir es damals ahnten, lebten wir aber bereits in der besten aller Wirtschaftszeiten – auf dem absoluten Höhepunkt.

Denn der Wind drehte, zuerst kaum spürbar, dann stärker. Im Frühling 2000 erreichte die Technologie-Börse Nasdaq bei über 5000 Punkten ihre Klimax und sank dann vorerst sachte, ohne dass jemand an einen Zusammenbruch der Internet-Ökonomie glauben wollte. Doch nun setzte zuerst unmerklich ein Prozess ein, bei dem die Werbegelder wieder viel zögerlicher ausgegeben wurden.

Als sich diese negative Entwicklung immer mehr verstärkte, drängte sich bei mir eine Frage immer drängender in den Vordergrund: Wie sollten wir unsere Kosten unter weniger günstigen äusseren Bedingungen decken können, wenn wir es auf dem Höhepunkt der Konjunktur nicht geschafft hatten? Und würden wir bald bessere politische Bedingungen vorfinden, die uns einigermassen faire Chancen gegen die SRG und die ausländischen Werbefenster eröffneten, die immer schneller ihre Werbepreise senkten und uns so zum gleichen Vorgehen zwangen?

Ich begann politisch aktiv zu werden, einmal als Vorstandsmitglied bei der Privatfernseh-Vereinigung Telesuisse, anderseits mit einem direkten schriftlichen Appell bei Bundesrat Moritz Leuenberger. Ich schrieb Zeitungsartikel und machte bei verschiedenen politischen Parteien Präsentationen. Die Resultate waren ernüchternd.

Auch das Bakom, unsere Aufsichtsbehörde, war da keine Hilfe. In all den Jahren hat es das Bakom nicht geschafft, für die privaten Unternehmer im elektronischen Bereich ein Klima der Sicherheit zu schaffen, innerhalb dessen sie eine Zukunftsperspektive für künftige Investitionen erhalten. In Bayern etwa engagiert sich die Landeszentrale für Neue Medien (BLM) mit grossem Engagement für den privaten Bereich. Nicht so in der Schweiz. Im Bakom dominieren nicht Strategen und Visionäre, die nach neuen Techniken und neuen Marktchancen Ausschau halten, um neue medienpolitische Ziele zu erreichen. Bei uns ist dies nicht erwünscht. Deshalb regieren in Biel die Juristen, die sich mit kleinlichen Polizeiaufgaben und minutiösen Gesetzesinterpretationen beschäftigten, bei denen sie nicht die herrschenden Grenzen verrücken, sondern sie umgekehrt festschreiben wollten.

Hinter diesem Verhalten versteckt sich ein klarer politischer Wille: Das Bakom ist für den Status quo verantwortlich und für sonst gar nichts. Dies heisst auch, dass das Bakom die SRG punktuell in ihrem wilden Vorwärtsdrang bremst, etwa im Werbe- und Sponsoringbereich. Das erweist sich für die Beamten in Biel jedoch als besonders schwierig, denn die SRG ist mittlerweile nicht nur gleichermassen in der Hand von zwei Juristen, sondern ausgerechnet unter der Kontrolle der beiden direkten Vorgänger von Bakom-Chef Marc Furrer, nämlich Armin Walpen und seinem Stabschef Rainer Keller. Die kennen natürlich besser als alle anderen die Schliche und Schleichwege, um die Aufsichtsbehörde auszutricksen. Man ist also unter sich, auch bei momentaner unterschiedlicher Interessenlage. So bewachen SRG und Bakom gemeinsam ein Bollwerk, gegen das die verzettelten, schwächlichen privaten Veranstalter Mal um Mal ohne Erfolg aufliefen, wie ich resigniert feststellen musste.

Im Herbst 2000 war klar, dass wir unser ehrgeiziges Jahresbudget nicht erreichen würden, das unser Verkaufschef Michi Frank erstellt hatte.

«Wir haben ganz konservativ gerechnet», hatte er immer wieder versichert. «Das ist das Minimum, was wir erreichen werden.»

Nun nahm er in dieser kritischen Situation ein Angebot von Beat Curti an, der ihm in seiner bekannt brillanten Art mit persönlichen Einladungen den Hof gemacht hatte, und wechselte zu unserer direkten Konkurrenz von «Radio Z».

Damit hatte ich ein neues Problem, das ich zu lösen hatte, und ein grosses dazu. Denn anders als bei Zeitungen und Zeitschriften gibt es im Bereich Radio und Fernsehen keine Auswahl an ausgewiesenen Verkaufsprofis.

Ich führte in jenen Tagen verschiedene Gespräche, um aus der immer stärker verspürten generellen Perspektivelosigkeit herauszufinden. So entschloss ich mich auch, mit Pietro Supino zu sprechen, den ich flüchtig kannte. Supino vertrat im Hause Tamedia eine der drei Besitzerfamilien und sass aus diesem Grund im Ausschuss des Verwaltungsrates dieser Firma, die ich in den letzten Jahren so überaus intensiv kennen gelernt hatte.

Der junge Anwalt empfing mich in seinem Büro am Limmatquai, wo er vor kurzem mit einigen Partnern eine Privatbank gegründet hatte, die sich auf Anlageberatung spezialisiert.

Schnell kam ich zum Thema: Wäre es nicht möglich, dass die Tamedia «Tele 24» kaufen würde, um es gemeinsam mit dem eigenen «TV3» zu führen? Man müsse die Kräfte bündeln, nur so hätte man unter den herrschenden Bedingungen eine Chance. Die gewinnstarke Tamedia mit ihren vielen Publikationen und einem überquellenden Stellenanzeiger wäre dazu besser geeignet als ein Kleinunternehmer wie ich.

Supino hörte sich meinen Vorschlag an. Schliesslich sagte er: «Und wie wäre es, wenn Sie uns Ihre ganze Firma verkaufen würden?»

«Mit ‹Radio 24›?»

» Ja, mit ‹Radio 24›. Das hat uns schon immer interessiert.»

«An so etwas habe ich noch nie gedacht», sagte ich. «Aber wenn ich jetzt ganz spontan in mich hineinhöre, so fühlt sich dieser Gedanke erstaunlicherweise gar nicht so schlecht an.»

Der Vorschlag hatte mich wie ein Blitz getroffen. Bisher hatte ich mir nie erlaubt, so etwas zu denken. Ich hatte mich immer gesehen, wie ich mein Baby, mein Radio, selbst noch mit 75 Jahren führen würde. Und vielleicht würde gar eines meiner drei Kinder daran Gefallen finden.

Aber nun hatte ich in den letzten Jahren mein Risiko erhöht. Ich war ganz tief im Fernsehgeschäft, und ich war zusammen mit den Investmentbankern der CSFB, die ihr Geld schnell vermehren wollten. Allein konnte ich mein defizitäres Fernsehen offensichtlich nicht verkaufen. Nur wenn ich gleichzeitig das sehr lukrative Radio weggeben würde, schien ein Deal möglich.

Jetzt war der Geist aus der Flasche. Und je mehr ich es mir überlegte, desto reizvoller war dieser völlig neue Gedanke. War dies der Weg, den ich gehen musste, um nicht ständig diese brutalen Kämpfe kämpfen zu müssen, die ich wohl nicht gewinnen konnte?

«Ich überlege mir Ihren Vorschlag», sagte ich schliesslich.

Ich konnte in diesem Augenblick nicht wissen, dass mein allergrösster Fight soeben eingeläutet worden war.

Peter Schellenberg, der Konkurrent

Ich sass in der Swissair-Maschine von Genf nach Zürich. Es war an einem Sonntagmorgen, dem 16. September 1996. In der «SonntagsZeitung» fand ich ein langes Interview mit SF-DRS-Fernsehdirektor Peter Schellenberg. Unter dem seltsamen Titel «Ich bin der Meinung, dass ich nicht als schlechtester Fernsehdirektor in Europa gelte» kamen am Schluss die bereits üblichen Fragen zu einzelnen Personen. Zum Stichwort Roger Schawinski sagte er: «Ein unerträglich unanständiger Mensch, mit dem ich nach Möglichkeit nie mehr etwas zu tun haben will.»

Ich zuckte zusammen. Schräg hinter mir, auf der anderen Seite, sass Peter Schellenberg, vergraben hinter derselben Zeitung. Am Tag zuvor waren wir zusammen auf dem Podium im vornehmen Hotel du Rhône gesessen, wo der Verband Schweizer Presse seinen Jahresanlass durchführte, bei dem jeweils die ganze Medienbranche anwesend ist. Das Podiumsgespräch war nach einer meist länglichen Ansprache des Präsidenten der offizielle Höhepunkt der Veranstaltung, bei der über ein aktuelles Thema debattiert wird. Diesmal war es anders. Peter Schellenberg war vor der versammelten Festgemeinde in einer rüden, feindseligen Art auf mich losgegangen, wie man es bei diesem Anlass noch nie erlebt hatte. Persönlich verletzend in der Aussage und in der Körpersprache war er über mich hergezogen, was im Saal Kopfschütteln und Verständnislosigkeit auslöste.

«Ich bin nicht nach Genf gekommen, um mir dieses Gequatsche anzuhören», schleuderte er mir entgegen, als ich für die privaten Sender Konzessionsgebühren forderte. Und als ich auf seine Ausführungen etwas erwiderte, schnaubte er: «Von dir brauche ich schon gar keine Antworten.»

Natürlich wusste man, dass wir Konkurrenten waren, er als Chef des Deutschschweizer Fernsehens und ich seit knapp zwei Jahren als Mitinhaber, Geschäftsführer und Moderator bei «TeleZüri». Was aber hatte diesen Ausbruch von Feindseligkeit ausgelöst? Und was die direkt darauf folgende schriftliche Absage per «SonntagsZeitung» an meine Person, und zwar für immer und für ewig?

Begonnen hat diese lange, schwierige Geschichte im Jahr 1974. Damals wurde ich im Schweizer Fernsehen erstmals richtig zur Kenntnis genommen, da ich soeben den «Kassensturz» konzipiert hatte, den ich gleichzeitig leitete und moderierte. Peter Schellenberg war damals bereits seit zehn Jahre am selben Ort tätig gewesen. Wie viele zu jener Zeit war er vor allem mit viel Begeisterung und wenig spezifischem Wissen über das neue Medium zum Fernsehen gestossen. Es war die Zeit der Lehrer, der praktischen Berufsleute und der Schauspieler, die sich fürs gerade erst entstehende Fernsehen interessierten. Akademiker gab es in jenen Jahren noch wenige.

Peter Schellenberg war nach einer kaufmännischen Lehre und ersten Erfahrungen als Hobbyfotograf zuerst als freier, später als fester Mitarbeiter bei der Vorabendsendung «Antenne» tätig, wo er sich sofort durch seine überdurchschnittliche journalistische Ernsthaftigkeit hervorhob. Auch in der hausinternen Gewerkschaft wurde er schnell zur bestimmenden Person, die ihren Kollegen in den meisten Beziehungen intellektuell und strategisch überlegen war.

«Antenne»-Chef Werner Vetterli liess damals ein harmloses tägliches Potpourri produzieren, bei dem nicht selten auch Beiträge Platz hatten, mit denen er persönlichen Freunden einen Liebesdienst erweisen wollte. Für den stramm linken Journalisten Peter Schellenberg war diese Vetterli-Wirtschaft ein Gräuel. Zuerst als Stellvertreter des nächsten «Antenne»-Chefs, Hanspeter Danuser, und vor allem nach dessen geräuschvollem Abgang krempelte er als neuer Sendungschef alles komplett um. Die «Antenne» war Anfang der Siebzigerjahre ein politisches, kritisches Magazin geworden, bei dem die jungen Journalisten, die Schellenberg um sich scharte, Beitrag für Beitrag zu beweisen hatten, was an unserem System nicht funktionierte – und wer dafür die Verantwortung trug. Die Vorwürfe gegen das «linke Fernsehen», welche bürgerliche Kreise damals lautstark, aber recht wirkungslos erhoben, wurden durch diese Ambiance der generellen Ablehnung der herrschenden Machtstrukturen genährt, die Peter Schellenberg in seinem Umfeld schuf, das sich bald weit über die eigene Redaktion ausweitete.

Mit dem «Kassensturz» geriet ich 1974 deshalb direkt ins Kreuzfeuer der hausinternen Kritik. Die Gegenüberstellung von schwachen Konsumenten und übermächtigen Produzenten wurde als unsinnige Verharmlosung abgetan, welche den echten Konflikt zwischen ausgebeuteten Arbeitnehmern und ausbeutenden Unternehmern ausblendete. Damit waren wir in den Augen von Peter Schellenberg und damit auch seiner vielen Jünger unzuverlässige Abweichler, die man die Verachtung deutlich spüren liess. Als dann die Sendung von Beginn weg zu einem unvergleichlichen Publikumserfolg wurde und schon ein Jahr nach Sendebeginn vom Vorabend auf einen Platz im Hauptabendprogramm verlegt wurde, verschärfte sich der Konflikt. Unsere unvorstellbar hohen Einschaltquoten – mit bis zu 70 Prozent Marktanteil – wurden von den Bewahrern der echten Werte mit äusserster Ablehnung quittiert.

Auch meine zusätzlichen Aktivitäten stiessen auf Ablehnung. Etwa als ich als Erster im Schweizer Fernsehen einen Werbefilm für unsere Sendung produzierte, mit dem ich persönlich bei der Sendeleitung betteln ging, damit sie ihn am Vortag unserer Sendung doch bitte, bitte ausstrahlen möge. Dies wurde im dritten Stock, bei der «Antenne», als billiger Kommerz gebrandmarkt, den man grundsätzlich ablehnte. Heute beschäftigt Fernsehdirektor Peter Schellenberg eine riesige, wohl dotierte Abteilung, die nichts anderes als solche *trailers*, wie man es nun nennt, routinemässig als integralen Teil des Programms zu produzieren hat.

Diese Entwicklung belastete natürlich schon bald mein Verhältnis zu Peter Schellenberg. Ihm war nun in der Abteilung Information ein Konkurrent erwachsen, der sich nicht so leicht unterkriegen liess und der ein anderes Verständnis von der Rolle des Fernsehens hatte. Doch es kam zwischen uns nie zu einer offenen Auseinandersetzung, nur das Verhältnis blieb recht kühl, da ich immer wieder über Dritte von seinen verächtlichen Kommentaren hörte.

Dann trennten sich unsere Wege. Anfang 1977 ging ich als Chefredaktor zur Tageszeitung «Die Tat», er blieb im Leutschenbach. 1979 lancierte ich nach meinem Rausschmiss bei der Migros-Zeitung mein Projekt eines privaten Radios. Peter Schellenberg hatte inzwischen den aktiven Fernsehjournalismus, den er so hervorragend beherrschte, früh und gleich für immer aufgegeben – wie sich zu meiner Überraschung zeigen sollte. Nun war er ins Management gewechselt, ins Amt des Pressechefs von Regionaldirektor Otmar Hersche. Hersche war, wie von Consultant Nicolas Hayek verordnet, bei der SRG nun sowohl für Radio wie auch für Fernsehen in der deutschen Schweiz zuständig, was so schlecht funktionierte, dass diese Reorganisation bald darauf fluchtartig rückgängig gemacht werden musste.

Diesem Otmar Hersche wollte ich mein Radio-Projekt vortragen, um mir so den Goodwill meines ehemaligen Vorgesetzten zu sichern, mit dem ich mich immer gut verstanden hatte. Aber Hersche nahm die Sache nicht richtig ernst und lachte über meine Ideen.

«Ich habe Sie immer für einen originellen Typ gehalten, aber diesmal haben Sie sich bös verrannt. Lassen Sie die Sache lieber sterben, bevor Sie sich bis auf die Knochen blamiert haben», sagte er mir gutmütig.

Ganz anders war die Reaktion seines Pressechefs. In meinem Buch «Radio 24 – Die Geschichte des ersten freien Radios der Schweiz» habe ich diese Szene im Jahr 1982 so beschrieben:

Schärfer war die Ablehnung von Pressechef Peter Schellenberg, der meine Ausführungen mitverfolgt hatte. Schellenberg und ich waren jahrelang Konkurrenten gewesen. Während ich die SRG verlassen hatte, wandelte er sich vom Basislinken zum neutralisierten, permanenten Beförderungskandidaten auf dem langen Marsch in die Direktion. Er schien dabei immer mit sich selbst unzufrieden.

«Und du glaubst, dass du um zwei Uhr in der Früh Werbekunden hast?», bezweifelte er mit hüstelndem Lachen mein 24-Stunden-Konzept. (Die beiden SRG-Programme hatten damals um Mitternacht Sendeschluss.)

«Es geht nicht um Werbespots. Ein Radio hat eine Servicefunktion, und die hört nicht um Mitternacht auf.»

«Aber das kostet doch nur Geld. Das ist doch wohl nicht der Zweck der Übung, oder?»

«Jeder Sender braucht Finanzierung. Vielleicht nicht gerade 50 Millionen wie euer Radio DRS, aber Geld braucht es. Das heisst nun aber nicht, dass man nur dort etwas tut, wo man kassiert. Ich bin weiterhin in erster Linie Journalist, nur nicht mehr im Monopol.»

Wir waren wieder einmal mitten in einer unserer Diskussionen zum Thema «Selbstverständnis des Journalisten in den elektronischen Medien».

Schellenberg blieb weiter skeptisch. Deutlich spürte ich, wie er mir Misserfolg wünschte. Viel später vertraute er mir an, dass er als 13-Jähriger einen Schwarzsender gebastelt habe. Er habe als Erster in Zürich gesendet.

Beim nächsten Fernsehdirektor, Ulrich Kündig, blieb Peter Schellenberg während weiterer sechs langen Jahre im Vorzimmer der Macht sitzen und verbrachte dabei viel Zeit in der Fernsehkantine, wo er allen Mitarbeitern scharfzüngig und gescheit erklärte, was in diesem Betrieb falsch lief und wie man es ändern müsse. Diesmal trug er den eleganteren, aus Deutschland entlehnten Titel «Medienreferent».

Als der intelligente, aber immer etwas unglücklich agierende Ulrich Kündig 1987 nach Bern in die Zentrale zurückgepfiffen wurde und damit der oberste Platz im Leutschenbach frei wurde, war Roy Oppenheim als Erster zur Stelle. Oppenheim hatte sich einen Namen als Produzent von Kultursendungen gemacht, war aber hausintern nicht sehr verankert, da er das Fernseh-Handwerk nicht seit jungen Jahren von der Pieke auf gelernt hatte.

Zu jener Zeit schrieb ich in der kurz zuvor gegründeten «SonntagsZeitung» Woche für Woche eine Kolumne zum Thema Fernsehen. Die Wahl des neuen TV-Programmdirektors war für mich ein Pflichtthema. Ich überlegte nur kurz: Nach meinen Erfahrungen bei der SRG und in der Welt der Privatindustrie war ich der Meinung, dass nun nicht ein Apparatschik oder Quereinsteiger, sondern erstmals ein ausgewiesener Fernsehjournalist an die Spitze gesetzt werden sollte. Damit, so hoffte ich, würden sich neue Perspektiven für die verkrusteten Strukturen ergeben. Also brachte ich eine neue Wahlvariante ins Spiel. Am 14. Juni 1987 ging ich unter dem Titel «Die möglichen und die unmöglichen Kandidaten» eine Liste von Namen durch, die aus verschiedenen Gründen nicht in Frage kamen, um auf das Ziel hinzusteuern:

Bleibt ein Name: Peter Schellenberg. Sein Gesicht ist den Fernsehzuschauern wenig bekannt, da er es meist erst nach 23 Uhr im «Zischtigsclub» gezeigt hat. Aber Brillanz am Schirm ist nicht Schellenbergs stärkste Seite.

Seit nunmehr über zwanzig Jahren ist er bei der SRG und hat vom Jungreporter über Sendeleiter von «Antenne», «Bericht vor acht», «CH» bis zu seinem heutigen Hochsitz als Programmphilosoph (offiziell: Medienreferent) das Medium und die Anstalt besser kennen gelernt als jeder andere im Leutschenbach. Schellenberg kann filmen, schneiden, planen, konzipieren, redigieren, texten, Personal führen, Vertrauen vermitteln. Vor allem aber kann er äusserst intelligent über das Fernsehen DRS und seine Schwächen sprechen.

Auch politisch hat Schellenberg ein breites Spektrum durchschritten. Zusammen mit Felix Karrer hat er als Zweimanngewerkschaft und Hauszeitungsredaktor begonnen, das Fernsehen zu hinterfragen.

Heute, aus der Chefetage, erkennt er die Zusammenhänge auch aus der anderen Richtung, ohne dass er sich von seinem SP-Parteibuch losgesagt hat. Nur die Diktion und die Toleranz gegenüber den Mächtigen ist eine andere geworden.

Peter Schellenbergs Wahl zum Fernsehdirektor wäre wie das Skript eine TV-Soap Opera. Zum ersten Mal würde ein Mann von innen und von unten, versehen mit dem Respekt der Fernsehschaffenden, die Verantwortung für unseren Fernsehabend übernehmen.

Und wenn Schellenberg nach all den langen SRG-Jahren die Kraft bewahrt hätte, halb so intelligent zu handeln, wie er spricht, würden wir wohl ein modernes, attraktiveres Programm erhalten.

Damit war Peter Schellenberg auf einen Schlag als Kandidat lanciert. Wegen seiner klar linken politischen Haltung war er für dieses hohe Amt bisher von niemandem auch nur in Betracht gezogen worden. Sozialdemokraten hatten nach herrschender bürgerlicher Meinung eine übermächtige Position an der SRG-Basis, weshalb man die Schlüsselpositionen mit Vertretern aus den eigenen Reihen besetzt halten wollte, die ein Gegengewicht gegen die jungen, aufmüpfigen Journalisten bilden sollten.

Mein Artikel lieferte nun eine neue Argumentation, die offenbar überzeugend wirkte. Bald schon wurde Schellenberg als ernsthaftester Konkurrent von Oppenheim gehandelt. Nun gab es zwei Favoriten für den Job des Fernsehdirektors.

Doch dann stach mich der Hafer. Meine Tätigkeit beim Radio und auch meine Zeitungskolumne waren mehr Routine als Herausforderung. Alles lief bestens, beinahe zu gut, und neue Aktivitäten waren keine in Sicht. Also kam ich auf die Idee, mich als *practical joke* selbst als Programmdirektor zu bewerben. Damit würde ich dieses scheinheilige, durchsichtige SRG-System testen. Gemäss Ausschreibung war nämlich jemand gesucht, der sowohl praktisches Fernseh-Know-how wie auch unternehmerische Erfahrung einbringen konnte. Auf wen passte diese Beschreibung besser als auf mich, dachte ich mir, mit den Einträgen Dr. nat. oec., «Kassensturz», «Tat» und «Radio 24» in meinem Curriculum Vitae? Das konnte das Wahlgremium nicht einfach locker zur Seite schieben, dachte ich mir, auch wenn sie mich wegen meiner SRG-kritischen Haltung natürlich niemals wählen würden.

Dann packte mich plötzlich die Angst. Was würde ich tatsächlich tun, wenn sie mich wählen sollten? Ich hatte einen funktionierenden Betrieb, den ich liebte und den ich keineswegs aufgeben wollte. Also reizte ich meinen persönlichen *practical joke* noch etwas weiter aus.

Als das Fernsehpersonal ein Hearing mit den Kandidaten durchführte, trat ich in meinem schrillsten Hawaiihemd aufs Podium, auf dem ich neben Peter Schellenberg, Roy Oppenheim, Toni Schaller und Guido Wüest sass. Alle Bewerber gaben kluge, abgewogene Statements ab, ich hingegen haute auf die Pauke.

«Als Erstes werde ich nach meiner Wahl ganz kritische Interviews mit allen Bundesräten führen», sagte ich. «Damit ist es dann auch für euch möglich, dasselbe zu tun. So erweitern wir unseren Freiraum.»

Ungläubig hörte man mir zu, und ich merkte, wie ich mit solch unkonventionellen Absichtserklärungen einige Punkte sammelte. Die Meinungen jedoch waren von Beginn weg gemacht: Peter Schellenberg war ihr Mann, einer aus ihrer Mitte, für ihn und nur für ihn würden sie sich einsetzen.

Beim Hearing vor der Wahlbehörde, der Trägerschaft der SRG im düstern ersten Stock des Hotel St. Gotthard, kam ich wieder sehr salopp gekleidet. Bei der Frage, wie ich denn mit der Trägerschaft zu kutschieren gedenke – also mit ihnen, dem Wahlgremium – sah ich meine Chance.

«Dafür habe ich wohl kaum Zeit. Ich kann doch nicht vor 15 Leuten Ihrer Organisation in Appenzell irgendein Vorträgli halten. Wichtiger ist das Fernsehprogramm, darum habe ich mich rund um die Uhr zu kümmern. Ich hoffe, Sie verstehen das.»

Sie verstanden. Es war eine harsche Absage an ihre eigene Existenz. Trotzdem erhielt ich in der Wahl zwei Stimmen. Gewählt wurde Peter Schellenberg, der Roy Oppenheim recht deutlich distanzierte.

Bald darauf lud mich Peter Schellenberg zu einem Mittagessen ein. Er bedankte sich, dass ich als Erster seinen Namen ins Spiel gebrachte hatte. Ohne diesen «SonntagsZeitung»-Artikel wäre er wahrscheinlich ohne jede Chance gewesen. Und dann erzählte er mir all seine noch geheimen Pläne: die Gründung von «10 vor 10», um der lahmarschigen «Tagesschau»-Redaktion endlich etwas Dampf zu machen. Und er verriet mir seine Absicht, das beliebte «Karussell» abzuschaffen. Und so war ich, für einige Zeit zumindest, überraschend zu seinem Vertrauten geworden.

Kurze Zeit später war ich bei meiner Suche nach einer zusätzlichen Aktivität im Filmgeschäft gelandet. Meine 50-Prozent-Beteiligung an der Stella-Gruppe enthielt neben einem Filmverleih, mehreren Kinos in verschiedenen Schweizer Städten, einem Videovertrieb und Aktivitäten in der Filmproduktion auch noch ein beinahe funktionstüchtiges TV-Studio, das zumeist leer stand und nur für Fotoaufnahmen genutzt wurde. Damit war ich als Geschäftsleiter gefordert. Also erfand ich flugs eine Fernsehsendung. Peter Schellenberg hatte kurz nach seinem Amtsantritt öffentlich verkündet, dass er persönlich dafür sorgen werde, dass nun neben der SRG eine private TV-Produktionsszene entstehen würde, um so den Druck des Sendemonopols zu mildern.

Dies war meine Gelegenheit. Das Konzept einer von mir erdachten Unterhaltungssendung stiess in der Direktionsetage auf Gegenliebe, und so wurden 24 Folgen von «Persona» aufgezeichnet. Wir hatten ganz knapp gerechnet, sodass wir kaum unsere Kosten decken würden. Aber dies war schliesslich eine Investition in die Zukunft, dachte ich mir. Wenn wir einmal bewiesen hatten, wie effizient wir arbeiteten, würden wir richtig ins Geschäft kommen. Ich castete zwei Präsentatorinnen für die Sendung, eine davon war die spätere langjährige «Tagesschau»-Lady Katja Stauber, die zuvor bei «Radio 24» gearbeitet hatte und so zu ihrem ersten richtigen Bildschirmauftritt kam.

«Persona» wurde ein Erfolg und belegte in der von der «Schweizer Illustrierten» veröffentlichten TV-Hitliste bald einmal Woche für Woche die vorderen Positionen. Nach Abschluss der Serie lud mich Peter Schellenberg in sein Büro. Er bedankte sich für die reibungslose Abwicklung und die hohen Einschaltquoten, die sich sogar in der Marktanteilsstatistik des ganzen Jahres bemerkbar machen würden.

«Danke für dein Kompliment», sagte ich. «Und jetzt, was machen wir nach diesem Erfolg als Nächstes?», fragte ich.

Schellenberg schüttelte den Kopf. «Das nächste Mal muss ich andere Produzenten berücksichtigen. Du kannst dann in zwei, drei Jahren wieder ein Projekt eingeben.»

Ich blickte ungläubig. So also war das mit der freien Produzentenszene gemeint! Der einzige Auftraggeber im Land konnte seine Aufträge brosamenweise nach Belieben verteilen. Erfolge und Leistungen wurden nicht bewertet, sie waren praktisch wirkungslos.

Nur, wie sollte ich mein Studio auf diese Weise über Wasser halten? Noch bevor ich an diesem Tag das Leutschenbach verliess, hatte ich beschlossen, mein TV-Studio einzumotten. Die Grundlagen für private Schweizer Produktionen waren soeben vernichtet worden.

Danach war ich noch ein einziges Mal in Schellenbergs Büro in der obersten Etage des kurz zuvor erbauten Hochhauses. Ich hatte einen neuen Vorschlag: Die medienkritischen Sendungen, die jahrelang von Hans W. Kopp geleitet wurden, hatten sich totgelaufen. Andere Konzepte hatten ebenfalls nicht reüssiert. Anderseits bestand ein Bedarf für Information über das Medium am Medium.

«Du musst deine Anliegen am Bildschirm vertreten können», erklärte ich ihm. «Aber auf glaubwürdige Weise. Es darf nicht wie eine billige PR-Sendung wirken. Wie wäre es, wenn ich, als bekannt kritischer Interviewer, dich alle paar Wochen in die Mangel nehmen würde?»

Schellenberg gefiel die Idee auf Anhieb. Schnell rief er seinen Adlatus hinein. Heinz Kindlimann hatte als Kameramann begonnen und war von seinem alten Kumpanen ins Vorzimmer gesetzt worden, wo er nun richtig chefmässig Mitarbeiter zusammenstauchen konnte, wie ich gleich live miterleben sollte.

«Du, Heinz, schau doch mal für einen Termin für eine Nullsendung. Wir brauchen dazu kein Dekor, nur ein Studio», erklärte Schellenberg.

Kindlimann nickte und begleitete mich hinaus. Dies war das Letzte, was ich in dieser Sache hörte. Kein Kontakt fand mehr statt, nichts, rein gar nichts. Den Grund dafür habe ich nie erfahren. Auch ich rief nicht mehr im Leutschenbach an. Etwas hielt mich davon ab. Ich wollte mich schliesslich nicht aufdrängen, denn dies würde mir von Peter Schellenberg sicher als Bildschirm-Sucht ausgelegt werden – und das wollte ich mit allen Mitteln verhindern. Erst später erkannte ich, dass dies die Wasserscheide in der Beziehung zwischen Peter Schellenberg und mir war.

Schellenberg war in seiner ersten Zeit im Direktionssessel ungewöhnlich aktiv und lebendig. Er schien nach den acht langen, langweiligen Jahren im Vorzimmer Gefallen an seiner unerwartet zugefallenen Macht zu finden. Endlich konnte er seine Ideen umsetzen und musste nicht mehr zusehen, wie unfähige Chefs haarsträubende Fehlentscheide fällten.

Wendig hatte er die neuen Koordinaten in der TV-Landschaft analysiert, die Ende der achtziger Jahre durch das Aufkommen des deutschen Privatfernsehens entstanden waren. Schneller als behäbigere TV-Direktoren in Deutschland studierte er die Mechanismen der neuen Fernsehgewohnheiten und setzte Änderungen in seinem Programm durch, die sich an die neuen Leitsätze der privaten Konkurrenz anlehnten. Diese Anpassungen gingen bald beträchtlich weiter Richtung Kommerz als bei den öffentlich-rechtlichen deutschen TV-Anstalten ARD und ZDF, die sich dem Wandel lange widersetzten.

Schellenbergs eherne Grundsätze aus der «Antenne»-Zeit waren entschwunden und fugenlos durch den neuen Fernseh-Weltstandard ersetzt worden. Wichtig waren jetzt in erster Linie die Marktanteile in der *prime time* und in der *access prime time*, wie man nun in der Chefetage fabulierte, während die Diskussionen über journalistische Inhalte an Bedeutung verloren. Man stellte nun Sportmoderatoren vor Werbewände und agierte aggressiv im Bereich Sponsoring – alles kommerzielle Aktivitäten, die für den früheren Peter Schellenberg die Definition des absolut Abscheulichen gewesen waren. Jürg Wildberger, der später bei «TV3» «Big Brother» in die Schweiz holen sollte, lieferte als Schellenbergs Freund und «Medienreferent» die quantitativen und qualitativen Argumente, mit denen Sendungen abgesetzt oder platziert wurden. Und Schellenberg liess sich in der ihm meist wohl gesinnten Schweizer Presse «als einer der besten Fernsehdirektoren Europas» feiern, obwohl niemand das Kriterium für diese Klassierung zu nennen vermochte.

Dann kam die Geschichte mit dem «Bonus», die ich hier etwas detailliert darstelle, weil sie später als Ausgangspunkt der Causa *Schellenberg vs. Schawinski* zitiert wurde. Also: Im Herbst 1988 hatte ich dieses Szenemagazin gegründet und es dem «Tages-Anzeiger» beilegen lassen, um so auf Anhieb eine für die Werbung wichtige, grosse Auflage zu erreichen. «Bonus» war den damals sehr erfolgreichen Zeitgeist-Magazinen wie «Wiener» und «Tempo» nachempfunden und kam frech, aufmüpfig und grafisch innovativ daher.

Nach einiger Zeit hatten wir unseren Stil gefunden und nahmen wichtige Figuren Zürichs aufs Korn. Der Chefredaktor der «ZüriWoche», Karl Lüönd, der die unselige Küng-Koch-Geschichte publiziert hatte, erschien auf dem Titelbild mit einem Geweih am Kopf. Dem passionierten Jäger widmeten wir unter der Überschrift «Der Wilderer von Zürich» eine saftige Geschichte. Den Grossgärtner Werner Spross zeigten wir als Dagobert Duck mit der Titelgeschichte «Der Geldgärtner – Neues aus Sprosshausen». Als der noch unbeschriebene SVP-Jungpolitiker Ueli Maurer Regierungsrat werden wollte, zeigten wir ihn, seziert als Ausschnittbogen, unter der Schlagzeile «Wir basteln uns einen Regierungsrat». Und in der Comic-Serie «WG Hardbrugg», die den neuen Zürcher Stadtrat bei ständigem Gezänk zeigte, riefen immer alle zum Schluss dem abgewählten Zürcher Stadtpräsident Thomas Wagner zu: «Du bisch nümme Stapi», und hauten ihm Gegenstände auf den Kopf. So war «Bonus». Deftig, sehr deftig sogar. Auch das Publikum hatte sich daran gewöhnt und las alles mit einer gewissen schmunzelnden Distanz.

Die Geschichte über Peter Schellenberg für die Ausgabe vom Oktober 1990 schrieb Domenico Blass, der spätere Kodrehbuchautor von «Ernstfall in Havanna». Auf dem Titelbild war wie üblich eine Karikatur. Sie zeigte den Fernsehdirektor, der wie ein tollpatschiger TV-Techniker mit dem Kopf durch den gläsernen Bildschirm eines TV-Apparats hindurch gebrochen war und in der einen Hand einen Schraubenzieher hielt, mit dem er sich selbst in eines der Nasenlöcher stiess. Die Schlagzeile dazu lautete: «Der Verschlimmbesserer». Im Innern des Blatts sah man ihn, wie er den Stecker zwischen zwei Kabeln auszog, während hinter ihm die Macher der von Schellenberg abgesetzten Sendungen protestierten. Der Titel hier: «Der TV-Abwart».

Das Portrait war kritisch, aber enthielt auch viele lobende Passagen. Aus heutiger Sicht wirkt es sogar eher milde, selbst verglichen mit anderen «Bonus»-Titelstorys. Schellenberg Stärken wurden ebenso erwähnt wie seine Schwächen, seine Herkunft wie auch seine persönliche Sicht der Dinge. Das Bild vom TV-Abwart hatten wir deshalb gewählt, weil dieser Berufsgattung die Eigenschaft zugeschrieben wird, andere Leute zurechtzuweisen und Ordnung nach eigenem Gusto zu schaffen. Genau so beurteilten der Autor und die übrigen Redaktionsmitglieder Schellenbergs Stil, nachdem er überraschend mehrere Sendungen aufs Mal abgesetzt hatte.

Die Reaktion Schellenbergs war ein ohrenbetäubendes Schweigen. Fernsehintern aber wütete er in jenen Tagen in absoluter Schärfe – gegen mich. Nach und nach erfuhr ich, dass sein jüngerer Sohn diese Geschichte besonders negativ erlebt hatte. Offenbar lief jetzt bei Peter Schellenberg ein Film ab: Als Bub in Zürich-Seebach war er ständig wegen seines Vaters gehänselt und gequält worden, der sich als aktiver Gewerkschafter hervorgetan hatte. Nun erlebte er dasselbe aus der anderen Perspektive.

Es war etwas geschehen, was Prominenten immer wieder widerfährt, nämlich dass die Opfer einer veröffentlichten Kritik vor allem die unbeteiligten Lebenspartner und die eigenen Kinder sind. So wurde Ueli Maurer in Viktor Giacobbos Sendung jahrelang dem Gespött preisgegeben, was vor allem seine fünf Kinder treffen musste. Trotzdem kam Ueli Maurer schliesslich souverän zu Viktor Giacobbo in die Sendung.

Als ich von Peter Schellenbergs familiären Problemen vernahm, war ich erschrocken. Also schrieb ich ihm einen persönlichen Brief, indem ich auf die «Bonus»-Geschichte Bezug nahm und ihn um Entschuldigung bat. Nach mehreren Wochen, in denen ich immer wieder über emotionale Aufwallungen im Umfeld von Schellenberg erfuhr, schrieb ich ein zweites Mal. Das Einzige, was ich hörte, war, dass Schellenberg seinen Mitarbeitern mitgeteilt hatte, ich würde ihn schriftlich belästigen.

Zuerst glaubte ich noch, dass diese negativen *vibes* nur vorübergehender Natur waren. Ich habe schon viele Zerwürfnisse wegen giftiger oder unfairer Zeitungsartikel und TV-Berichte erlebt – sowohl als Urheber wie auch als Zielscheibe. Meist rückt die Sache nach einer gewissen Zeit in den Hintergrund, und man nimmt die Beziehung zu Leuten wieder zögerlich auf, von denen man sich verletzt und falsch verstanden fühlt. Gerade ein Journalist weiss, wie leicht man bei der Berufsarbeit in den roten Bereich gelangen kann, bei dem Grenzen überschritten werden. Dieser Fall war anders.

Der Autor des Schellenberg-Portraits bewarb sich einige Zeit später beim Schweizer Fernsehen und musste bei Peter Schellenberg persönlich vorsprechen. Dieser teilte ihm mit, nachdem er über das «Bonus»-Portrait gesprochen hatte: «Es gibt Menschen, die können nie mehr fürs Schweizer Fernsehen arbeiten. Sie gehören nicht dazu.» Domenico Blass verstand diese verklausulierte Botschaft problemlos. Nicht der Artikel war der wahre Auslöser gewesen. Es gab viel tiefere Gründe für Schellenbergs Ablehnung gegen mich, von denen Domenico als mein Mitarbeiter nicht betroffen war.

Und noch etwas wurde ihm indirekt mitgeteilt: Schellenberg führte eine Liste mit Feinden, denen er Rache geschworen hatte. Genau so hatte sich der grundsätzlich misstrauische US-Präsident Richard Nixon verhalten, der überall und jederzeit Verrat witterte. Auf seiner *enemy list* standen jene Journalisten und Politiker, die es gewagt hatten, ihn zu kritisieren. Die bedachte er mit den übelsten Schimpfworten, wie es auf den Watergate-Tapes eindrücklich dokumentiert ist.

War nicht jedermann automatisch Peter Schellenbergs Feind, der seine Position als allseits zu bewundernder Fernsehdirektor bedrohte und sich ihm nicht bedingungslos unterwarf? Ein Blick auf seine *enemy list*, über die er nun ohne Scheu sprach, liess dies vermuten.

Neben mir standen darauf Leute wie Wolfgang Frei, der Sohn des ehemaligen

Fernsehdirektors Guido Frei, dem er die vom Vater erlittene Zurückweisung heimzahlte, indem er gleich das ganze «Karussell» abschaffte, das Wolfgang Frei leitete. Der verlor so seinen Job bei der SRG, um später «NZZ-Format» aufzubauen. Da war noch Ruedi Matter, ein bulliger Nachrichtenjournalist, der weggemobbt wurde und der später eine leitende Rolle bei «n-tv» in Berlin besetzen sollte. Oder der selbstbewusste Kulturchef Alex Bänninger, der ebenfalls die SRG verliess. Oder Roy Oppenheim und Dario Robbiani, die mit «S Plus» und «S4» eine gewisse Zeit lang im eigenen Hause als konkurrierende Fernsehdirektoren auftraten, die es zu exorzieren galt. Und schliesslich war da noch der eigene Chefredaktor Filippo Leutenegger, der mit seiner Popularität und seinem Berner Beziehungsnetz sowohl Peter Schellenberg wie auch SRG-Generaldirektor Armin Walpen ein Dorn im Auge war. Schellenberg hatte ihn 1999 beim Start der neuen privaten TV-Konkurrenz auf Drängen von Walpen widerwillig zum Chefredaktor ernannt, um sich professionell möglichst gut gegen die unbekannte Herausforderung zu wappnen. Kurz nachdem die Konkurrenz den Laden dicht gemacht hatte, wurde der ungeliebte Leutenegger Anfang des Jahres 2002 blitzschnell und brutal entsorgt.

In den folgenden Jahren sahen sich Peter Schellenberg und ich nur noch zufällig an Branchenanlässen und wechselten höchstens einige flüchtige Worte. Nur einmal kamen wir uns wirklich nahe, und dies geschah in einer wahrlich bizarren Umgebung.

Das neue Theater an der Gessnerallee hatte die Promotionsidee, mit einigen Prominenten eine Theaterszene vor Publikum einzuüben und zu spielen. Das Ganze sollte möglichst grotesk wirken, und so wählte man einen Ausschnitt aus Billy Wilders *Some Like It Hot*. Bei diesem legendären Film steht eine Mädchenkapelle im Mittelpunkt, in die sich zwei Männer (Tony Curtis und Jack Lemmon) in Frauenkleidern einschleichen, um vor rachsüchtigen Gangstern aus Chicago zu entfliehen und um näher bei der entzückenden Sängerin (Marilyn Monroe) zu sein.

Der Regisseur verteilte die Rollen möglichst kurios. Opernhaus-Direktor Alexander Pereira wurde zum Monroe-Double, Klatschtante Hildegard Schwaninger verwandelte man in den glatzköpfigen Band-Manager Beinstock, und Peter Schellenberg und mir wurden die Rollen von Jack Lemmon (er) und Tony Curtis (ich) zugeteilt. So standen wir einen ganzen Abend lang in Frauenkleidern, Perücke und greller Schminke hautnah nebeneinander auf der Bühne, und versuchten unseren Part zu sprechen und zu spielen, er als Saxofonistin Geraldine und ich als Bassgeigerin Josephine.

Das Publikum amüsierte sich aufs Köstlichste. Peter Schellenberg und ich sprachen während unseres ganzen, langen Bühnenauftritts nur wenig miteinander. Die Stimmung zwischen uns war nicht feindselig, eher gezeichnet von Unsicherheit. Keiner von uns schien zu wissen, wie er mit dieser aussergewöhnlichen Situation umgehen sollte. Ich hoffte die ganze Zeit über, dass er den ersten Schritt machen würde, da ich nicht wieder zurückgewiesen werden wollte. Aber dazu kam es auch dann nicht, als wir uns anschliessend bei der «Premierenfeier» im Restaurant am gleichen Tisch gegenübersassen.

Das Klima zwischen uns verschärfte sich schlagartig, als ich im Herbst 1994 den Sendebetrieb mit «TeleZüri» aufnahm. Nun war ich wieder, wie damals im Leutschenbach, ein direkter Konkurrent, auch wenn ich mit meinem Fernsehen und einem vergleichsweise lächerlichen Budget allein für die Region Zürich senden konnte.

Sofort äusserte sich Schellenberg öffentlich in verletzender Art negativ über meine Ideen. Grundsätzlich gab er meinem Projekt (wieder einmal) keine Chancen. Aber die Kritik griff weiter. Ich hatte vor allem aus Kostengründen das Prinzip der Videojournalisten (VJ) eingeführt. Schellenberg liess sofort verlauten, dass die SRG keine VJs einsetzen werde, weil man im Gegensatz zu «TeleZüri» Qualität anbieten wolle. Erst auf Druck von Mitarbeitern – vor allem Leuten, die das Handwerk bei uns gelernt hatten und zur SRG gewechselt waren – begann er sich Jahre später mit diesem Konzept ernsthaft zu befassen. Heute werden auch in der SRG immer mehr Beiträge von VJs produziert, ohne dass man dies mit einer generellen Qualitätsverminderung gleichsetzt.

Diese Feindschaft gegenüber mir und meinem Fernsehen wurde immer mehr zum Wahn. Als meine Sendung «TalkTäglich» laufend Zuschauer und Reputation gewann, gab es Stimmen in der SRG, die ebenfalls eine tägliche Talkshow forderten. Sie hatten nicht den Hauch einer Chance. Etwas, was ich in der Schweiz eingeführt hatte, würde Schellenberg nicht imitieren, denn so etwas war unmöglich zu brauchen. Ständig wiederholte er nun seine Aussage, dass es im Fernsehen nichts Neues zu erfinden gäbe, da alles schon ausprobiert worden sei. Später gestand er dann Journalisten, dass er fasziniert bei «Big Brother» zugeschaut habe, das seinen Glaubenssatz für eine Zeit lang heftig ins Wanken gebracht haben muss.

Mir konnte es natürlich recht sein. Auch als die von mir konzipierte Sendung «Sonntalk» Anklang fand, schob das Fernsehen DRS am Sonntag keine ähnliche Informationssendung nach, obwohl sie im Gegensatz zu den Werktagen weder ein «Schweiz aktuell» noch ein «10 vor 10» im Programm hatten. So erzielten wir an diesem Tag dank Peter Schellenberg jeweils unsere höchsten Ratings.

Und dann kam im Herbst 1996 der öffentliche Streit beim Verlegerkongress, für den die sonst zurückhaltende «NZZ» TV-Direktor Schellenberg in ungewöhnlich klaren Worten wegen fehlenden Anstands tadelte, da er «diplomatisch ausgedrückt, unhöflich aufgetreten» sei.

Dies war doch, beinahe wörtlich, dieselbe Beurteilung, die Schellenberg von da an mantramässig über mich verbreitete, nämlich dass ich «ein unerträglich unanständiger Mensch» sei! Ist es nicht Sigmund Freud gewesen, der bemerkt hat, dass man bei anderen vor allem Dinge kritisiert, die man selbst als eigene Mängel erkennt?

Schellenbergs Fatwa hatte noch einen zweiten Teil. Er sagte nämlich, dass ich ein Mensch sei, «mit dem ich nach Möglichkeit nie mehr etwas zu tun haben will». Wurde da nicht der Wunsch formuliert, dass ich endlich, endlich definitiv von der Bildfläche verschwinden solle, um ihm nicht mehr im Lichte zu stehen? Hatte er mit seinem schriftlichen Bannstrahl nicht auf den Tag genau zugewartet, um mich in Genf noch ein allerletztes Mal, und zumal vor allen wichtigen Medienleuten des Landes, auf krasseste Weise öffentlich anzupöbeln?

Von «Facts» angesprochen, wollte er sich zu diesem Vorfall nicht äussern. «Schliesslich duelliert sich ein Lord nicht mit einem Metzgermeister, heisst es in seiner Umgebung», berichtete darauf das Nachrichtenmagazin über die Gemütslage im Leutschenbach.

Die Diktion des Chefs war zur allgemeinen Sprachregelung geworden.

Ab Mitte der neunziger Jahre waren seine Frustrationsausbrüche selbst in Gegenwart seiner Mitarbeiter häufiger geworden. Sein Job schien ihm immer weniger Freude zu bereiten, vor allem nachdem er bei seinem nächsten grossen Ziel gescheitert war. Er hatte sich nämlich bereits als Nachfolger des abtretenden Antonio Riva im Büro des SRG-Generaldirektors gesehen, und Ehefrau Pia war mehrmals von Oerlikon nach Bern gereist, um sich dort standesgemässe Häuser anzuschauen.

Gewählt wurde in einer rein politischen Wahl Armin Walpen. Schellenberg empfand dies als persönliche Ablehnung durch das Establishment, das ihm, dem linken Arbeitersohn, offenbar doch nicht richtig traute. Alles, was er erreicht hatte, erschien nun schal, obwohl es viel mehr war, als er sich wohl früher selbst je erhofft hatte.

Sein einziger Trost war nun, dass sein neuer Chef, der Fernsehnovize Armin Walpen, in allen Programm- und Personalfragen völlig auf ihn angewiesen war und beinahe blind seinen Ratschlägen folgte. Vor allem Walpens Entscheid, Dario Robbiani, den Chef von «S4», wegen einer unbotmässigen Äusserung fristlos zu entlassen, um auch das zweite Programm Peter Schellenberg direkt zu unterstellen, war Grund zur Befriedigung. Damit schien er auf der nationalen Ebene endlich am Ziel seiner Wünsche. Nun war er im ganzen (deutschsprachigen) Land der einzige Fernsehdirektor – und damit automatisch auch der beste.

Kritik liess er nun gar keine mehr zu. Auf die Frage von «Facts», ob zwei Kanäle der SRG ein Privatfernsehen verunmöglichen würden, weil der Markt zu klein sei, antwortete er: «Was sind denn das für Kritiker? Die sind höchstens zweitklassig.» Dann nannte er meinen Namen, dazu noch denjenigen des Aargauer Ständerats Maximilian Reimann, wie fast alle seiner Feinde ebenfalls ein alter SRG-Mitarbeiter, den er auf seiner *enemy list* führt.

Aber nun schickte sich im Herbst 1998 ausgerechnet das regionale «TeleZüri» von Roger Schawinski an, mit der Lancierung von «Tele 24» als direkte Konkurrenz aufzutreten. Wieder überschüttete Schellenberg mein neues Projekt mit Häme und Verachtung.

«Wenn in Wallisellen jemand eine Schoggistängeli-Fabrik aufmacht, wird Lindt & Sprüngli nicht seine Marktstrategie ändern», diktierte er einem «Blick»-Reporter ins Notizbuch. Das war schon etwas mehr als Arroganz, wie sich bald weisen sollte, als die «Schoggistängeli-Fabrik» den Grosskonzern journalistisch Mal um Mal ins Schwitzen brachte.

Und als ich nach dem edlen Zürcher Radio- und Fernsehpreis, der ausgerechnet von einem SRG-Gremium verliehen wird («für die schöpferische Einfallskraft, die Risikofreude und den journalistischen Spürsinn, mit denen er die Vielfalt unserer Medienlandschaft erweitert und bereichert hat»), sogar den renommierten Gottlieb-Duttweiler-Preis zugesprochen erhielt, platzte ihm endgültig der Kragen.

«Was ich an dieser Preisverleihung ein bisschen belämmert finde, ist, dass der Duttweiler-Preis nach seinem Höhenflug offenbar nach Seldwyla zurückgekehrt ist. Ich frage mich, ob in umgekehrter Reihenfolge Friedrich Dürrenmatt den Preis angenommen hätte», mokierte er sich im «Blick».

Nur: Der einst hervorragende Journalist Peter Schellenberg, der in seiner ganzen langen Karriere bis auf den heutigen Tag noch keinen einzigen Preis erhalten hat, war in seiner blinden Wut über die simplen Fakten gestolpert. Friedrich Dürrenmatt hat den Duttweiler-Preis nie erhalten. Er hat dagegen bei der Preisverleihung an einen meiner Vorgänger, den tschechischen Literaten und Präsidenten Vaclav Havel, seine bekannteste und letzte Rede über die Rolle der Schweiz gehalten.

Bald erfuhr ich, dass Schellenberg diese Attacken nicht aus blindem Hass, sondern vor allem taktisch einsetzte, um mir zu schaden und mich zu verletzen. Als im Herbst 1999 mit «TV3» und «RTL/Pro 7 Schweiz» zwei neue TV-Stationen auftraten, lud der «Sonntags-Blick» alle vier «TV-Bosse» zu einem Streitgespräch. Schellenberg setzte sich friedlich mit Jürg Wildberger, Mario Aldrovandi und mir – mit dem er in seinem ganzen Leben nie mehr etwas zu tun haben wollte – an einen Tisch und posierte lächelnd für ein gemeinsames Titelbild im Magazin-Teil. Während des Interviews war er sachlich, professionell, korrekt. Er wusste, dass das Gespräch auch ohne ihn stattgefunden hätte, und das wollte er unter allen Umständen verhindern. Von seinem Fatwa gegen mich war plötzlich nichts mehr zu spüren.

Und auch sonst kreuzten sich unsere Wege auf wunderliche Weise. In meiner Sendung hatte ich einmal einen Heiler als Gast, der mir einen starken Eindruck machte, sodass ich mich bei ihm als Patient meldete. Ewald Meier bezeichnet sich selbst als Magnetopathen und behandelt seine Patienten im Zimmer eines Hotels im Zürcher Oberland. Ich besuchte ihn vor allem wegen meines Knies, das nach einer Meniskusoperation Probleme bereitete. Einmal erfuhr ich zufällig, dass das Ehepaar Schellenberg beim selben Heiler in Behandlung war, und dies seit vielen Jahren. Ewald Meier kannte unsere öffentliche Feindschaft und legte die Besuchstermine jeweils so, dass wir uns nie begegnen konnten. Offenbar muss bald darauf auch Peter Schellenberg von diesem seltsamen Zufall vernommen haben. Von diesem Tag an brach er die Besuche bei seinem langjährigen Heiler ab.

Ein anderer Charakterzug war bei Schellenberg in diesen Jahren immer stärker an die Oberfläche gelangt: Geld wurde für ihn wichtiger, vor allem da er das Gefühl hatte, für seine grossen Leistungen krass unterbezahlt zu sein, wie er ständig jammerte. Er empfand es sichtlich als unfair, dass ich im Gegensatz zu ihm mit meiner Tätigkeit zum «Millionär» geworden sei, wie er mehrfach indigniert bemerkte.

Also sah er sich wohl im Recht, seine finanziell eng begrenzten Möglichkeiten auszureizen.

Unter seiner Regentschaft wurde Ehefrau Pia von Ehemann Peter in eine leitende, gut dotierte Kaderposition befördert. Sohn Florian erhielt mit seiner jungen Werbeagentur Schellenberg & Frey laufend Aufträge vom Fernsehen DRS zugeschanzt, ohne dass er sich immer einer Konkurrenzpräsentation stellen musste. Später kam auch der jüngere Sohn Michael zu einem Job bei der Produktion von «Lüthy und Blanc».

Natürlich wies Peter Schellenberg alle Vorwürfe der Beziehungskorruption entrüstet von sich. Er war sich auch der reflexartigen Unterstützung seines Vorgesetzten Armin Walpen sicher, der sagte: «Peter Schellenberg ist ein hervorragender Fernsehdirektor mit grossen menschlichen Qualitäten, der seine Position nicht missbraucht.» So kam es auch nie zu einer ernsthaften internen Untersuchung.

Aber hätte Schellenberg, um nicht einmal den Eindruck von Vetternwirtschaft aufkommen zu lassen, seine Familienmitglieder in privilegierten Positionen im eigenen Umfeld platzieren dürfen? Als junger, kritischer Journalist hatte er damals, in den siebziger Jahren, zu diesem Thema eine glasklare, apodiktische Meinung gehabt.

Als ich dann Ende August 2001 meinen Betrieb für viel Geld verkaufen konnte und meine Medienaktivitäten nicht im finanziellen Desaster endeten, muss das ein besonders harter Schlag für ihn gewesen sein. Jedenfalls verlor er kurz darauf noch einmal die Contenance. Bei der «Screen-Up», der jährlichen Fernsehmesse, zog er in meiner Abwesenheit über mich und «Tele 24» in einer so rüden, undifferenzierten Weise her, dass selbst die sonst braven, geduldigen Werber deutlich hörbar buhten. Beim definitiven Sendeschluss war sein veröffentlichtes Gesamturteil über «Tele 24» noch vernichtender. Nein, wir hätten nichts, aber auch gar nichts von Wert zur schweizerischen Medienlandschaft beigetragen, verkündete er.

War er nun doch noch am Ziel all seiner Wünsche angelangt, als einziger, eben als bester Fernsehdirektor im Land? So wirkte er überhaupt nicht, sondern noch frustrierter und deprimierter als zuvor. Er wusste wohl selbst am besten, dass er mit vielen seiner grossen Entscheide der letzten Jahre keine Fortune gehabt hatte. Nicht mit dem zu langen Festhalten an der unsäglichen und sündhaft teuren «Late Night Show» von Dieter Moor. Nicht mit seiner Idee vom eigenen Produktionszentrum tpc, mit dem er eine freie Produzentenszene ersticken wollte – im krassen Gegensatz zu seinen erklärten Absichten beim Amtsantritt. Nach dem abrupten Ende von «RTL/Pro 7 Schweiz» und «TV3» stand er mit seinem Produktionspopanz wie der Kaiser ohne Kleider da. Gescheitert war er auch bei seinem grossen Kulturwurf «Hotel Babylon», das einen Sekundentod starb, den er trotzig über viele Monate und viele Millionen hinaus künstlich verlängerte.

Er sprach nun immer offener über seine Verachtung für das Medium Fernsehen, dem er sein ganzes Leben gewidmet hatte. Diese tief sitzende Unzufriedenheit äusserte sich nun auch in demotivierenden Rundumschlägen im eigenen Haus. So erklärte er seinen versammelten Redaktionsleitern im Sommer 2002: «Seit 15 Jahren sehe ich nun eine Verluderung der Qualität. Wenn ich zu Hause sitze und unser Programm anschaue, kann ich darauf nicht stolz sein. Da werden die Zuschauer durch falsche Schnittfolgen und durch die Missachtung der einfachsten filmischen Regeln verwirrt. Verantwortlich dafür seid ihr, die Redaktionsleiterinnen und -leiter.»

15 Jahre Fehlentwicklung und Niedergang im eigenen Betrieb, diagnostizierte er. War dies nicht genau die Epoche, die er als Fernsehdirektor geprägt hatte und für die er die Verantwortung trug? Hatte er damit, zu Ende gedacht, nicht noch viel mehr versagt als seine von ihm so verachteten Vorgänger?

Schellenberg sprach nun öffentlich vermehrt über das Leben danach. Er bezeichnete sich immer wieder als Existenzialisten im Sinn von Camus. Dies war äusserst aussergewöhnlich für einen Menschen, der sein Leben genau umgekehrt gestaltet hat; der während beinahe 40 Jahren beim selben Arbeitgeber gearbeitet hat – einem halbstaatlichen Betrieb mit weitgehender Arbeitsplatzgarantie und Pensionsberechtigung. Ein grösserer Gegensatz zwischen dem real existierenden Lebensentwurf und dem fabulierten Lebenstraum scheint schwer vorstellbar und könnte die Quelle von Enttäuschungen und Frustrationen sein, die ihn bis in die Höhen der Direktionsetage begleitet haben.

Schellenberg kaufte sich nun ein Haus in Marseille und erzählte in jedem Interview, dass er in dieser Stadt unter der von Camus so geliebten südlichen Sonne einen Jazzladen eröffnen werde. Das klang tatsächlich mutig, beinahe exzentrisch, und erinnerte tatsächlich an eine Gegenwelt zum Leutschenbach. Es wirkte wie eine moderne Version des Sechziger-Jahre-Traums vieler Sozialdemokraten vom Ristorante in der Toskana, den kaum jemand verwirklicht hat.

Offenbar war jedoch die Faszination dieser neuen Lebensphase bei Peter Schellenberg nicht allzu gross, denn er verlängerte seinen Arbeitsvertrag als Fernsehdirektor um nochmals zwei Jahre bis ins Jahr 2004. Das wären dann insgesamt 16 Jahre. So viel Zeit ist seit Menschengedenken selbst kein Bundesrat im Amt sitzen geblieben. 16 Jahre sind so lange, wie Reagan und Clinton Präsidenten der USA waren – zusammengerechnet.

Ich hoffe mit ihm auf diesen Jazzladen in Marseille, nicht als künftiger Kunde, denn mein Musikgeschmack geht in eine leicht andere Richtung. Vielleicht wird er als Unternehmer jene Befriedigung finden, die ihm hier so lange abging. Ein langjähriger, inniger Wunsch wird ihm dort mit Sicherheit in Erfüllung gehen: Mit mir muss er sich dann definitiv nicht mehr abgeben.

Marseille steht nicht auf meinem Reiseprogramm.

«TalkTäglich» backstage

Der überraschende Tod des Kickboxers Andy Hug erschütterte die Schweiz im August 2000 wie kaum ein anderes Ereignis. Die Beerdigung im Zürcher Grossmünster wurde gleichzeitig von uns und vom Schweizer Fernsehen live übertragen.

Natürlich behandelten wir dieses Thema im «TalkTäglich» während mehrerer Tage zu allen Aspekten. Zur Todesursache akute Leukämie lieferten Fachärzte Hintergründe. Ich sprach mit Sportärzten, mit Andy Hugs Anwalt und seinem persönlichen Arzt. Am dritten Tag erhielt ich den Anruf einer Frau, die erklärte, sie sei Andy Hugs Mutter. Sie wolle in unserer Sendung erzählen, was sich in der Familie Hug wirklich abgespielt habe und wie aus dem kleinen Bettnässer Andy der stärkste Mann der Welt geworden sei.

Diese Exklusivinformationen mussten mich interessieren. Alles zum Thema Andy interessierte. Alles. Sofort sagte ich zu und schickte ihr ein Auto mit Chauffeur an ihren Wohnort im Kanton Uri, der sie zu uns ins Studio bringen sollte. Es war bereits früher Nachmittag, die Live-Sendung würde wie üblich um 19.30 Uhr stattfinden.

Einige Zeit später hatte ich Andy Hugs Anwalt am Apparat, um mit ihm einen Interviewtermin mit Andy Hugs Witwe Ilona zu vereinbaren. Beiläufig erwähnte ich den Gast der heutigen Sendung. Sofort geriet er in Wallung. Das sei unmöglich, beschwor er mich. Die Frau habe sich mit der gesamten Familie verkracht und verleumde alle anderen mit unflätigsten Worten, vor allem Ilona. Im Übrigen sei sie mehrfach in Kliniken eingewiesen worden und deshalb nicht zurechnungsfähig.

Völlig verunsichert hängte ich ein. Was sollte ich tun? Ich war eindeutig verantwortlich für das, was bei uns am Sender verbreitet wird. Wenn ich nun in fahrlässiger Weise Ehrverletzungen zulassen würde und meine Sorgfaltspflicht in der Auswahl meines Gastes nicht erfüllt hätte, konnte ich mir sogar rechtliche Probleme einhandeln.

Zehn Minuten später rief mich der Anwalt zurück. Er habe mit Ilona in Tokio gesprochen, und sie sei entsetzt über meine Absichten. Damit werde sie unserem Sender nie mehr ein Interview geben.

«Und was schlagen Sie vor?», fragte ich den Anwalt. «Unsere Sendung läuft in wenigen Stunden. Andy Hugs Mutter sitzt bereits im Auto auf dem Weg nach Zürich.»

«Das ist Ihr Problem. Sorry.»

Meine Bürotür ging auf. Produzentin Regina Buol streckte den Kopf hinein: «Silvia Graber ist in Wohlen. Sie sagt, sie könne die Tante und den Bruder von Andy Hug überzeugen.»

«Die würden kommen?»

«Wenn es jemand schafft, dann Silvia. Sie braucht allerdings etwas Zeit.»

Silvia Graber war unsere Videojournalistin mit dem aussergewöhnlichsten Einfühlungsvermögen, der wir deshalb immer die heikelsten Fälle zuschoben. Die Oberwalliser Juristin fand dank ihrer Persönlichkeit in jeder Lage mit jeder Person den exakt richtigen Ton.

Mein Hirn raste. Was sollte ich tun? Was war in dieser ganz aussergewöhnlichen Lage die richtige Entscheidung? Schliesslich rief ich Silvia an.

«Also, bring mir die beiden, so schnell wie möglich, bitte.»

Kurz nach 18 Uhr traf Andys Mutter bei uns ein. In der Stunde zuvor hatten wir unser Vorgehen besprochen. Bald war klar: Niemand von uns hatte das Herz, ihr zu sagen, dass wir nicht wagten, sie in eine Live-Sendung zu nehmen.

Silvia Graber nahm Frau Hug in Empfang. Sie sprach mit ihr ganz, ganz ruhig, dann lotste sie sie in einen leeren Raum. Dort wartete Matthias Ackeret mit einer Kamera und erklärte Frau Hug, dass er das Interview nun beginne.

«Aber wo ist Herr Schawinski?», fragte Frau Hug. «Er stellt doch sonst die Fragen. Auch der Hintergrund des Studios ist nicht so wie immer.»

Silvia und Matthias beruhigten sie mit irgendwelchen Erklärungen, und das «Interview» begann.

In der Zwischenzeit waren Tante Frieda und der angetrunkene Bruder eingetroffen. Andy war erst weniger als drei Tage tot, und das ganze Land war in Trauer. Ein grölender Bruder in einer Fernseh-Livesendung hätte nicht gut dazu gepasst. Die Tante war eine ruhige, ernsthafte Frau, der Bruder hatte offensichtlich bereits am frühen Nachmittag einige Biere zu viel getrunken. Ziellos und laut polternd stürmte er durch unsere Studioräumlichkeiten. Erst im letzten Augenblick konnte

Silvia verhindern, dass er in den Raum platzte, in dem seine Mutter sass, mit der er seit Jahren nicht mehr gesprochen hatte.

Das «TalkTäglich» lieferte einige eindrückliche Momente. Auch der Bruder hielt sich zu meiner Erleichterung zurück.

In der Zwischenzeit hatte man Mutter Hug bereits aus dem Studio geführt. Auf dem Parkplatz war ihr die Sache endgültig nicht mehr geheuer.

«Ich gehe nicht, bevor ich mit Herrn Schawinski gesprochen habe», sagte sie bestimmt. Erst nach einiger Zeit liess sie sich dazu bringen, nach Hause gefahren zu werden.

Am nächsten Morgen rief sie mich an. Sie erzählte mir über ihren Schock, als sie zu Hause den Fernseher angedreht hatte und nicht sich, sondern ihre nächsten Verwandten gesehen habe.

«Was ist hier gelaufen?», fragte sie mich. «Ich war ja gar nicht im Fernsehen.»

Ich versuchte es ihr zu erklären, auch wenn ich mich dabei hundsmiserabel fühlte. Je länger wir sprachen, desto mehr erhielt ich den Eindruck, dass die Frau klar und einleuchtend argumentierte. War ich in eine Falle gelaufen? Hatte man mich mit gezinkten Argumenten dazu gebracht, Andys Mutter vom Bildschirm fern zu halten, damit sie nicht über ihre Sicht der Dinge erzählen konnte? Immer wieder sagte sie, dass ihre Schwiegertochter Ilona sie geschnitten habe, weil sie sich selbst für jemanden aus einer höheren Gesellschaftsschicht halte. Das sei der Grund für das Zerwürfnis mit ihrem Andy und später auch mit dem Rest der Familie gewesen.

Ich entschuldigte mich und schickte einen grossen Blumenstrauss. Bei der grossen Beerdigung sprachen wir kurz miteinander. Sie stand ganz allein, getrennt von den anderen Familienangehörigen. Nein, sie sei nicht böse auf mich, auch wenn sie zuerst nichts verstanden habe, als sie den Fernseher eingeschaltet hatte.

Am nächsten Tag setzten wir unsere Berichterstattung fort. Ilona Hug aber hat in der Folge alle Anfragen für Interviews im «TalkTäglich» abgelehnt.

«TalkTäglich» hat im Oktober 1994 ganz zögerlich begonnen. Drei Wochen lang war jeweils ich der Moderator, die vierte übernahm meist Hugo Bigi. Am Anfang wussten wir nicht, in welche Richtung wir uns begeben sollten, welche Gäste für die besten Sendungen und die höchsten Ratings sorgen würden. Tatsächlich hatten wir nach etwa drei Monaten – wie von mir vermutet – die wichtigsten Promis durchgeschleust. Einige Mal versuchten wir, in letzter Minute auf ein tagesaktuelles Thema zu wechseln, und machten damit gute Erfahrungen. Unsere Zuschauer schienen diese Form besonders zu goutieren.

Dies war die gute Botschaft, die uns neue Sendeinhalte versprach. Die schlechte Botschaft aber war, dass damit eine seriöse Planung beinahe unmöglich geworden war. Gabriella, meine Lebensgefährtin und spätere Frau, war die erste Produzentin von «TalkTäglich», die sich unerschrocken diesem täglichen Wahnsinn stellte. In unserer News-Euphorie kam es vor, dass wir das Thema und damit die Gäste bis zu dreimal pro Tag änderten. Neue Teilnehmer zu finden, war das eine, dies den ausgeladenen und auf später vertrösteten richtig zu verkaufen, das andere. Gabriella machte dies so hervorragend, dass uns nur einmal jemand definitiv von der Angel sprang. Seinen Auftritt hatten wir insgesamt viermal angesagt und wieder abgesetzt.

Sendungen mit Politikern liebte ich besonders. Bald wurde auch das Gespräch mit dem soeben gewählten Bundesrat zu einem Ritual. Als Pascal Couchepin Bundesrat wurde, hatten wir es verpasst, mit ihm einen konkreten Aufnahmetermin zu vereinbaren. Deshalb wartete ich nach dem traditionellen Mittagessen im Eingang des Bundeshauses. Tatsächlich kam mir kurz nach 14 Uhr ein sichtlich gut gelaunter, fröhlich galoppierender Pascal Couchepin ganz allein entgegen.

«Danke, das Sie gekommen sind», sagte ich ihm. «Das Interview findet gleich hier in der Nähe statt.»

Er schaute sichtlich verwirrt, aber folgte mir ohne Protest. Mit dem entführten Bundesrat im Schlepptau traf ich am Aufnahmeort in einem Sitzungszimmer ein. Kaum waren wir dort, polterten die Leute von der SRG an die Türe.

«Wo ist der Bundesrat?», wollten sie wissen. «Wir haben einen Termin für ein Interview.»

«Bitte mit der Ruhe», rief ich zurück. «Sonst dauert es nur länger.»

Dann drehte ich mich um und begann die Sendung. Das erste grosse Interview mit dem neu gewählten Magistraten lief an diesem Abend auf unserem Sender.

Auch vor den Wahlen führte ich Interviews. Eine Bundesratsbewerberin fragte ich einmal direkt: «Ist es Ihnen wirklich ernst mir Ihrer Kandidatur für dieses höchste Amt im Land?» Die 34-jährige, bis dahin unbekannte Appenzellerin bejahte. Ja, es sei ihr ernst, auch wenn ich ihr das nicht glaubte. Einige Tage später wurde Ruth Metzler mit knappstem Vorsprung gewählt. Abgesehen von dem quasioffiziellen Gespräch direkt nach der Wahl hat sie danach alle Einladungen in meine Sendung wegen Arbeitsüberlastung abgelehnt.

Immer mehr erwarb ich mir den Ruf eines kritischen Interviewers. Und wirklich, wenn ich mir selbst zu Hause manchmal «TalkTäglich» anschaute, hatte ich das Gefühl: Hier ist dieser Interviewer zu weit gegangen! Aber dann war es zu spät. Live-Sendungen haben eben ein eigenes Gesetz.

Als der damalige Leiter der Task Force Thomas Borer mit seiner Verlobten Shawne Fielding im durchsichtigen Seidenblüschen im Studio stand, unter dem sie keinen BH trug, konzentrierte ich mich auf das Thema.

«Sind Sie nicht der Meinung, dass der Bundesrat die Holocaust-Frage unterschätzt hat?», fragte ich ihn.

«Natürlich, absolut», antwortete er, wie ich erwartet hatte.

«Und ist nicht der beste Beweis für diese falsche Einschätzung, dass man Sie und nicht einen älteren, erfahrenen Diplomaten als Chef der Task Force bestimmt hat?»

Thomas Borer blieb der Mund offen und stotterte etwas Unbestimmtes.

So war «TalkTäglich», frech, überraschend und unterhaltend. Den ehemaligen UBS-Wachmann Christoph Meili und Ehefrau Giusi, die ich aus den USA für eine Exklusivsendung eingeflogen hatte, beantworteten meine bohrenden Fragen, ebenso wie ihr Anwalt, ein damals noch wenig bekannter Mann namens Ed Fagan, den ich auf Englisch interviewte.

Bei einem anschliessenden Abendessen fragte mich Ed Fagan, ob ich später für Christoph Meili einen Job haben würde. Ich verstand. Bald wollte er die beiden jungen Schweizer aus seinem Umfeld entsorgen und suchte jemanden, der sie ihm möglichst reibungslos abnehmen würde.

Wir waren nun bei jedem Grossereignis dabei. Nach dem Ende einer mehrmonatigen Entführung eines Schweizers in Tschetschenien kamen seine Angehörigen noch am selben Abend zu uns ins Studio. Ich dankte ihnen für ihre Flexibilität.

«Ich habe geglaubt, dass dies heute einfach so ist, dass man ins ‹TalkTäglich› kommt, wenn etwas Wichtiges passiert ist», sagte mir die Schwester des Entführungsopfers. Sie wusste nicht, wie glücklich sie mich mit dieser Aussage machte. Wir hatten uns offenbar einen höheren Status erworben, als wir selbst wussten.

Bald entdeckten wir – zuerst nur zögerlich – die Boulevardschiene. Eine Talkshow schien sich für diese Themen besonders zu eignen. Das bekam bald einmal auch die SRG zu spüren, die über kein solches Sendegefäss verfügte.

Besonders schmerzhaft wurde für sie der Fall Ramundo. Tomaso Ramundo hatte sich im populären Quiz «Risiko» verplappert, indem er auf die Frage nach dem Präsidenten des Israelitischen Gemeindebundes statt «Rolf Bloch» sagte: «Das ist der Fussballer Moldovan.» Diese Antwort passte – aber auf eine Frage, die später in der Sendung tatsächlich von einer glucksenden Gabriela Amgarten gestellt wurde. Offensichtlich hatte Ramundo also die Fragen und die Antworten im Voraus gekannt und dabei etwas durcheinander gebracht. Mit *Bschiss* habe er sich den Siegespreis von gegen 100 000 Franken erschlichen, verdächtigten ihn die Zuschauer und der «Blick», der gleich zu den grossen Schlagzeilen griff.

Zuerst hatte der Student Ramundo dies öffentlich während mehrerer Tage hartnäckig bestritten. Doch dann rief er mich an. Ich solle ihn in seiner Wohnung in Rapperswil besuchen, wo er mir alles erzählen würde, da er mir, und nur mir, vertrauen würde.

Wir sprachen lange zusammen. Schliesslich einigten wir uns auf ein Vorgehen.

Und so gestand er am nächsten Abend in einem zweiteiligen «TalkTäglich» nicht nur in einer Live-Sendung seine Tat, bei der er in aller Öffentlichkeit gepatzt hatte, sondern erzählte, dass er dasselbe mit seinen zwei Kumpanen bereits früher einmal durchgezogen hatte, ohne dass es von jemandem bemerkt worden sei. Er beschrieb im Detail das Vorgehen: Ein Kollege sei bei einer Probe dabei gewesen, bei der die Originalfragen benutzt wurden. So habe er sich die Fragen und die Antworten beschafft und sie auf einem Zettel notiert, den er dann in einer für jedermann zugänglichen Toilette für den Kandidaten hinterlegte.

Die SRG hatte sich also völlig amateurhaft übertölpeln lassen, und sie tat es auch nach Ramundos peinlichen Erzählungen beim Konkurrenzsender «TeleZüri». Sowohl Pressesprecher René Bardet wie auch Unterhaltungschef Marco Stöcklin und «Risiko»-Präsentatorin Gabriela Amgarten blieben sprachlos. Uns war es recht, denn wir hatten eine saftige Boulevardgeschichte, die eine breite Öffentlichkeit während mehrerer Tage faszinierte, absolut exklusiv. Natürlich erzielten wir so neue Einschaltquoten-Rekorde.

«TalkTäglich» erwarb sich immer mehr den Ruf, die spannendste und aktuellste Person des Tages am Abend in der Sendung zu haben. Natürlich geschah oft nichts wirklich Interessantes, sodass wir uns mit anderen Gästen behelfen mussten. Aber das Image, das wir aufgebaut hatten, half uns auch über flaue Tage hinweg.

Die ehemals bekannteste Zürcher Domina Mireille kam mit ihrem Mann Lee Perry in die Sendung, den ich als Entdecker von Jimmy Cliff und als ersten Reggae-Produzenten in Jamaika aus der Literatur kannte. Ich hatte auch gelesen, dass Lee aus dem Business ausgestiegen sei, nachdem er sich seltsam oder gar verrückt verhalten habe. In meiner Sendung war er dann zwar weitgehend unverständlich, aber äusserst friedlich. Dafür sah ich meine Gäste kaum durch den dichten Marihuana-Nebel, den er im Studio produzierte.

Grossen Unterhaltungswert erzielte ich immer wieder mit Uriella und ihrem Mann Icordo. Uriella küsste mich schon bei der Begrüssung jeweils emphatisch, umarmte mich und nannte mich ihren «liebe Rosche». Böse wurde sie nur, als ich einmal ohne Ankündigung die Aussagen einer ehemaligen Jüngerin einspielte, die sich über ihre manipulativen Praktiken beschwerte und mehrere 100 000 Franken Darlehen zurückforderte. Ich konnte sie und Icordo erst wieder beruhigen, als wir das Thema wechselten und über den unmittelbar bevorstehenden Weltuntergang sprachen. Dies war ein Bereich, der für sie viel weniger gefährlich war.

«TalkTäglich» dokumentierte auch die lange Saga des Boxers Stefan Angehrn, der viel zu lieb war, um richtig hart zuzuschlagen. Von Natur aus war er daher völlig ungeeignet, Weltmeister zu werden, obwohl er einmal ganz nahe dran war. Aber immer lief etwas schief. Einmal verlor er den Kampf, dann kamen zu wenig Zuschauer, und beim dritten Mal betrogen ihn seine Manager. Am Ende gestand er in unserer Sendung, dass er und seine mehrköpfige Familie finanziell ruiniert seien, worauf ihm haufenweise Fresspäckli nach Hause geschickt wurden.

Nella Martinetti war ein anderer regelmässiger Gast. Das Melodrama ihres Lebens verfolgten wir über die vielen Stationen ihrer angeblichen oder echten Liebhaber und ihrer Abstürze. Wir beide mochten uns seit vielen Jahren und fühlten eine seltsame persönliche Verbindung. Sie nannte mich «Che Guevara» und bedauerte jeweils im Schminkraum, dass ich bereits verheiratet und deshalb nicht für sie verfügbar sei.

Ich hatte auch viele Gäste aus Deutschland, vor allem aus der Showbusiness-Szene. Der grosse Quizmaster Hans Joachim Kulenkampff nannte mich während der Sendung mehrmals «Master», was ich als ein unerwartetes Kompliment des Grossmeisters der deutschsprachigen Fernsehunterhaltung empfand. Beim Abschminken fragte er mich schliesslich, ob denn Master mein richtiger Name sei. Erst jetzt begriff ich. Vor der Sendung war ein Sponsor-Hinweis gelaufen, den Kuli gesehen hatte. In jenen Monaten wurde unsere Sendung von «Maestro Lorenzo» mitfinanziert.

Künstler und Autoren traten ebenfalls im «TalkTäglich» auf. Der Schriftsteller Thomas Hürlimann erzählte in meiner Sendung erstmals, dass sein Bestseller «Fräulein Stark» autobiographisch ist. Er sei der kleine Junge gewesen, der in der St. Galler Stiftsbibliothek wichtige Einblicke in die Welt der Erwachsenen getan habe. Und er sei der Junge mit der dunklen Familiengeschichte, hinter der das Geheimnis einer jüdischen Abstimmung versteckt wird. Ausgerechnet er, der Sohn des streng katholischen Bundesrates Hans Hürlimann, sei im Alter von neun Jahren von der Grossmutter während der Schulferien heimlich beschnitten worden, ohne dass seine Eltern davon etwas wussten. Dieses Geständnis vor laufender Kamera war auch für mich überraschend, nachdem er sich zuvor mit nebulösen Anti-Semitismus-Vorwürfen hatte auseinander setzen müssen.

Immer wieder hatte ich die Gelegenheit, aufregende Frauen zu interviewen. Bei Shirley MacLaine war die Faszination gegenseitig. Schon nach drei Minuten fasste sie mir ans Knie und schleppte mich nach der Sendung in ein Nobelrestaurant ab. Lolita Morena packte mich mit ihrer Schönheit und ihrem Charme – viel mehr als all die Missen und Ex-Missen der letzten Jahre, die als neue Schweizer Boulevardprominenz durchs Land tingeln. Bei der geheimnisvoll schönen Schauspielerin Hannelore Elsner verlor ich gar die Contenance. Sie brachte mich vor laufender Kamera dazu, wie ein schwärmender Jüngling zu stammeln, was sehr viele Zuschauer zu entzücken schien, die sich am Anblick des überwältigten Moderators ergötzten. Im Anschluss der Sendung kamen wir uns bei einer Flasche Weisswein erst richtig näher, die wir zügig leerten. Doch die mir zugesteckte Handy-Nummer habe ich nie benützt. Meiner Ehefrau, die direkt nach der Sendung mehrere Telefonanrufe beunruhigter Freundinnen erhalten hatte, erzählte ich am späten Abend, dass dies eben Showbusiness sei.

Dagegen nervte mich die Buchautorin Catherine Herriger nach einem hektischen Bürotag so sehr, dass ich ihr letztes Œuvre durchs Studio schmiss, was zu einem lange diskutierten Ereignis wurde. Leider war der Regisseur durch diese ungewöhnliche Eruption ebenso überrascht wie ich selbst und verpasste es, den historischen Flug des Buches durchs Studio mit der Kamera zu dokumentieren.

Auch schräge Vögel hatten im «TalkTäglich» ihre *24 minutes of fame*. Da gab es Clochards, Lebenskünstler und exaltierte Zeitgenossen. Der mehrfache Mörder Alfredo Lardelli kam direkt nach der Entlassung aus dem Zuchthaus ins Studio und versuchte, seine im Knast erworbene Backkunst zum Hauptthema zu machen, was ich nur mit Mühe verhindern konnte. Der ehemalige Manager des «Connyland», Sigi Clemens, wurde bei der Einreise in die Schweiz auf der Autobahn verhaftet. Die Polizisten hatten unsere Sendeankündigung gehört und ihm eine Falle gestellt. Zwei Stunden vor der Live-Sendung mussten wir einen neuen Gast aus dem Hut zaubern. Clemens kam zwei Wochen später nach seiner Freilassung direkt ins Studio und sprach sehr lobend über das Essen im Thurgauer Knast, als ob es sich um eine Gastrokritik handeln würde.

Speziell war auch der Auftritt des bekannten ehemaligen Boxers S. Man hatte mich gewarnt, dass er als Folge zu vieler Kopfschläge manchmal mentale Ausfälle habe. Als er sich in der Sendung vor laufender Kamera umzuziehen begann, versuchte ich ihn deshalb nicht ernsthaft davon abzuhalten. Auch nicht, als er sich mit Parfüm bestreute, und dies *«italienisch düschele»* nannte. Zwischendurch sah ich etwas Gefährliches in seinen Augen aufblitzen. Ganz offensichtlich war er noch in sehr guter physischer Verfassung. Als die Sendung ohne K.-o.-Schlag des Moderators endlich vorbei war, atmete ich auf.

Mit der Zeit begriffen wir, dass die Prominenz des Gastes nicht das ausschlaggebende Kriterium für das Zuschauerinteresse war. Wichtiger war, dass die Person etwas von sich gab und nicht eine undurchdringliche Mauer um sich aufbaute, hinter der sie die eigene Unverletzlichkeit bewahren wollte.

Deshalb erzielte etwa der beliebte Filippo Leutenegger ein enttäuschend tiefes Zuschauer-Rating, da es sich der «Arena»-Dompteur angewöhnt hatte, am Fernsehen möglichst wenig Persönliches von sich zu geben, um seine Schiedsrichterrolle zu bewahren. Auf noch weniger Resonanz stiessen Sendungen mit dem quirligen Opernhaus-Direktor Alexander Pereira oder dem Ausstellungsmacher Harald Szeemann, die sich aus ihrer Fachwelt nicht zu lösen verstanden.

Umgekehrt räumten Originale regelmässig ab. Etwa Rucksack-Werni, der in Zürich-Wollishofen mit seinen Tieren einen kleinen Flecken Land bewohnte und der mitsamt seiner Herde Schafe, einem Hund und einer riesigen Alkoholfahne bei uns eintraf. Er erzählte von einem Leben, das gleichzeitig fremd und faszinierend war.

Anschliessend mussten im Studio grössere Reinigungsarbeiten durchgeführt werden. Am Montag ein Bundesrat, am Dienstag ein Gummi-Fetischist, am Mittwoch der aktuelle Skiweltmeister und am Donnerstag ein Waldhütten-Bewohner – so sah eine typische «TalkTäglich»-Woche aus, bei der alle, ZuschauerInnen, Produzentin und Moderator, durch ein Wechselbad der Emotionen und Gefühle geführt wurden. «Wen hat er heute im Studio?», war eine viel gehörte Frage und erhöhte den Spannungsbogen. Und: «Mag er seinen Gast oder nicht?»

«TalkTäglich» erhielt so eine ganz spezifische Dramaturgie. In anderen Talksendungen ist der Moderator zu allen Gästen gleich freundlich oder überfreundlich – etwa Alfred Biolek oder Kurt Aeschbacher. Das wirkt künstlich, antiseptisch, distanzierend. Nicht bei mir. Ich bemühte mich immer, mich als Person einzubringen. Dadurch wurde in jeder Sendung die Frage nach Sympathie oder Antipathie zwischen Gast und Gastgeber relevant. Der Zuschauer seinerseits konnte als dritter Teilnehmer dieses Live-Events eine aktive Rolle übernehmen, bei der er sich laufend zu entscheiden hatte, auf welcher Seite seine Zuneigung lag. Aus dem eindimensionalen Betrachten, wie es bei den meisten Fernsehsendungen üblich ist, wurde eine Dreiecksbeziehung, bei der sich der Zuschauer direkt einbringen musste. Sein Urteil konnte im Verlauf der Sendung mehrmals ändern – weil jederzeit eine überraschende Wende möglich war.

Die Telefonanrufe von Zuschauern direkt in die Sendung verstärkten diesen Effekt und brachten zusätzliche, nicht planbare Elemente ein, denen sich nicht nur der Gast, sondern auch der Moderator zu stellen hatte. Vor allem bei kontroversen Diskussionen war es oft der Moderator, der sein Fett abkriegte. Natürlich gab es immer wieder Absagen oder Bedingungen. Nicolas Hayek bestand immer darauf, dass wir ihn nicht in unserem Studio, sondern in seinem Privathaus interviewen sollten. Wir verzichteten dankend. Der Oscar-Preisträger Arthur Cohn lehnte mit der Begründung ab, dass er nach Los Angeles und nicht nach Zürich orientiert sei. Wir wussten aber, dass er kritische Fragen hasst. Birgit Steinegger passte mit der Entschuldigung, sie sei viel zu nervös und zu wenig interessant.

Kurz vor Zürcher Stadtratswahlen sagte uns der SVP-Kandidat Emil Grabherr mit einer mehr als fadenscheinigen Begründung ab. Was sollten wir tun? Die Sendung einfach ausfallen lassen? Das wäre eine Kapitulation gewesen! Und wie sollten wir in der Eile noch einen anderen Gast auftreiben?

Also beschafften wir uns ein Foto von Grabherr, vergrösserten die Aufnahme und setzten sie auf den Stuhl des Gastes. In der Sendung sass ich gegenüber diesem Pappkameraden allein im Studio. Nachdem ich den Grund für diese seltsame Konfiguration erläutert hatte, bat ich die Zuschauer, anzurufen. Die Sendung war ein so grosser Erfolg, dass wir sie einmal im Jahr kurz vor der Sommerpause wiederholten. Bald auch hatte sie einen Namen: *Roger Home Alone*.

Dies war nicht das einzige Problem mit der SVP. So sagte uns Walter Frey, damaliger Chef der Zürcher SVP, immer wieder ab. Er wollte sich nicht den Fragen zur aggressiven Parteiwerbung stellen – ganz anders als sein grosses, bewundertes Idol Christoph Blocher.

Dabei begann die Sache mit Blocher sehr harzig. So weigerte er sich am Anfang, mit mir überhaupt zu sprechen. Ich hätte ihn schon bei «Radio 24» zu hart attackiert, liess er uns wissen. Hingegen würde er Matthias Ackeret ein Interview gewähren.

Ich überlegte. Konnte ich auf diese Bedingung eingehen? Schliesslich entschied ich, das wir es machen, vor allem auch, weil sich Matthias sehr über diese Chance zu freuen schien. Einige Zeit später traf ich Blocher auf seine Initiative hin. Wir sprachen mehr als eine Stunde in seinem Büro im Hochhaus an der Selnau – über alles und nichts, wie das bei ihm üblich ist. Das nächste Mal führte ich das Interview im «TalkTäglich», und ich bemühte mich, ganz besonders scharf zu sein. Nein, klein kriegen konnte man mich mit dieser Peitsche-und-Zuckerbrot-Strategie nicht.

Christoph Blocher sagte bald jedem, der es hören wollte, dass er nach einem Auftritt im «TalkTäglich» oder «Sonntalk» mehr Reaktionen erhalte als nach einer «Arena», dem staatspolitischen Schaufenster der Schweiz. Durch meine meist heftigen Angriffe schien er – gleich wie etwa Uriella – beim harten Kern seiner Anhänger an Zustimmung zu gewinnen, was ihm natürlich schmeckte und mich ins Grübeln brachte.

Das wollten bald auch andere SVP-Leute erleben, die diesen Mechanismus schneller erkannt hatten als Politiker aus den anderen Parteien, bei denen ich ebenfalls eine antithetische Position einnahm. Bei Ueli Maurer sorgte ich zwar einmal im «Sonntalk» für einen Eklat. Gleich zu Beginn hatte ich erwähnt, dass er SVP-Präsident von Blochers Gnaden sei.

«Das höre ich mir nicht noch einmal von Ihnen an», sagte er bereits im Aufstehen, während er sich das Mikrofon vom Veston riss. «Ich habe mir vorgenommen, beim nächsten Mal verlasse ich augenblicklich das Studio.»

Ziemlich konsterniert blieben Markus Gilli, Ursula Koch und ich zurück. Ursula Koch ergriff sofort, quasi von Politikerin zu Politiker, die Partei von Ueli Maurer und kanzelte mich zusätzlich ab. Später erzählte mir Ueli Maurer, dass er bei keiner anderen Aktion ähnlich viele schriftliche Sympathiebeweise erhalten habe wie nach dieser aussergewöhnlichen Weglaufaktion. Die nächsten Einladungen nahm er ohne Zögern an. Den ominösen Satz erwähnte ich nie mehr.

Ende November 2001 leitete ich die letzte von über 900 «TalkTäglich»-Sendungen. Mein Mittalker Hugo Bigi machte weiter, zusammen mit Matthias Ackeret. Nach dessen Abgang übernahm Markus Gilli mein Pensum. «TalkTäglich» findet auch heute noch viermal die Woche statt, jeweils von Montag bis Donnerstag.

Michel Favre, der Käufer,
und Kurt W. Zimmermann, der Zocker

Die Swissair-Generalversammlung war am 25. April 2001 in einer riesigen Werft-halle in Kloten in vollem Gange. Es war der vorläufige Höhepunkt im grössten Wirtschaftsdrama der Schweizer Geschichte, zu dem Tausende von aufgebrachten Aktionären herbeigeströmt kamen. «Tele 24» wollte dieses Ereignis live übertragen, so wie wir schon zuvor ausführlich über den sich anbahnenden Untergang der nationalen Fluglinie berichtet hatten. «Money»-Chef Martin Spieler und ich waren die Moderatoren, welche interpretieren, interviewen und überbrücken sollten.

Kurz nach 17 Uhr, während einer längeren Ansprache auf dem Podium, läutete mein Handy. Am Apparat war Michel Favre, der CEO der Tamedia.

«Salü Roger», sagte er. «Ich wollte dich nur informieren, dass unser Verwaltungsrat heute Nachmittag beschlossen hat, das von uns gemachte Angebot für den Kauf der Belcom-Gruppe zurückzuziehen.»

«Wie meinst du das, zurückziehen?», stammelte ich.

«Eben. Es gilt nicht mehr. Ich habe hier den Text einer Presseerklärung, die wir veröffentlichen wollen. Du weisst, wir müssen das jetzt melden. Ich wollte wissen, ob du einverstanden bist.»

«Ich weiss nicht, was du damit meinst.» Ich war absolut sprachlos.

«Also, ich lese vor.»

Als er fertig war, sagte ich nur noch: «Ihr könnt veröffentlichen, was ihr wollt. Das ist eure Sache. Ich gebe dazu kein Okay.»

Dann hängten wir ein. Am nächsten Tag stand es so im «Tages-Anzeiger»:

Es ist erklärtes Ziel von Tamedia, den Bereich der elektronischen Medien weiter aus-zubauen. Dabei stehen nebst dem Fernsehen auch Radioaktivitäten im Zentrum. Auf-grund der ermutigenden Erfolge von ‹TV3› werden wir uns im Fernsehbereich voll auf den weiteren Ausbau von ‹TV3› konzentrieren. Eine Übernahme der Belcom-Gruppe, die nebst ‹Radio 24› auch ‹TeleZüri› und ‹Tele 24› umfasst, kommt deshalb nicht in Frage. Das heisst: Tamedia interessiert sich lediglich für ‹Radio 24›.

Nach dem Anruf war ich wie vor den Kopf geschlagen. Nach all diesen harten Monaten der Verhandlungen und einem schriftlichen *binding offer*, einem «verbindlichen Angebot», mit klarer Gültigkeitsdauer, das wir bereits angenommen hatten, kam nun diese völlig unerwartete, totale Absage.

Alles drehte sich. Was war geschehen? Was war in letzter Minute schief gelaufen, nachdem man uns noch kurz vorher signalisiert hatte, dass die auf den heutigen Tag angesetzte Verwaltungsratssitzung nur noch eine Formsache sei? Ja, vielleicht würde man das eigene Angebot wegen der sich bereits abkühlenden Wirtschaftslage noch um einige Millionen drücken wollen, liess man uns wissen, aber einem Deal würde dies nicht im Wege stehen.

Und dann dieses Communiqué, zu dem ich auf der Stelle meinen Segen geben sollte und das den Sachverhalt völlig falsch darstellte, denn wir hatten während langer Wochen über den Verkauf der ganzen Belcom-Gruppe und nicht eine einzige Minute lang über «Radio 24» verhandelt. All dies geschah unter absoluter Geheimhaltung, was in einer wichtigen Klausel unserer Vereinbarung festgehalten war. Diese Geheimhaltung war nun gebrochen worden.

Ich stand nach diesem Natel-Anruf unter Schock in dieser grossen Werfthalle, mitten in einer Live-Sendung, die noch Stunden dauern würde. Mein nächster Auftritt würde in wenigen Minuten fällig sein. «Swissair» war das Thema, mit dem ich mich zu befassen hatte, nicht das Schicksal meiner eigenen Firma, das soeben eine solch krasse Wendung genommen hatte. Konnte ich das aber überhaupt, oder würde ich nun vor aller Augen abstürzen?

Kurz nach 22 Uhr war unsere Sendung endlich vorbei, in der ich mich engagiert wie immer ins Zeug legte, als ob mich allein das Wohl der Swissair und ihrer Exponenten interessieren würde. Immer wieder zwang ich mich, nicht pausenlos Michel Favres Anruf Revue passieren zu lassen. Hatte er das wirklich gesagt, was er gesagt hatte? War das überhaupt vorstellbar?

Erst als wir unsere Apparaturen abbauten und das Sendungsadrenalin von einer Sekunde zur anderen abfiel, begann ich meinen engsten Mitarbeitern aus der Geschäftsleitung, die vor Ort waren, stockend zu berichten. Völlige Konsternation schlug mir entgegen. Der Deal mit der Tamedia war geplatzt.

«Definitiv?»

«Ja. Endgültig.»

Der «Tages-Anzeiger» ist seit der dritten Primarklasse mein Leibblatt, auf das ich mich auch heute noch jeden Morgen als Erstes stürze. Diese Zeitung hatten wir zu Hause abonniert, wie fast alle anderen Leute im Kreis 4 in Zürich, im direkten Umfeld des «Tagi»-Verlags. Der «Tages-Anzeiger» hatte später als Erster über «Radio 24» berichtet, und ich klaubte mir in einer Nacht im Jahre 1979 schon kurz vor Mitternacht ein Exemplar aus einem Zeitungskasten vor der Druckerei, auf dem gross ein Plakat mit der Aufschrift «Radio Schawinski kommt» angeheftet war.

Dann begannen die Jahre des permanenten Kampfs mit den «Tagi»-Medienredaktoren, die aus ihrer linken Perspektive heraus den Kommerzcharakter meines Radios permanent kritisierten. Dies änderte sich nur wenig, als mit Rico Hächler ein Generaldirektor ans Ruder kam, der den Kontakt mit mir suchte. Er beteiligte sich ganz am Schluss bei der Zürivision und schloss mit mir den ungewöhnlichen «Bonus»-Vertrag, der ihm einen schönen Druckauftrag und mir eine hohe Auflage sicherte.

Nach Hächlers abruptem Abgang sass eines Tages der neu gewählte Generaldirektor der «Tages-Anzeiger AG» – wie das damals noch recht bieder auf Deutsch hiess – im Sitzungszimmer von «Radio 24», wo er als Verwaltungsratsmitglied von «Bonus» eingeladen war. Michel Favre war aus der Hotel- und Reisebranche ins Medienfach gewechselt und zeigte mit seinem aussergewöhnlichen Temperament von Anfang an ein grosses Interesse für alles und jedes in seiner neuen Berufswelt.

Ganz offensichtlich war, dass Michel Favre viel von Zahlen und Bilanzen verstand. Mein Geschäft hatte ich von jeher anders geführt, mit einer grossen Nähe zur eigentlichen Front, wo ich ein Gespür für die tatsächlichen Verhältnisse und Entwicklungen erfahren konnte. Die formellen Berichte und Zwischenbilanzen waren für mich hingegen eher lästige Formalitäten.

Damit war es jetzt schlagartig vorbei. Michel Favre fragte mich unermüdlich nach Hintergründen zu irgendeiner Zahl in irgendeiner Kolonne, die ich nicht liefern konnte, weil ich mich im Vorfeld der Sitzung nicht mit solchen Themen befasst hatte. Er zeigte mir dann jeweils mit seiner Körpersprache und kritischen Bemerkungen, wie er ein solch klares Unvermögen des Geschäftsführers einschätzte. In diesen Augenblicken wurde der Ton zwischen uns schärfer, vor allem auch, weil ich mich über die Demonstration meines eigenen Unvermögens ärgerte und entsprechend indigniert reagierte. Das nächste Mal, nahm ich mir vor, werde ich diese unangenehmen Hausaufgaben machen, um ihm nicht wieder diese billigen Triumphe auf dem Serviertablett zu liefern. Aber dann wurde ich von etwas anderem, Wichtigerem davon abgehalten, und das alte, unangenehme Tanzlied wiederholte sich.

«Sie sollten sich in Ihrem Alter nicht mit zu vielen Aufgaben überfordern», sagte er mir einmal in einer solchen Situation, was meinen Groll noch steigerte. Damals war ich noch keine 50 Jahre alt, und noch niemand hatte mich zum Auslaufmodell erklärt.

So hatte ich bereits in den ersten Monaten die beiden so völlig unterschiedlichen Seiten von Michel Favre kennen gelernt. Er konnte der charmanteste, freundlichste Causeur und Gastgeber der Welt sein. Umgekehrt, wenn er seine schmalen Lippen fest zusammendrückte, wurde er zu einem unangenehmen Gegenüber, der die Macht seiner Stellung gezielt und erbarmungslos für die eigenen Zwecke auszunützen wusste.

Nach einigen dieser harten Rencontres bot ich Michel Favre ziemlich entnervt meinen Anteil am nicht ganz kostendeckenden «Bonus» für 100 000 Franken an. Er akzeptierte, vor allem, als ich auf seine Forderung einging, dass ich dafür sorgen werde, dass das ganze Aktienkapital von 100 000 Franken gedeckt sein würde. Erst zu spät bemerkte ich, dass ich ihm den Titel damit geschenkt hatte, denn diesen Betrag musste ich zuerst in die defizitäre Firma einschiessen. Doch ich blieb bei meinem Angebot – und damit hatte Michel Favre zum ersten Mal etwas von mir gekauft. Zum Nulltarif.

Nach der Transaktion stellte der «Tages-Anzeiger» sofort alles um. Der neue Chefredaktor Roland Falk erklärte das bisherige Konzept für gescheitert und kam mit eigenen Ideen. Nur ein Jahr später wurde der «Bonus» vom neuen Besitzer wegen offensichtlicher Erfolglosigkeit sang- und klanglos eingestellt.

Zum zweiten Mal trafen wir uns beim Thema Fernsehen, als sich Michel Favre an «TeleZüri» beteiligen wollte, das kurz vor der Lancierung stand, und er erkannt hatte, dass seine bisherige TV-Strategie gescheitert war. Beim Shakehands nach gemachtem Deal griff er blitzschnell zum bereitgestellten Champagnerglas, kam auf meine Seite des Tischs und bot mir das Du an.

«Michel.»

«Roger», sagte ich reflexartig. Ich hatte sofort das Gefühl, dass ihm dieses «Du» ganz wichtig war. Vielleicht hatte es sogar mitgeholfen, dass er sich für den Deal einsetzte und ohne Diskussion bereit war, den von Ringier und mir geforderten stolzen Eintrittspreis zu bezahlen. So war er zum zweiten Mal zum Käufer geworden. Diesmal standen auf den Checks Beträge mit sieben Ziffern.

Bald nach dem Start von «TeleZüri» gab es eine erste echte Irritation in unserem Verhältnis, für das ich allein die Verantwortung trug. Ich hatte ein Haus am Zürichberg erworben, nicht weit vom Coninx-Museum entfernt, das von einem Zweig der «Tages-Anzeiger»-Besitzerfamilie gegründet worden war. In einer für mich typischen Euphorie bemerkte ich deshalb im Freundeskreis, dass ich mein Haus Villa Coninx nennen werde. Jedermann verstand sofort die Anspielung auf die vom «Tages-Anzeiger» bezahlten Millionen für die «TeleZüri»-Beteiligung, über die die Presse berichtet hatte. Weder die «Tagi»-Besitzerfamilie noch Michel Favre fanden diesen saloppen Spruch, der ihnen zugetragen wurde, auch nur im Geringsten komisch. Noch lange sollte dieser eher harmlose Scherz im Raume stehen bleiben.

Trotzdem wandte ich mich 1997 an die TA-Media AG, wie die Firma inzwischen hiess, als ich ein nationales Fernsehen plante. Im «Park Hotel» in Vitznau, wo sich Verwaltungsrat und Geschäftsleitung dieser Firma regelmässig zu mehrtägigen Retraiten treffen, stellte ich mein Projekt vor, das auf einer Fifty-fifty-Partnerschaft basierte. Man hörte mir interessiert zu und stellte einige Fragen. Bald darauf rief mich Michel Favre an. Ja, man habe entschieden, dass sich die TA-Media beteiligen werde. Das Geschäftsleitungsmitglied Kurt W. Zimmermann werde die Verhandlungen mit mir führen. Dies war für mich eine erfreuliche und eine nicht ganz einzuordnende Information zugleich.

Als ich bei der «Tat» 1977 Chefredaktor war, erlebte ich Zimmermann erstmals als einen jungen, vor allem sprachlich hochbegabten Mitarbeiter im Inlandressort. Später verfolgte ich seinen bemerkenswerten Parcours durch die verschiedensten Medien. Viele Jahre später sass ich wie so oft in Rico Hächlers Büro beim «Tages-Anzeiger». Mit «Tagi»-Generaldirektor Rico Hächler bestand eine enge, freundschaftliche Beziehung, vor allem auch über unsere gleichaltrigen Töchter, die sich oft gegenseitig besuchten. Da wir damals an derselben Strasse in Uitikon wohnten, sah man sich oft im familiären Rahmen.

Rico erzählte mir, dass er ein neues Führungsteam für die «SonntagsZeitung» brauche, da sein grosses, teures Produkt nicht richtig in Schwung gekommen sei.

Er wolle R. als Chefredaktor und Kurt W. Zimmermann als seinen Stellvertreter. «Weshalb machst du Zimi nicht gleich zum Chef?», schlug ich vor. «Journalistisch ist er aussergewöhnlich, hat aber noch keine Führungserfahrung und kann Leute durch sein Auftreten brüskieren. Entweder wird es eine absolute Sensation oder eine Katastrophe.»

Rico Hächler befolgte meinen Rat. Und wirklich: In dieser Zeit schien der erste Teil meiner Prognose einzutreffen. Unter der Leitung von Zimmermann explodierte die Auflage der «SonntagsZeitung». Bereits nach wenigen Jahren schien ihn dies zu langweilen, und so empfahl er sich für den nächsten, so intensiv erhofften Karriereschritt und schaffte den Sprung in die Geschäftsleitung seines Unternehmens.

Zimmermann rief mich kurz nach dem Vitznau-Meeting an. Zu meiner Überraschung schlug er das «Grand Hotel Dolder» vor. Man könne dort am mittleren Morgen im Salon ungestört Gespräche führen, erklärte er mir. Also trafen wir uns dort und waren uns schnell über die Eckwerte des Deals einig. Mein schriftlicher Vorschlag für einen Vertrag wurde ohne grössere materielle Änderungen akzeptiert. Nun müsse die Sache beim «Tagi» noch formell abgesegnet werden, teilte mir Zimmermann mit. Aber im Prinzip sei die Sache geritzt.

Einige Tage später rief er mich wieder an. Michel Favre habe vorgeschlagen, dass man noch einen Punkt im Vertrag ändere. Nichts Grosses, eher etwas Vereinfachendes.

Also: Aus Erfahrung wisse man beim «Tagi», wie schwierig solche Fifty-fifty-Partnerschaften werden können, wenn einer der beiden Partner alles blockieren wolle. Deshalb schlage man mir vor, dass ich während drei Jahren fix das Amt des CEO erhalten sollte, während die TA-Media AG in derselben Zeit im Verwaltungsrat und in der GV bei allen wichtigen Fragen den Stichentscheid haben würde.

«Darauf kann ich doch unmöglich eingehen», antwortete ich schnell. «Damit würde ich faktisch zu einem Angestellten der Firma TA-Media. Ihr könntet allein entscheiden, und ich habe nichts mehr zu sagen. Dafür habe ich nicht beinahe 20 Jahre ein eigenes Unternehmen geführt.»

Mein Einwand wurde abgelehnt. Kategorisch. Also sprach ich bei Michel Favre vor. Er hörte mich in seinem grossen Büro an. In der Sache blieb er hart. Kein Stichentscheid, kein Deal.

«In meiner Lage würdest du nie zustimmen», sagte ich. «Wenn ihr beispielsweise das Aktienkapital auf 30 Millionen erhöhen wollt, kann ich mich weder dagegen wehren noch mithalten, da ihr so viel grösser und kapitalstärker seid als ich. Ich würde zum Minderheitsaktionär, der für euch die Arbeit machen dürfte.»

Favre blieb pickelart. Daher versuchte ich es bereits ziemlich verzweifelt bei Verwaltungsratspräsident Hans Heinrich Coninx. Er war wie immer sehr freundlich, wollte sich aber nicht zur Sache äussern. Michel Favre als CEO würde die Verhandlungen führen. Da wusste ich, dass der Deal tot war. Und ich stand wieder ohne Partner für mein nationales Fernsehen da.

Bald schon sollte sich zeigen, dass ich instinktiv richtig entschieden hatte. Ich wäre in Teufels Küche geraten, hätte ich die Bedingungen akzeptiert, denn mein potenzieller Partner wartete nur darauf, sein grosses, teures nationales Fernsehen zu lancieren, von dem Favre und Zimmermann schon lange träumten. Und dabei half ich ihnen recht handfest.

In jenen Tagen erhielt ich nämlich den Anruf eines Freundes aus Paris. Ein gewisser Harry Sloan wolle mich besuchen. Der Mann sei Chef einer Firma, die sich Scandinavian Broadcasting System oder kurz SBS nannte, da sie zuerst in Skandinavien Radio- und Fernsehstationen aufgekauft und gegründet hatte. Danach sei man vor allem in Holland und Belgien aktiv geworden, weil man sich auf die kleineren Länder Europas konzentrieren wolle, nachdem sich die grossen Player wie Berlusconi, Kirch, Bertelsmann und Murdoch die grossen Länderbrocken bereits unter den Nagel gerissen hatten. In Wirklichkeit sei es eine amerikanische Firma, die an der Nasdaq gelistet sei.

Im Übrigen sei Harry Sloan ein spannender Typ aus Hollywood, der seine Filmfirma New World für teures Geld verkauft hatte, um sich im Alter von 45 Jahren mit seiner Frau, der Ex von Bestsellerautor Michael Crichton, in eine sensationelle Millionenvilla in Aspen zurückzuziehen. Dort habe er sich schon bald so extrem gelangweilt, dass er nun in Europa aktiv geworden sei. Hier sehe er enorme Möglichkeiten in Ländern, in welchen das kommerzielle Fernsehen noch nicht richtig Fuss gefasst hat. Als Nächstes käme die Schweiz dran.

Harry Sloan kam mit einigen Mitarbeitern nach Zürich, schaute sich mit ziemlich wenig Interesse meinen Betrieb an, um dann in Brüssel, wo er mir eine seiner Fernsehstationen vorführte, mit seinem Vorschlag herauszurücken: Wir sollten zusammen ein nationales Fernsehen für die Schweiz gründen, ich hätte die spezifisch schweizerischen Kenntnisse, er das internationale TV-Know-how und alle *connections*. Im Besonderen habe er ein selbst entwickeltes raffiniertes System, mit dem man genau herausfinden könne, welche Programmlücken in einem Land bestünden, die man dann ausfüllen könne. Und wirklich, die Demonstration in Belgien überzeugte mich auf Anhieb.

«Die Schweiz ist das Land, wo es am einfachsten sein wird, Fernsehen zu machen», sagte er in einem der teuersten Lokale Brüssels, während er das Essen gedankenlos in sich hineinschlang. «Ein schwerfälliges Staatsfernsehen und ein sehr hohes Einkommen der Bevölkerung – was wünscht man sich mehr?»

«Aber da gibt es die deutschen Sender. Wir haben keinen Sprachenschutz wie in Norwegen oder Schweden», warf ich ein, doch Harry wischte diesen Einwand vom Tisch.

Harry Sloans Konzept war ein rein kommerzielles Fernsehen nach amerikanischem Muster, mit vielen eingekauften Serien und Filmen und einigen wenigen Eigenproduktionen. Nach einigen weiteren Sitzungen mit seinen Mitarbeitern traf ich ihn zu einem *power breakfast* im «Grand Hotel Dolder», in dem er in Zürich immer abstieg.

«Ich glaube, man muss die Sache anders angehen», sagte ich ihm. «Viel kleiner, vorsichtiger. Vor allem mit Eigenproduktionen im News-Bereich. Dort sehe ich eine echte Lücke. Hier haben wir nur die SRG als Konkurrenz. Bei Serien und Filmen hingegen sind es viele Stationen. Der Schweizer Fernsehmarkt ist eben anders.»

«Dann willst du ein richtig kleines *mom-and-pop-television*?», sagte er mit breitem Lächeln, ein kleines *Lädeli* statt einem strahlenden Supermarkt.

Mir gefiel dieser Begriff gut. *Mom-and-pop-television!* So sah ich mein neues Projekt, so und nicht anders. Auf diese Weise hatten die erfolgreichsten Ladenketten der Welt begonnen.

Damit war aber eine Zusammenarbeit zwischen mir und Harry Sloan unmöglich geworden, da es klar war, dass er in der Schweiz genau gleich wie in den anderen Ländern vorgehen wollte. Als er mich fragte, wer denn sonst für ihn als Partner in Frage kommen würde, nannte ich das Haus «Tages-Anzeiger» und dessen CEO Michel Favre. Die seien wohl im Gegensatz zu mir an einem grossen, teuren Fernsehen interessiert. Und so kamen diese beiden auf meine persönliche Vermittlung hin zusammen, um ein Fernsehen zu gründen, das sie «TV3» nennen sollten. Und ich hatte mir so ein neues, unlösbares Problem geschaffen.

Sobald sich die TA-Media mit Harry Sloan zu einer Fifty-fifty-Partnerschaft zusammengetan hatte, veränderte sich auf einen Schlag die Stimmung im «TeleZüri»-Verwaltungsrat. Nun waren einer meiner «TeleZüri»-Partner und ich zu direkten Konkurrenten beim künftigen nationalen Fernsehen geworden, und diese Konstellation enthielt einen gewaltigen Interessenkonflikt.

Deshalb ging ich zu Michel Favre und sagte ihm: «Okay, wir sind beim nationalen Fernsehen nicht zusammengekommen. Ihr habt euch für ein anderes Konzept entschieden. *No bad feelings.* Nun müssen wir die Konsequenzen ziehen, damit wir uns nicht gegenseitig das Leben schwer machen. Deshalb wäre es das Beste, wenn ihr bei ‹TeleZüri› aussteigt.»

Michel Favre lehnte ab. Kategorisch. Es sei nicht eine Frage des Preises. Dies sei ein grundsätzlicher Entscheid. Nein, er verkaufe nicht. Es bleibe dabei.

Kurz darauf schrieb er einen offiziellen Brief zuhanden des Verwaltungsrates von «TeleZüri», in dem er ultimativ meinen Rücktritt als Geschäftsleiter forderte, weil ein Interessenkonflikt zwischen meiner Rolle bei «TeleZüri» und «Tele 24» vorliegen würde.

Ich fiel aus allen Wolken. Michel Favre wollte mich bei einem Fernsehen rauswerfen, das ich gegründet hatte, das ich leitete und bei dem ich beinahe täglich Sendungen moderierte! Wie sollte ich mit diesem Angriff umgehen, der auf mich als Person zielte? Denn natürlich wusste er, dass er bei den herrschenden Besitzverhältnissen mit seinem Antrag keine Chance hatte, eine Mehrheit zu finden.

Nun, ich tat etwas Unsinniges: Ich schlug bei der ersten Gelegenheit mit gleicher Münze zurück.

Wir hatten bereits zuvor einen Termin vereinbart, an dem sich zuerst der Verwaltungsrat treffen würde. Direkt danach sollte die ordentliche Generalversammlung der drei Aktionäre stattfinden. Michel Favre vertrat seine Firma jeweils an der Generalversammlung, Kurt W. Zimmermann war der «Tagi»-Mann im «TeleZüri»-Verwaltungsrat.

Michel Favre war zusammen mit Zimmermann im «Radio 24»-Haus an der Limmatstrasse eingetroffen und fragte, ob er der Verwaltungsratssitzung beiwohnen könne. Normalerweise ist dies bei drei Partnern, die sich gut kennen, eine reine

Oben: Roger Schawinski interviewt Bundesrat Moritz Leuenberger im November 2001. (Bild: Tele24)

Unten: Start von TeleZüri im Oktober 1994, Ringier-CEO Oscar Frei, Roger Schawinski, Programmleiter Hampi Bürgin, Tages-Anzeiger-AG-Chef Michel Favre. (Bild: Keystone)

Oben: *Michael Ringier und Roger Schawinski unterschreiben den TeleZüri-Vertrag, 1993. (Bild: Roger Schawinski)*

Unten: *SRG-Generaldirektor Armin Walpen und Michael Ringier in Gstaad, Hotel Palace, 2000. (Bild: RDZ)*

Oben: Nik Niethammer, Programmleiter von TeleZüri und Tele 24, 1998. (Bild: RDZ)

Unten: Technik-Chef Peter Canale bei einer Aussenübertragung. (Bilder: Andreas Bortolotti)

Oben: CS-Chef Lukas Mühlemann und Roger Schawinski bei Pressekonferenz zur Beteiligung der CSFB an Belcom, Juni 1999. (Bild: Keystone)

Unten: Aussenübertragung von Tele 24 mit modernsten Apparaturen. (Bild: Andreas Bortolotti)

Oben: Hans Heinrich Coninx und Roger Schawinski bei der Pressekonferenz zum Verkauf der Belcom-Gruppe an die Tamedia, August 2001. (Bild: Keystone)

Unten: Kurt W. Zimmermann und Jürg Wildberger bei der Präsentation von TV3, 1999. (Bild: RDZ)

Oben: *Armin Walpen und Roger Schawinski, Mitte der achtziger Jahre. (Bild: Roger Schawinski)*

Unten: *Peter Schellenberg bei der Pressekonferenz zur Entlassung von Filippo Leutenegger, Januar 2002. (Bild: Keystone)*

MAGAZIN

Streitgespräch der TV-Bosse

Alle gegen alle

SonntagsBlick gelang es als erster Zeitung, die vier Schweizer TV-Chefs Peter Schellenberg
(SF DRS), Jürg Wildberger (TV 3), Roger Schawinski (Tele 24) und Mario Aldrovandi (RTL/Pro 7),
an einen Tisch zu bringen. Das Streitgespräch über Konzessionsgebühren, Quoten, Monopole und
die Chancen der Konkurrenz im grossen TV-Report. **AB SEITE**

**Eigernordwand –
Die packendsten
Bilder** AB SEITE 24

**Die besten Restaurant
von New York** AB SEIT

Titelseite «Sonntagsblick», September 1999.

Oben: *Gabriella Sontheim und Markus Gilli, Abschlusssendung Tele24, 30. November 2001.*

Unten: *Der lange Flur: TeleZüri und Tele 24 wurden hier produziert. (Bilder: Andreas Bortolotti)*

Formsache. Doch ich sagte in meiner Rolle als Präsident des VR Nein. Er solle draussen warten, im Vestibül, bitte schön, bis wir fertig seien.

Als ich ihn dann etwa eine lange Stunde später zur Generalversammlung rufen liess, war sein Gesicht schneeweiss. Ich hatte Michel Favre in Gegenwart von Michael Ringier erniedrigt. Dies war zuerst einmal unhöflich. Vor allem aber war es in Kenntnis von Michel Favres Charakter äusserst unklug, wie ich bald erfahren sollte. Denn die nächsten Attacken kamen mit noch grösserer Schärfe.

«TeleZüri»-Verwaltungsrat Kurt W. Zimmermann war inzwischen auch VR-Präsident von «TV3» geworden, was die Brisanz der unseligen Konstellation nochmals erhöhte. Schnell erkannte ich sein neues Pflichtenheft, wie es ihm die «Tagi»-Geschäftsleitung diktiert hatte: Seine Aufgabe war es nun, uns mit allen Mitteln zu stören und wenn möglich zu blockieren.

Als Erstes versuchte er deshalb, «Tele 24» am Senden zu hindern. Nach einigem Suchen fand er einen Ansatz in der Konzession von «TeleZüri», in der nicht vorgesehen war, dass auf dem gleichen Kanal auch ein anderer Sender aufgeschaltet werden kann. Dies wollten wir in der Region Zürich jedoch tun. Nur so konnten wir unser Konzept mit einem nationalem und einem lokalem Programm auf einem einzigen Kanal umsetzen, wie es in den USA überall gemacht wird.

Also klagte unser eigener «TeleZüri»-Verwaltungsrat hinter unserem Rücken beim Bakom gegen «TeleZüri», indem er auch interne Firmendokumente herausgab – und das Bakom ergriff dankbar die Gelegenheit, uns neue Schwierigkeiten zu bereiten.

«Wir werden diese Narretei stoppen», drohte uns Bakom-Vizechef Martin Dumermuth öffentlich über die Presse. «Wenn Schawinski gegen das Recht verstösst, intervenieren wir.»

Erst als wir in Zürich «TeleZüri» auf einem zweiten Kanal ausstrahlten, den ich nur dank meinen exzellenten Beziehungen zur Cablecom sichern konnte, war dieser äusserst gefährliche und heimtückische Angriff aus dem eigenen Verwaltungsrat abgewehrt. Es kam noch dicker. Als «TV3» bald darauf «TeleZüri»-Mitarbeiter aufforderte, Arbeitsverträge zu brechen, um schneller zu ihrem Sender wechseln zu können, wurde die Stimmung im Verwaltungsrat definitiv unerträglich. Einen besonders krassen Fall zogen wir sogar vors Gericht. Die Fakten war so eindeutig, dass «TV3» einen Schadenersatz von 60 000 Franken anbot, um die Sache aussergerichtlich zu erledigen.

Ich machte Zimmermann direkt – immer mit Vermerk im Protokoll – für dieses wiederholte firmenschädliche Verhalten verantwortlich. Er seinerseits wies jeweils die von mir präsentierten Jahresrechnungen zurück und verweigerte mir und meinem Anwalt Armin Zucker Jahr für Jahr die Decharge als VR-Mitglieder, was wir umgekehrt bei ihm auch taten.

Zwischen Kurt W. Zimmermann und mir war es mehr als ein objektiv ersichtlicher Interessenkonflikt, den man mit harten Bandagen austrägt. Er war der Repräsentant des grossen Verlagshauses und wollte beweisen, wer denn nun der cleverste und härteste Manager im ganzen Lande sei. Zuerst einmal mir, seinem ehemaligen Chef, Mentor und erfolgreichen Medienunternehmer. Und ausserdem seinen Geschäftsleitungskollegen von der Tamedia, die ihm diese heikle Mission übertragen hatten. Und da gab es für ihn offenbar noch eine andere Scharte, eine aus der eindimensionalen Machosparte. Bei unserem gemeinsamen Trekking in Nepal forderte er mich jeweils heraus. Als leidenschaftlicher Zocker schien er sich in der ewigen Ruhe des Himalajas bereits zu langweilen. Er ist ein leidenschaftlicher Kartenspieler und besucht auch regelmässig die Pferderennen in Ascot, um stilgerecht, kostümiert mit Zylinder und Frack, an die Wettschalter zu wetzen, wo er seine todsicheren Tipps platziert.

«Wollen wir sehen, wer den nächsten Anstieg als Erster bewältigt», sagte er zu mir. «Das ist zumindest ein Bergpreis zweiter Klasse. Dort oben ist die *flamme rouge*. Los», plauderte er im Jargon der Tour de France.

Ich bin nicht jemand, der in solchen Situationen passt. Also hängte ich ihn, mit meinen Reserven aus dem Marathontraining in den Beinen, Mal um Mal ab und sass bereits vergnügt am Ziel, als er jeweils schwer keuchend ankam. Am Abend des vierten Tages klagte Zimi über Symptome der Höhenkrankheit, die ihn leider dazu zwängen, den sofortigen Abstieg zu wählen – und das war das automatische Ende unserer sportlichen Tändeleien.

Als ich mir einen Jaguar zulegte, zog er sofort mit derselben Marke nach, was sogar seiner Frau Uli auffiel. «Wenn Roger ein solches Auto kauft, musst du nicht sofort dasselbe tun», bemerkte sie in meiner Gegenwart.

Es war evident: Zwischen uns schwang auch ein irrationales Element mit, das alles und jedes zu einem Wettbewerb werden liess, bei dem es nur einen Sieger und einen Verlierer geben konnte.

In dieser Konstellation aber war die Firma nicht mehr zu führen. Dies musste auch «TeleZüri»-Verwaltungsrat Michael Ringier mit Schrecken zur Kenntnis nehmen, der diesen langwierigen, unerfreulichen Rencontres meist sprachlos beizuwohnen hatte. Als ich ihm deshalb vorschlug, seinerseits bei «TeleZüri» auszusteigen, sagte er bald einmal zu, und damit kam für mich die Welt in Ordnung. Ich hatte nun die Stimmenmehrheit und konnte alle abweisenden Anträge des Minderheitsaktionärs Tamedia lächelnd abschmettern – die aber von Zimmermann trotzdem konsequent deponiert wurden.

Sobald die realen Verhältnisse auf diese Weise geklärt waren und wir alle wussten, dass diese ständige Obstruktionen nur noch *pour la galerie* waren, konnten Zimi und ich am Rande dieser Sitzungen wieder sachlich und professionell miteinander reden. Vor allem ein Thema beschäftigte uns dabei immer drängender: Wir beide hatten mittlerweile ein nationales Fernsehen, das die wirtschaftlichen Erwartungen nicht erfüllte.

«TV3» war von Anfang als das Prestigeprojekt, nein, als das Meisterstück, von Michel Favre und Kurt W. Zimmermann erfunden worden. «TV3» würde aus der betulichen TA-Media AG die börsenkotierte Tamedia machen, die mit dem New-Economy-Leitspruch *Content for People* auftreten konnte. Und sie selbst würden zu zwei der erfolgreichsten Medien-Manager des Landes, mit all den wundervollen Bescherungen, die eine solche Aufnahme in den Wirtschaftsolymp bringen musste – nicht nur viel Ruhm, sondern auch viel, viel Geld, von dem bis in die späten neunziger Jahre selbst Arbeitnehmer in den höchsten Etagen nicht einmal zu träumen wagten.

Kurz vor dem grossen Absturz an den Weltbörsen funktionierte der gross inszenierte Börsengang der Tamedia gerade noch. Dann geriet «TV3» trotz eines 75-Millionen-Budgets schnell in Schwierigkeiten. Das von Harry Sloans System raffiniert ausgeklügelte Sendekonzept brachte Zuschauer-Ratings, die meilenweit von den formulierten Erwartungen entfernt waren. So erinnerte die News-Sendung mehr an die altbackene, schwerfällige «Tagesschau» als an das von «TV3»-Leiter Jürg Wildberger mitkonzipierte peppigere «10 vor 10». In einem Umfeld von mehrheitlich seichten Unterhaltungssendungen wirkte dieser Stil, als ob eine Gruppe eleganter Smokingträger in ein Bierfest platzen würde.

Auf Drängen seiner ungeduldigen amerikanischen Partner änderte Jürg

Wildberger nun nicht etwa das offensichtlich untaugliche News-Konzept, sondern kippte gleich die ganze Nachrichtensendung aus dem Programm. Er ersetzte sie durch unergiebige Kurz-News, was nun wiederum das Bakom auf den Plan rief, das eine klare Verletzung der Konzession reklamierte.

Wildberger liess sich davon nicht beeindrucken. Jetzt war er schon arg in Rücklage und suchte sein Heil allein bei Reality-Sendungen wie «Big Brother» und bald auch bei deftigen Sex- und Pornofilmen, die allabendlich programmiert wurden. Dabei hatte Tamedia-VR-Präsident Hans Heinrich Coninx im Vorfeld des Senderstarts in einem «10 vor 10»-Interview der ganzen Nation im Brustton der Überzeugung beteuert, dass Sex in seinem Fernsehen keinen Platz haben werde. Sein Fernsehchef schien sich keinen Deut darum zu scheren, und niemand hielt ihn zurück. Höhepunkt dieser Entwicklung war wohl, als «TV3» ankündigte, dass bei «Fohrler Live» Menschen mit Finanzproblemen ihre Ehepartner für eine Sexnacht anbieten können – gegen Geld.

Mein öffentlicher Kommentar, dass «TV3» zum «Schmuddelsender» verkommen sei und dass ich «Big Brother» aus ethischen Gründen niemals ausstrahlen würde, verärgerte Jürg Wildberger so sehr, dass er den Austritt aus dem «Conti-Club» gab, in dem sich Chefredaktoren über alle Konkurrenzgrenzen hinaus einmal monatlich trafen. Nein, mich wollte er nicht mehr sehen, liess er alle wissen.

Ich schrieb ihm, dass es wohl nicht sein Ernst sein könne, dass er sich nur noch mit Personen abgeben wolle, die sich zuvor als «Big Brother»-Fans geoutet haben. Dafür sei er viel zu intelligent und zu neugierig. Er antwortete nicht mehr. Die letzte Brücke zum Management der Tamedia war damit abgebrochen. (Einige Zeit nach dem Ende von «TV3» bezeichnete «Tagi»-Chefredaktor Philipp Löpfe in einem Frontseiten-Kommentar die beiden Sendungen «Big Brother» und «Robinson» als den «absoluten Tiefpunkt» einer negativen Entwicklung.)

Ich überlegte mir: Dieses «TV3» hätte viel besser zu Ringier mit seinem Boulevard-Portefeuille gepasst, und «Tele 24» wäre mit seinem journalistischen Ansatz die kongeniale elektronische Ergänzung zu den Printtiteln der Tamedia gewesen. Und auch ich war mit «Tele 24» nicht richtig platziert, denn ich spielte mit einem nationalen Sender ohne Grossverlag im Rücken in einer zu hohen Liga. Irgendwie waren die Karten falsch verteilt worden, irgendwie musste ich einen Ausweg finden.

So rief ich im Herbst 2000 Pietro Supino an, ein Mitglied des Verwaltungs-ratsausschusses der Tamedia und Vertreter einer der drei Besitzerfamilien. Mit ihm wollte ich über dieses so unerwartet schwierige Fernsehgeschäft sprechen. Und er war es, der mich direkt fragte, ob ich auch bereit wäre, meine ganze Firma zu ver-kaufen, inklusive «Radio 24» – und der Gedanke gefiel mir zu meinem eigenen grossen Erstaunen auf Anhieb recht gut.

Wie aber sollten wir vorgehen? Mit Favre, Zimmermann und Wildberger, also der halben Geschäftsleitung der Tamedia, lag ich in einem permanenten Clinch. Es graute mir, sie bereits in diesem Stadium einzuweihen. Das versprach nach den Erfahrungen der letzten Jahren nichts Gutes. Wäre es deshalb möglich, fragte ich Supino, dass wir allein mit dem Verwaltungsrat der Tamedia verhandeln könnten, ohne dass dieser seine eigene Geschäftsleitung informieren würde? Zu unserer Überraschung sagte man uns dies sofort zu. Man sei sehr an einem Erwerb der Bel-com-Gruppe interessiert. Wir sollten doch ein Verkaufsdossier zusammenstellen und ein Angebot unterbreiten.

Dies war nun ein Job für die Experten der Credit Suisse First Boston, meinen Partnern in der Belcom, die täglich solche Dokumente erstellen, mit denen Firmen und vor allem ihre Zukunftsaussichten im besten Licht dargestellt werden. Wir ver-einbarten einen Termin, bei dem wir dieses Dossier dem Ausschuss des Tamedia-Verwaltungsrates vorlegen würden.

Am 26. November 2000 hängte die «SonntagsZeitung» folgendes Plakat in ihren Aushang: «Verkauft Schawinski sein Imperium?» Im Artikel unter dem Titel «Will Schawinski aufgeben?» wurde spekuliert, dass ich mich aus dem Mediengeschäft zurückziehen wolle.

Gabriella und ich waren gerade im Zürcher Theater Schiffbau eingetroffen, wo wir uns Christoph Marthalers «Hotel Angst» ansehen wollten, als wir über den am nächsten Tag erscheinenden Artikel informiert wurden. Sofort rief ich «Sonntags-Zeitung»-Chefredaktor Andreas Durisch an. Er erklärte mir, dass jemand aus dem Umfeld meiner Frau Gabriella geplaudert habe. Wir fragten nach, auch Gabriella, doch mehr gab er nicht preis. Das verdarb uns den Abend – und nicht nur diesen. Durisch hatte uns gegeneinander ausgespielt und säte Zwietracht in unsere Bezie-hung. Wer hatte was aus irgendeiner allgemeinen Bemerkung konstruiert und weitererzählt? Oder hatte Andreas Durisch, ohne Rücksicht auf zwischenmenschliche Verluste, eine falsche Spur gelegt? Im Artikel wurde eine Vielzahl von möglichen Käufern genannt, so etwa die Kirch-Gruppe, SBS, die «NZZ» und Edipresse. Alle hatten auf Anfrage der «SonntagsZeitung» abgewinkt. Nur mein alter Freund Fibo Deutsch hatte erklärt, dass bei Ringier ein Interesse «bedingt» vorhanden sei. Über die Verkaufsabsichten sagte er: «Natürlich habe ich davon gehört. Und der Preis von 50 Millionen (für seinen Anteil) ist bekannt.» Das war frei erfunden, auch der viel zu tiefe Verkaufspreis. Dies ärgerte mich, weil ich mit Ringier zu keinem Zeitpunkt über einen Verkauf meiner Firma gesprochen hatte, und ohne dieses eine Statement hätte ein Artikel mit lauter Dementis kaum geschrieben werden können. Aber Fibo Deutsch liest eben seinen Namen unendlich gern in jeder Zeitung, sodass es zu keinem Thema möglich ist, von ihm kein Interview zu erhalten.

Ein einziger Name fehlte in der Liste der potenziellen Käufer: die Tamedia. Offenbar war also wirklich niemand im Haus eingeweiht worden, stellte ich fest. Denn ich wusste, wie porös in diesem Haus die Grenzen zwischen Management und Redaktionen sind. Wir konnten also mit unserer Strategie fortfahren – trotz der prominent platzierten Story in der «SonntagsZeitung».

David DeNunzio leitete den Fonds der Credit Suisse First Boston, welche die Belcom-Beteiligung erworben hatte, und war in dieser Funktion Mitglied unseres VR. Er war ein äusserst erfahrener, charmanter, aber unglaublich präziser Investmentbanker, der das M-&-A-*(Merger & Aquisition)* Business wie kaum ein Zweiter beherrschte.

«Lass mich reden», sagte er mir, «mit diesen Transaktionen verdienen wir unser Brot. Ich weiss, wie ich vorgehen muss. Du hältst dich raus. Dich brauchen wir erst viel später, wenn es um die definitive Entscheidung geht.»

Wir besprachen das Meeting und unser Angebot am Telefon. Bei jedem Anruf setzte David den Preis massiv hinauf. Meine Einwände wischte er weg. Er wisse genau, was er tue.

«Aber in der Schweiz läuft das nicht so», meinte ich mehrmals.

«Ich weiss, wovon ich rede. Auch in der Schweiz habe ich Deals gemacht, die du nicht glauben würdest. Wenn jemand etwas wirklich will, ist er auch bereit, einen sehr hohen Preis zu bezahlen.»

Die Sitzung mit dem Verwaltungsratsausschuss der Tamedia fand in einer unscheinbaren, anonymen Wohnung in der Zürcher City statt, die von diesem Konzern für genau solch geheime Treffen bereitgehalten wird. David legte unser Dossier vor, erläuterte es und sprach über Zukunftschancen. Die Leute von der Tamedia hörten nur zu, bis Pietro Supino nach dem Preis fragte.

David nannte ihn, und ich rutschte noch ein Stück weiter unter die Tischplatte. Für mich lag das Angebot viel zu hoch, und ich schämte mich. Aber ich hielt mich an unsere Abmachung und sagte nichts – was mir alles andere als leicht fiel.

«So, so, ein stolzer Preis», meinte Supino lächelnd. «Danke für Ihre Zeit, wir werden uns bei Ihnen melden.»

Eine Woche später erhielten wir eine Bewertung unserer Firma durch Tamedia-Experten. Die beiden Preise lagen um den Faktor drei auseinander. Unser Angebot war 300 Millionen, die Tamedia bot 100 Millionen.

«Damit gibt es keine Basis, weiter zu verhandeln», sagte mir David. «Die Methode, die sie angewendet haben, ist stümperhaft. Aber so läuft es eben, wenn auf der anderen Seite keine professionellen Investmentbanker sitzen.»

«Und was tun wir jetzt?», fragte ich.

«Wir sagen ihnen: ‹Danke für Ihre Zeit›, und fügen hinzu, dass wir mit ihnen der Meinung sind, dass wir nicht gleicher Meinung sind.»

«Und dann?»

«Dann machen wir es auf die professionelle Art, so wie ich schon von Anfang an wollte. Wir suchen einen Käufer weltweit. Mach dir keine Sorgen, wir finden ihn, und zwar zu Bedingungen, die sowohl dir wie uns passen. Und noch lieber wäre es mir, wenn wir überhaupt nicht verkaufen würden. Unsere Spezialisten in London glauben, dass die Preise in der Medienbranche in einem Jahr viel höher sein werden als heute.»

Ich überlegte einige Tage. Dann sagte ich Nein, zweimal Nein. Ich glaubte nicht an diese tollen Zukunftsfantasien, sondern spürte genau das Gegenteil. Und zweitens wollte ich nicht irgendeinen internationalen Käufer. Lieber war mir ein zweiter Anlauf in der Schweiz.

Und dann erklärte ich David etwas noch Schockierenderes: Geld sei für mich nicht das einzige Kriterium, vielleicht nicht einmal das wichtigste. Entscheidend sei für mich, dass sowohl «Radio 24» wie auch «TeleZüri» und «Tele 24» mit einem ähnlichen publizistischen Ansatz wie bisher geführt würden. Ein amerikanischer

Medienkonzern wäre deshalb ein unfassbares Risiko, das ich weder für meine Mitarbeiter noch für meine Zuhörer und Zuschauer eingehen wolle.

Andererseits strebte ich diesen Verkauf mit jeder Faser meines unternehmerischen Seins an. Ich spürte intensiv, dass sonst das gesamte Unternehmen und alle Arbeitsplätze gefährdet waren. Mir blieben nur zwei Alternativen: Entweder trennte ich mich von allem, auch von «Radio 24», meinem ersten, geliebten und so problemlosen Medienkind. Damit würde ich mir auch ein Berufsverbot einhandeln, da die Käufer mir mit Sicherheit ein Konkurrenzverbot auferlegen würden.

Für meinen Abgang konnte ich mehr Geld erhalten, als ich je brauchen würde und mir je erhofft hatte, da Geld für mich niemals eine Antriebsfeder gewesen ist. Gleichzeitig würde ich so meine Partner von der CSFB nicht enttäuschen, die viel Vertrauen in mich gesetzt hatten.

Oder dann drohte ein völliger Absturz, finanziell und persönlich, denn der psychische Druck stieg wieder unerträglich an.

Diese Situation erinnerte mich an die Anfangszeiten von «Radio 24», als ich eines Morgens mit dem umwerfenden Gedanken erwachte, dass ich nur zwei Möglichkeiten vor mir hatte: Bei einer weiteren Senderschliessung würde ich sofort Pleite gehen. Wenn ich hingegen auf Sendung bleiben konnte, musste ich wegen meiner innovativen Idee und des konsequenten Engagements automatisch Millionär werden – ein Wort, das damals für mich, der ich im Zürcher Arbeiterquartier Kreis 4 aufgewachsen bin, wie aus einer fernen, unbekannten Welt kam. Ja, etwas dazwischen gab es nicht. Und dieses Geld investierte ich in den nächsten Jahren immer wieder ins Mediensystem und schuf so Hunderte von Arbeitsplätzen.

David versuchte, mir meine Absichten mit beredten Worten auszureden. Es sei unprofessionell. Er verwalte die Gelder seines Fonds nach bestem Wissen und Gewissen, und hier geschähe etwas, das er nicht gutheissen könne. Ich blieb stur. Ich war der Mehrheitsaktionär und CEO, und deshalb wussten wir beide, dass er nicht gegen meinen Willen aktiv werden konnte.

Wer aber würde in der Schweiz ernsthaft in Frage kommen? Bei Lichte besehen war es in erster Linie vor allem – die Tamedia. Ringier kam nicht in Betracht, ebenso wenig die anderen Verlage. Vielleicht haben wir es bei unserem Versuch falsch angestellt, warf ich ein. Versuchen wir es noch einmal.

Kurz nach Neujahr 2001 rief ich wieder bei der Tamedia an und schlug vor, uns nochmals zu treffen. Diesmal sollte auch die Geschäftsleitung der Tamedia involviert werden. Bald kam eine Antwort. Ja, die sei Feuer und Flamme gewesen, als sie vom möglichen Kauf der Belcom-Gruppe erfahren habe – vor allem Michel Favre.

Sofort beauftragte er mit der Andersen Consulting eine renommierte M-&-A-Firma damit, unser Unternehmen unter die Lupe zu nehmen. Dies stimmte David etwas friedlicher, weil er sich so eine höhere Firmenbewertung erhoffte, auch wenn er immer noch der Meinung war, dass wir uns niemals auf einen einzigen potenziellen Käufer einlassen dürften. Vor allem verärgerte ihn Michel Favres Bedingung, dass wir uns verpflichten sollten, während einer gewissen Zeit exklusiv mit Tamedia zu verhandeln. Aber schliesslich stimmte er dieser Bedingung widerwillig zu.

Nun musste ich selbst einen grossen Schritt machen, der mir nicht leicht fiel: Ich hatte meine eigene Geschäftsleitung über meine Verkaufsabsichten einzuweihen, denn bald schon würden die Anwälte und Buchprüfer der Andersen Consulting wie Heuschrecken unser Unternehmen heimsuchen. Ihr Job war es, die *Due Diligence* zu machen, das ist ein Verfahren, mit dem man eine Firma detailliert durchleuchtet, um so alle möglichen Risiken aufzudecken. Da wird auf Jahre zurück jeder Fetzen Papier untersucht und hinterfragt, und die leitenden Mitarbeiter werden während Wochen mit Detailfragen eingedeckt, sodass ein normales Arbeiten kaum mehr möglich ist.

Zu meiner Überraschung fand ich in meiner Geschäftsleitung Verständnis für meinen Entscheid. Wir waren uns einig, dass wir, nur auf uns alleine gestellt, trotz unserer grossen Erfolge im Programmbereich schweren wirtschaftlichen Zeiten im Fernseh-Business entgegengingen. Zudem gestand man mir zu, dass ich nach all den vielen Jahren der Verantwortung nach einem anderen Leben Sehnsucht hatte.

Die nächsten Verhandlungsrunden fanden völlig geheim an verschiedenen Orten Zürichs statt, wo man unter falschen, nichts sagenden Firmennamen Sitzungszimmer gemietet hatte. Jetzt sassen jeweils zehn oder mehr Personen um einen grossen Tisch, um die erarbeiteten Fakten der *Due Diligence* zu diskutieren. Michel Favre war nicht dabei. Er hatte Finanzchef Patrick Eberle und Rechtsberater Andreas Meili als Verhandlungsteam bestimmt. Ich verstand, dass es seine Strategie war, erst bei einem eventuellen Schlussgang direkt einzugreifen.

An einem Nachmittag wurde uns in einem Hinterzimmer im Hotel St. Gotthard schliesslich eine schriftliche Kaufofferte unterbreitet. Sie lautete auf 150 Millionen Franken – und meine Bankers waren nicht zufrieden.

«Es muss eine Zwei vorne stehen», meinten sie.

«Das ist unser Angebot», antwortete Patrick Eberle. «Wir sind gespannt auf eure Antwort.»

Anschliessend setzte sich unsere Delegation zusammen, um das weitere Vorgehen zu besprechen. Plötzlich blickte ich auf die Uhr. Es war kurz nach 18 Uhr. Um 19.30 würde ich im «TalkTäglich» auf Sendung sein und hatte bisher keine Zeit für Recherchen gehabt.

Ich hastete zu Fuss durch den Hauptbahnhof, erwischte ein Tram bis zum Escher-Wyss-Platz, rannte ins Studio und sah die Unterlagen durch, die meine Produzentin Regina Buol wie immer minutiös vorbereitet hatte.

Mein Kopf schwirrte. Da sollte ich mich jetzt auf den ehemaligen Schweizer Radrennfahrer Beat Breu konzentrieren, dem nichts Gescheiteres eingefallen war, als mit seiner Partnerin ein Puff zu eröffnen – und dabei war ich noch völlig unter dem Eindruck dieses fantastischen Angebots, das aber laut Meinung meiner Partner zu wenig gut war und abgelehnt werden musste. War das nicht eine völlig verrückte Welt?

In der Sendung war ich etwas zu aufgedreht, um auf diese Weise bei diesem eher etwas peinlichen Thema Präsenz zu markieren. Der Unterschied zwischen den zwei Welten, in denen ich mich in diesen Stunden aufzuhalten hatte, war einfach zu gross.

Am übernächsten Tag las ich in Michel Favres «Tages-Anzeiger» die erste «Talk-Täglich»-Kritik seit mehreren Jahren. Kurt-Emil Merki schrieb unter dem Titel «Beat Breu ist nicht Reich-Ranicki» einen Vergleich zwischen mir und Sandra Maischberger. Sie hatte am gleichen Tag beim deutschen Nachrichtensender «n-tv» den Literaturpapst interviewt. Das Urteil des Kritikers war klar: Die überhebliche Boulevard-Interview-«Technik» von Roger Schawinski ist zum Kotzen.

Das sass. Das war der Stil, den ich von «Tagi»-Journalisten seit über 20 Jahren gewohnt war, also der Firma, der ich jetzt mein Unternehmen verkaufen sollte. Aufgrund eines Ansatzes, der schiefer nicht sein konnte – wie etwa ein Vergleich zwischen dem Bläsersatz der Berliner Philharmoniker und der «Wildecker Herzbuben» – wurde ich ein für alle Mal abqualifiziert. Und ich konnte, um meinem Ärger über diese unfaire Form von Journalismus etwas Luft zu verschaffen, nicht einmal diesen notorischen Nörgler anrufen, um ihm dies entgegenzuschleudern. Ja, Herr Kurt-Emil Merki, ich glaube nicht, dass Frau Maischberger vor ihrem intellektuellen Höhenflug mit Reich-Ranicki ein Medienunternehmen verkaufen musste, während ich direkt vor meinem Talk mit dem ehemaligen Bergfloh und heutigem Bordell-Besitzer …

Zu meinem Erstaunen akzeptierten kurz darauf die Tamedia-Leute, dass wir zum offerierten Preis nicht verkaufen würden. Andersen Consulting und die Tamedia-Geschäftsleitung bereiteten eine Empfehlung zuhanden des eigenen Verwaltungsrates mit einem höheren Preis vor.

Ich war gerade in Arosa bei einem winterlichen Waldspaziergang, als das Natel piepste. Es war Michel Favre. Mit freudig erregter Stimme teilte er mit, dass der Verwaltungsrat soeben beschlossen habe, uns wieder ein festes Angebot zu unterbreiten. Er nannte mir den Preis: 170 Millionen Franken! Sofort durchschoss mich der Gedanke: Wird David damit zufrieden sein? Werde ich ihn dazu bringen, diesen Preis zu akzeptieren?

Als die englisch formulierte schriftliche Offerte eintraf, fand ich darin eine Bedingung, die mich stutzig werden liess. Es hiess da, dass man bei diesem Angebot von der Annahme ausgehe, dass der Geschäftsgang in den ersten drei Monaten 2001 gemäss eingereichtem Budget verlaufe. Dies alarmierte mich. In der Branche war das erwartete und budgetierte Wachstum nicht eingetroffen – auch bei uns nicht. Doch in langen Telefongesprächen mit Tamedia-Leuten beruhigte man mich. Ich solle mir über diesen Passus keine allzu grossen Sorgen machen. Man werde schon eine Lösung finden.

Ich sprach in diesen Tagen viel und lange mit David. Auch andere Investmentbankers der Credit Suisse schalteten sich ein, jetzt wo wir offensichtlich auf der Zielgeraden waren. Schliesslich hatte ich sie so weit. Sie stimmten dem Angebot zu. Dies teilten wir der Tamedia schriftlich mit. Michel Favre zeigte sich erfreut. Aus formalen Gründen müsse nun nur der Verwaltungsrat den Deal nochmals absegnen.

Und dann kam dieser 25. April, der Tag der entscheidenden Tamedia-Verwaltungsratssitzung – und er begann katastrophal.

Die «Finanz & Wirtschaft» aus dem Tamedia-Verlag berichtete auf der Frontseite über eine bevorstehende Transaktion im elektronischen Medienbereich in der

Höhe von 150 bis 200 Millionen Franken. Es könne sich nach Abwägung aller Varianten nur um einen Kauf der Belcom-Gruppe durch die Tamedia handeln, wurde richtig spekuliert.

Ich war wie vor den Kopf geschlagen. Wer hatte geplaudert? Wer hatte unsere Geheimhaltung durchbrochen, und dies ausgerechnet im alles entscheidenden Zeitpunkt?

Schnell fand ich nach zwei, drei Gesprächen heraus, dass es ausgerechnet der Chef von Andersen Consulting gewesen war, Ronald Sauser, der sich in einem «Finanz & Wirtschaft»-Interview mit seinen Aktivitäten schmücken wollte. So hatte er, der M-&-A-Mann der Tamedia, auf eine katastrophal unprofessionelle Weise die Spur gelegt.

Dieser selbe Ronald Sauser war zudem ein direkter Nachbar, Mieter, Freund und bald auch Verwaltungsrat von Beat Curti, dem Besitzer unseres Konkurrenten «Radio Z», der nichts mehr fürchtete als einen Verkauf von «Radio 24» an die Tamedia. Curti hatte Sauser wohl die noch inoffiziellen neuen «Radiocontrol»-Hörerdaten zugesteckt, die insinuieren sollten, «Radio Z» habe «Radio 24» überholt. Damit säte Sauser in der Tamedia grösste Verunsicherung über den Wert des wertvollsten Teils des Verkaufsgegenstandes, die ich in langen Sitzungen kontern musste.

Sofort rief ich Michel Favre an, um ihn noch vor der VR-Sitzung zu erwischen, denn ich wollte natürlich auf keinen Fall, dass er mich oder einen meiner Mitarbeiter als Quelle der Indiskretion verdächtigte. Er nahm die Information entgegen und hängte ohne grosse Nachfrage ein.

Einige Stunden später rief mich Michel Favre zurück, während der Swissair-Live-Sendung. Der Deal sei tot, teilte er mir mit, das Angebot zurückgezogen. Gründe nannte er keine. Salü, Roger!

Dieser Schlag traf mich unvorbereitet und hart. Wochenlang war ich paralysiert.

Was war schief gelaufen? Was konnten wir als Nächstes tun? Seit dem Beginn der Verhandlungen hatten wir wegen meiner engstirnigen Strategie ein halbes Jahr verloren. Inzwischen war es immer deutlicher geworden, dass die Wirtschaft in einen Abschwung geriet. Vor allem die TMT-(Telekommunikation, Medien und Technologie)Aktien fielen immer stärker. So war etwa die Aktie der Tamedia innerhalb dieser sechs Monate auf die Hälfte des Ausgabepreises eingebrochen.

Unsere Einnahmen zeigten in die gleiche Richtung. Unser grösster Kunde Diax liess nicht nur seinen Jahresauftrag auslaufen – die ganze riesige, expandierende Firma war plötzlich nicht mehr da, aufgeschluckt von Sunrise. Dieses Alarmzeichen zwang mich zum Handeln.

«Wir müssen die Kosten senken, bevor es zu spät ist», verkündete ich in der Geschäftsleitung. «Und dies heisst, Sendungen absetzen.»

Widerstand schlug mir entgegen. Dies sei ein negatives Zeichen, das uns weiter schwächen müsse. Unsere Marktanteile würden sinken, meinte vor allem Markus Gilli emphatisch.

Einige Zeit zögerte ich. Dann entschied ich, dass «Inside», «24 Minuten» und «Gesucht wird …» im Sommer auslaufen würden. Das tat weh, denn alle Sendungen hatten ein hohes Prestige und respektable Zuschauer-Ratings – nur kostendeckend waren sie nicht. So hatten wir die engagierten, begabten Mitarbeiter dieser Magazine über unseren Entscheid zu informieren.

Bereits zuvor hatte ich eine Sendung abgesetzt, die ich entwickelt hatte und die recht ordentlich lief. «Venus und Mars» widmete sich in unterhaltender Form den Beziehungsproblemen zwischen Mann und Frau. «Venus und Mars» hatte zwei Besonderheiten. Zum ersten Mal hatten wir auf Drängen unserer Technikleute in Schlieren ein grosses Studio gewählt, was zusätzliche Kosten verursachte. Und zweitens war meine Frau Gabriella die Moderatorin.

Im Nachhinein empfand ich meinen Entscheid, die Sendung nach nur sechs Monaten aus dem Programm zu nehmen, als Signal an mich und alle anderen. Ich war bereit, ganze harte Entscheidungen zu treffen. Denn was gibt es Heikleres, als seiner eigenen Frau mitteilen zu müssen, dass ihre Zeit im Rampenlicht vorzeitig beendet sei, obwohl sie im Urteil der ZuschauerInnen einen tollen Job machte?

«Ich glaube, wir sind die Ersten, die richtig reagieren», sagte ich nun in der Geschäftsleitung. «Für diese Mitarbeiter ist es leichter, jetzt eine neue Stelle zu finden als in einem halben Jahr, wenn auch anderswo Leute entlassen werden.»

Es war eine Ahnung, mehr nicht. Instinktiv hatte ich das Gefühl, dass wir uns auf einer sehr abschüssigen Bahn befanden, auch wenn gegen aussen alles sehr freundlich aussehen mochte. Noch wusste niemand, dass die Medien der ganzen industrialisierten Welt im Verlauf der nächsten zwölf Monate in die schlimmste Krise seit Menschengedenken rutschen würden.

Als David DeNunzio bei der nächsten Sitzung vorschlug, es endlich mit seiner Methode zu versuchen, stimmte ich zu. Was konnte ich jetzt noch einwenden? Er und seine Leute begannen, ein dickes, eindrückliches Buch mit einer detaillierten Präsentation unserer Firmen zusammenzustellen, das allen möglichen Käufern zugestellt werden sollte. Weltweit.

Ich überliess ihm das Feld. Die Idee von einer schweizerischen Lösung hatte sich in Luft aufgelöst.

Bald schälte sich heraus, dass es jetzt viel weniger potenzielle Käufer von Medienunternehmen gab. Das bisherige Spiel, bei dem man Akquisitionen vor allem mit der Ausgabe von eigenen Aktien bezahlte, funktionierte bei sinkenden Börsenkursen nicht mehr. David DeNunzios Rückmeldungen zeigten ein eher verhaltenes Interesse der internationalen Schwergewichte an unserer Firma.

Dann geschah Wundersames. Die «TeleZüri»-GV verlief diesmal richtig harmonisch. Kurt W. Zimmermann hatte gleich zu Beginn verschmitzt verkündet: «Ich schlage vor: *Same procedure as last year.* Nehmen wir das Protokoll vom letzten Jahr und setzen das neue Datum ein. Alle meine Einsprüche bleiben dieselben. So sparen wir Zeit.»

Wir grinsten uns an. Die alte Vertrautheit war zurück. Zum ersten Mal nach langer Zeit konnten wir uns wieder locker unterhalten. Wir sprachen über die möglichen Gründe, weshalb der Deal mit der Tamedia in der letzten Zehntelsekunde geplatzt war.

«Vielleicht ist die Sache gar noch nicht definitiv gelaufen», sagte er zu meiner völligen Überraschung. Schliesslich sei für die Tamedia die beim Börsengang gross annoncierte Multimediastrategie in ernsten Schwierigkeiten.

Ich wusste von seinen Problemen im Online-Bereich. Zimmermann hatte sich vor einigen Jahren als der Internet-Prophet ins Rampenlicht gedrängt, der von einem Tag zum anderen zu diesem Thema Vorträge hielt, Artikel schrieb und Firmen gründete. Inzwischen war klar geworden, dass er die Tamedia mit dieser strammen Vorwärtsstrategie ins Elend geritten hatte.

«Wir sind Marktleader in einem nicht existierenden Markt geworden», meinte er grinsend in seiner typischen, lakonischen Art. Ein halbes Jahr darauf veröffentlichte er in der «NZZ» einen Artikel, indem er schlüssig darlegte, weshalb die Gratismedien wie Internet nie eine Chance gehabt hatten, zu reüssieren. An gleicher Stelle hatte er wenige Jahre zuvor genau das Gegenteil bewiesen. Der Zocker hatte im Roulette der New Economy all seine Chips auf Schwarz gelegt, nachdem es mit Rot nicht funktioniert hatte.

Je länger wir sprachen, desto mehr spürte ich, dass ihn ein zweites Problem noch schwerer drückte: «TV3». Im April hatte man am Rande der Jahrespressekonferenz der Tamedia beiläufig mitgeteilt, dass Harry Sloans SBS seit Anfang Jahr ihren Teil der «TV3»-Verluste nicht mehr mitgetragen hatte. SBS war besonders böse in den Strudel des *meltdowns* der Nasdaq geraten und nicht mehr in der Lage, Geld nachzuschiessen.

Daher hatte sich der elegante ehemalige Hollywood-Magnat Harry Sloan in der Schweiz – die er für seinen einfachsten Fall hielt – klammheimlich durch die Hintertüre verabschiedet.

Deshalb wohl hatte Kurt W. Zimmermann bereits seinen Rücktritt aus der Tamedia auf Ende Jahr angekündigt. Seine Hoffnungen, Nachfolger von Favre als CEO zu werden, waren mit dem Scheitern seines gewaltigen Internet- und TV-Pokers geplatzt. Und deshalb rannte jetzt ein verzweifelter Jürg Wildberger mit einem «Dossier» von «TV3» in der Fernsehwelt umher, um einen neuen Investor zu finden, der mithelfen sollte, die von ihm laufend weiter erwirtschafteten gewaltigen Verluste zu decken.

Ich rief also auf Anraten von Zimmermann Anfang Juli 2001 wieder einmal Michel Favre an und fragte ihn, ob es sich lohnen würde, nochmals zu sprechen. Er fragte sofort, wann ich bei ihm vorbeikommen würde. Damit begann überraschend eine dritte Runde der Verhandlungen mit der Tamedia – und es wurde die härteste.

Nun sass Jürg Brauchli neben Michel Favre mit am Tisch, der einzige Überlebende in der Tamedia-Geschäftsleitung aus der Zeit von Rico Hächler, den ich schon seit vielen Jahren kannte. Brauchli ist ein ruhiger, geradliniger Manager ohne jeden Firlefanz. Schnell hatte er den Wert meiner Firma berechnet und hielt mir das Resultat vor: 100 Millionen Franken.

«Aber allein ‹Radio 24› mit einem Jahresgewinn von gegen acht Millionen ist mindestens so viel wert», warf ich ein.

«Wir bezahlen auch nur für ‹Radio 24›. Das Fernsehen haben wir praktisch mit Null eingesetzt», war seine trockene Antwort.

«Und was ist mit eurer Offerte vom Frühling?»

«Das ist lange her. Jetzt ist jetzt.»

Ich rechnete. Bei diesem Preis hätte Davids Credit-Suisse-First-Boston-Fonds einen kleineren Gewinn erzielt. Dies war jedoch meilenweit von den Erwartungen entfernt, die er bei der Präsentation seiner Beteiligung an der Belcom formuliert und damit bei den Schweizer Journalisten für grösste Verblüffung gesorgt hatte.

«Wir rechnen bei unseren Investitionen mit Renditen in the *high twenties or low thirties*», hatte er offen erklärt, also mit Jahresrenditen in der Gegend von 30 Prozent.

Aber das war damals gewesen, damals, in den bereits weit entschwundenen späten neunziger Jahren, als sich die Börsenblase noch jeden Tag weiter blähte.

Als ich die Mitglieder meines Managements über diese neue Offerte informierte, reagierten einige von ihnen mit einem überraschenden Vorschlag. Sie fragten mich, ob ich ihnen die Chance geben würde, zu denselben Bedingungen selbst einen Käufer zu finden. Einerseits würden sie nichts Gutes von der Tamedia erwarten, und zudem hätten sie so die Möglichkeit, sich selbst persönlich an der Firma zu beteiligen.

«Okay, ich gebe euch drei Wochen Zeit», antwortete ich spontan, denn wie sollte ich ihnen diese Bitte abschlagen, die ihr Engagement für unsere Firma und ihr unternehmerisches Temperament bewies?

Allerdings stellte ich Bedingungen: «Erstens muss bis in drei Wochen etwas Handfestes vorliegen, nicht irgendeine schwammige Absichtserklärung. Und zweitens darf diese Sache nicht in die Presse geraten. Wenn dies geschieht, breche ich die Übung sofort ab.»

Mit unglaublicher Energie setzten sie sich in Bewegung. Sie kontaktierten viele potenzielle Investoren. Konkret wurde es nur in zwei Fällen: bei der «NZZ» und bei Blocher.

Die «NZZ» sei interessiert, zusammen mit Peter Wanner von der «Aargauer Zeitung», die Firma zu kaufen, erklärte «NZZ»-Geschäftsführer Marco de Stoppani mir und David DeNunzio während einer Sitzung im «NZZ»-Gebäude. Ich begriff, dass die «NZZ» den Fuss in die Tür von Peter Wanners Mittelland-Imperium stellen wollte, um sich später den ganzen Laden einzuverleiben, so wie man es in anderen Regionen bereits getan hatte. Dieser Deal sollte die Grundlage sein, um einem ähnlichen Schritt der Tamedia zuvorzukommen. Die «NZZ» würde alles bar bezahlen, und Peter Wanner sollte für seinen Anteil Aktien seines Unternehmens an die «NZZ» abgeben, natürlich zusammen mit einem Vorkaufsrecht für den Rest.

Dann aber zog sich der Entscheidungsprozess immer länger hin. Deshalb rief ich Marco de Stoppani an. Ich stellte ihm nur eine Frage.

«Marco, sag mir: Was meint Hugo (Bütler) dazu?»

«Hugo ist dagegen», sagte er.

«Danke, das ist alles, was ich benötige.» Damit war die Sache für mich gelaufen, denn ich wusste, dass Hugo Bütler bei der «NZZ» die alles entscheidende Instanz ist.

Komplizierter war Blocher, den ich auf Drängen meines Managements ebenfalls sehen sollte.

Christoph Blocher und ich kennen uns seit vielen Jahren. Er wusste von meiner kompromisslosen Ablehnung seiner SVP-Politik. Trotzdem schätzte er mich wegen meiner unternehmerischen Aktivitäten, wie er immer wieder betonte. Als ich Anfang 2001 in wirtschaftliche Nöte geriet, war er der Einzige, der anrief und fragte, ob er mir helfen könne. Das rührte mich, auch wenn ich selbstverständlich abwinkte. Nein, mit Blocher durfte ich keine Geschäfte machen.

Wir verabredeten uns in seinem neuen herrschaftlichen Sitz in Herrliberg, wo er mich an einem endlosen Sitzungstisch unter einigen seiner vielen Anker- und Hodler-Bilder empfing. In dieser Umgebung wirkte er wie der gestrenge Landesfürst, der von seiner Burg mit Wohlwollen seine Untertanen betrachtet, die zu seinen Füssen ihr Tagwerk verrichten. Nach einem der bei ihm üblichen witzigen Vorgeplänkel kamen wir zum Thema.

«Ich kann Ihnen nichts verkaufen», sagte ich. «Nicht einmal ein einziges Prozent meiner Firma. Damit würden unsere Medien ihre Glaubwürdigkeit verlieren. Auch für Sie wäre es unmöglich.»

«Ich weiss das genau. Aber ich könnte eine Gruppe von finanzstarken Leuten zusammenbringen, die politisch nicht in der SVP engagiert sind. Zusammen würden die Ihre Firma kaufen. Medienpolitisch wäre das wichtig. Wie viel wollen Sie dafür?»

Ich erläuterte ihm die Ausgangslage, die er natürlich längst kannte. Alles zusammen sei recht teuer, schloss ich. Das leider noch defizitäre Fernsehen allein wäre jedoch viel billiger zu haben.

Blocher hatte bereits vorgespurt. Wie Fredy Gsteiger in seinem Blocher-Buch schreibt, hatte er offenbar bereits Filippo Leutenegger zur Hand, der nach mir das

Unternehmen führen sollte. «Der soll das damals einem Anfrager aus der Belcom gegenüber sogar bestätigt haben», schreibt Gsteiger. Ich hatte diese Gerüchte auch gehört, sprach Blocher aber nicht darauf an.

«Und wie viel Geld verlieren Sie mit dem Fernsehen?», fragte er.

Ich legte ihm die Fakten auf den Tisch. Er antwortete nicht direkt, sondern erzählte mir ein *Gschichtli*. Vor Jahren habe er die defizitäre Kammgarnspinnerei in Interlaken verkauft. Dafür habe er kein Geld verlangt. Er habe im Gegenteil dem Käufer fünf Millionen bezahlt, wenn er sich verpflichte, den Betrieb weiter zu führen.

Ich hatte die Botschaft verstanden und packte meine Unterlagen zusammen. Das Thema Blocher war vom Tisch, berichtete ich meinen enttäuschten Kollegen aus der Geschäftsleitung. Ich hatte live erlebt, dass dem Politiker Blocher die Erhaltung der Medienvielfalt wichtig sein mag. Viel wichtiger ist dem Unternehmer Blocher aber das Geld.

Damit war ihre Mission gescheitert, stellten meine Mitarbeiter fest. Sie dankten mir nochmals für die Chance, die ich ihnen gewährt hatte. Jetzt sei ich wieder am Zug.

Gleich zu Beginn dieser dritten Verhandlungsrunde kam die Tamedia mit einer neuen, unerwarteten Bedingung: «Tele 24» müsse eingestellt werden, und zwar von uns als den Verkäufern und nicht von ihnen, den Käufern. So würde man zu einer notwendigen «Marktbereinigung» gelangen, wie sie es nannten.

Bald wurde mir klar, dass es bei dieser «Marktbereinigung» nicht nur um rationale Argumente ging, mit denen man «TV3» Vorteile im Werbe- und Zuschauermarkt verschaffen wollte. Die Tamedia hatte «Tele 24» von Anfang an als Kukucksei betrachtet, das niemals hätte aus «TeleZüri» herausschlüpfen dürfen. Gar noch schlimmer war, dass das inhaltliche und wirtschaftliche Versagen von «TV3» durch das journalistisch engagierte und viel kostengünstiger produzierte «Tele 24» immer deutlicher sichtbar wurde.

Michel Favre wischte alle meine Argumente für eine Weiterführung von «Tele 24» oder für eine Fusion mit «TV3» vom Tisch, als ich mich mit ihm wieder einmal in seiner geheimen Wohnung in der Zürcher Altstadt traf, wo er jene Besucher empfing und jene Verhandlungen führte, von denen niemand etwas wissen sollte. Doch ich gab in dieser Sache nicht auf. Später wollte ich sie nochmals aufbringen, nahm ich mir vor. Später würde sich dafür eine günstige Gelegenheit ergeben.

Der nächste Schock kam bald. Konsequent wurden wichtige Interna der Verhandlungen veröffentlicht – und zwar ausschliesslich in den Publikationen der Tamedia. Jemand im Hause Tamedia musste ein direktes Interesse daran haben, dass der Deal wieder nicht zustande kommen würde, und wollte ihn durch Indiskretionen verhindern.

Ich überlegte. Diese Person konnte eigentlich nur Jürg Wildberger sein. Wir sprachen jetzt wieder miteinander, da er jetzt als Mitglied der Tamedia-Geschäftsleitung praktisch in Verhandlungen mit mir stand. Stutzig gemacht hatten mich Bemerkungen von ihm, mit denen er mich ziemlich unverblümt aufforderte, meine Firma nicht der Tamedia zu verkaufen. Andere Optionen seien spannender für mich, wies er mir die Richtung. Der «TV3»-Chef war klug genug, um abzuschätzen, dass sein Sender nach einem Kauf der Belcom-Gruppe durch die Tamedia noch unmittelbarer gefährdet sein musste. Er hatte offensichtlich Angst, dass man mit Bezug auf «TeleZüri» und «Radio 24» auf eine neue, erfolgversprechende Strategie im elektronischen Bereich hinweisen und «TV3» fallen lassen würde – ein Szenario, das wenige Monate später genau so eintreffen sollte.

«Facts» machte bereits am 12. Juli 2001 die neuen Verhandlungen als erstes Medium publik und kannte alles wichtigen Eckdaten: «Die Tamedia und Roger Schawinski reden wieder miteinander über den Verkauf seiner Mediengruppe an die Tamedia. Im Vordergrund steht gegenwärtig die Übernahme von ‹Radio 24› und ‹TeleZüri›, an dem die Tamedia bereits heute beteiligt ist. Die Zukunft von ‹Tele 24› ist nach diesem Szenario ungewiss. Der sprachregionale Sender hätte kaum eine Zukunft.»

Am 11. August meldete der «Tages-Anzeiger»: «Zu den Verhandlungen zwischen Tamedia, die mit zehn Prozent (!) an ‹TeleZüri› beteiligt ist, sagt Peter Hartmeier nur so viel: ‹Gespräche über eine Übernahme von Teilen der Belcom-Gruppe sind im Gang.›»

Am nächsten Tag informierte die «SonntagsZeitung» weiter: «Unter der Führung von Belcom-Geschäftsführer Christian Staerkle und Programmchef Markus Gilli sind Schawinskis Manager seit vier Wochen intensiv auf der Suche nach rund 60 Millionen Franken. Staerkle bestätigte gestern erstmals: ‹Wir suchen Investoren, und es gibt Angebote.› Am Wochenende sollen weitere Gespräche stattfinden.»

Mitte August schob «Facts» weitere, unglaubliche Insiderkenntnisse nach: «Die

Verhandlungen scheinen schon weit fortgeschritten ... FACTS liegt bereits der Entwurf einer Medienmitteilung mit dem Titel ‹Tamedia übernimmt TeleZüri und Radio 24› vor. Demnach soll die journalistische Unabhängigkeit von ‹TV3›, ‹TeleZüri› und ‹Radio 24› gewahrt bleiben.»

Ich rief sofort Michel Favre an. Noch nie hatte es in der Schweiz einen ähnlichen Fall gegeben, bei dem ein Medium interne Dokumente der eigenen Geschäftsleitung publiziert hatte. Michel Favre versprach mir, der Sache nachzugehen. Die Antwort, die er mir dann lieferte, war recht bizarr: Nur drei Leute hätten diesen Entwurf der Medienmitteilung gekannt. Offenbar müsse sie von einem weiteren Mitarbeiter aus einem Papierkorb gefischt worden sein, der sie dann der «Facts»-Redaktion zugespielt hatte.

War dies nun eine neue, heimtückische Variante, um dieses unsägliche Spiel wieder in letzter Minute scheitern zu lassen? Denn genau zum Zeitpunkt dieser jüngsten Indiskretion lag endlich, nach wochenlangen, unsäglich schwierigen Verhandlungen, ein dicker Vertrag vor, der am Donnerstag, den 16. August, um 11 Uhr in feierlichem Rahmen unterzeichnet werden sollte. Die Zeremonie sollte in Anwesenheit aller Hauptpersonen stattfinden, inklusive Tamedia-Verwaltungsratspräsident Hans Heinrich Coninx und David DeNunzio aus New York. Der Champagner war kalt gestellt, die Brötchen waren bestellt.

Den Vorabend verbrachte ich mit einer Gruppe von Leuten aus der Kulturszene in einem Restaurant am Letten. Die Spannung wich mit jedem Glas Rotwein, das man mir einschenkte, und ich genoss diese herrliche, warme Sommernacht.

Kurz vor 23 Uhr klingelte mein Handy. Am Telefon war David in New York. Es dauerte eine Weile, bis ich begriff, was er mir mitteilen wollte: Die amerikanischen Anwälte der Credit Suisse First Boston hätten im vorgelegten Vertrag Unklarheiten und Lücken gefunden. Deshalb sei es unmöglich, ihn wie vorgesehen am nächsten Tag zu unterzeichnen. Die Anwälte würden sich sofort dahintersetzen. Er glaube, dass sie nur 48 Stunden benötigen würden, um den Vertrag in eine Form zu bringen, der ihrem Standard entsprechen würde.

«Der Termin ist vereinbart, und wir waren uns alle einig, dass wir einen Deal haben – auch du», schrie ich ins Telefon. «Die werden das als Beleidigung empfinden. Schliesslich geht es um eine Schweizer Firma mit einem Schweizer Mehrheitsaktionär, die an eine Schweizer Firma verkauft werden soll. Wir sind nicht in Amerika.»

Wir redeten so lange, bis die Batterie meines Handys zu Ende ging. Ich hatte keine Chance. David würde nicht in dieser Nacht nach Zürich fliegen und morgen nicht unterschreiben. Ich solle Michel Favre informieren, dass das *signing* des Vertrags um mindestens zwei Tage verschoben werden müsse.

Ich schlief sehr schlecht in dieser Nacht. Ich war mir sicher, dass dies von der Gegenseite als Affront empfunden werden musste. Für Michel Favre ist das Formelle, das Äusserliche, ganz besonders wichtig. Während seiner Jahre als Hotelier hatte er gerade auf diese Aspekte achten gelernt und sie für sich und sein Umfeld perfektioniert.

Tatsächlich nahm er meine Mitteilung am nächsten Morgen ziemlich sauer entgegen. Er werde Hans Heinrich Coninx und die anderen orientieren, sagte er. Ich wusste, dass wir ihn vor seinem Verwaltungsrat desavouiert hatten.

24 Stunden später kam die Retourkutsche in Form eines eingeschriebenen Briefes, und sie war viel brutaler, als ich sie mir hatte vorstellen können. Man teilte uns mit, dass man die schriftliche Offerte aufgrund neuer Erkenntnisse zurückziehe. Man sei nach wie vor an einem Kauf interessiert, aber nicht mehr zu den vereinbarten Bedingungen.

Entnervt, entsetzt und sauer rief ich sofort Michel Favre an. Ich bat ihn, mir diese neueste Wendung zu erklären, doch er wich aus.

«Was heisst das, Michel? Ich verstehe es nicht.»

«Nun, es steht alles im Brief.»

«Eben nicht. Wollt ihr den Deal, oder wollt ihr euch wieder zurückziehen?»

«Wir sind nach wie vor interessiert.»

«Dann teilt uns bitte mit, wie hoch euer aktuelles Angebot ist, damit wir wissen, wovon wir reden. Schriftlich, bitte», sagte ich schliesslich, und er versprach mir, dies zu tun.

Zwei Stunden später hatte ich einen neuen Einschreibebrief der Tamedia in der Hand, der wieder durch einen Boten überbracht wurde. Das schriftliche Angebot lag jetzt bei 85 Millionen Franken, satte 15 Millionen Franken tiefer als bisher. Einfach so, ohne richtige Begründung. War dies wieder – zum wievielten Mal? – das frustrierende Ende dieser Verhandlungen mit der Tamedia? Was konnte noch getan werden? Wie sollten wir auf diesen Affront reagieren?

Diese Fragen besprach ich an diesem Freitagnachmittag stundenlang am Telefon. Mit David in New York. Mit Armin Zucker, meinem Anwalt und VR-Kollegen in Zürich. Mit Gabriella. Und auch mit Michel Favre. Immer wieder mit diesem Michel Favre.

Schliesslich vereinbarten wir, dass wir uns nächste Woche treffen würden, am Dienstagabend, zur letzten, entscheidenden Sitzung. Entweder würden wir uns dann finden, oder der Deal war endgültig-endgültig vom Tisch. In der Zwischenzeit würden die Anwälte beidseits des Atlantiks an den Verträgen arbeiten.

Am Montag war klar, dass wir, wie von David verlangt, einen für beide Seiten viel präziseren Vertragsentwurf hatten – aber inzwischen auch ein viel tieferes Angebot. Noch nie war unsere Ausgangslage so schlecht gewesen wie jetzt.

Die Stimmung am Dienstag war von Anfang an gereizt. Erstmals war Michel Favre direkt am Verhandlungstisch dabei, sagte aber vorerst kaum ein Wort. David DeNunzio musste in einem Nebenraum warten, denn Michel Favre hatte sich geweigert, mit ihm zu verhandeln. David war in einer Vorphase einmal mit Favre zusammengekommen, um über den Vertrag zu reden. Anschliessend rief mich ein entgeisterter Michel Favre an.

«Das ist der unhöflichste Mensch, dem ich je begegnet bin», klagte er ins Telefon. «Der wollte mich kaputtmachen, und zwar vom ersten Moment an, als er in meinem Büro stand. Ich will ihn nie wieder sehen.»

Ich verstand die Welt nicht mehr. David DeNunzio war einer der höflichsten und charmantesten Personen, denen ich in der Geschäftswelt begegnet bin. Nie habe ich jemanden getroffen, der einen anderen Eindruck von ihm bekam. War dies eine neue, ungewöhnliche Variante der Favre'schen Verhandlungstaktik – oder war wirklich etwas Grauenhaftes vorgefallen?

Für diese Verhandlungen hatte Michel Favre seinem Finanzchef Patrick Eberle offensichtlich den Part des *bad cop* zugeteilt, der knallhart aufzutreten hatte. Er als *good cop* blieb vorerst stumm im Hintergrund. Als ich Punkt für Punkt darlegte, dass die ihm Schreiben vom Freitag aufgeführten Argumente logisch nicht haltbar seien, wies mich Eberle barsch zurecht: «Ich habe keine Lust, darüber zu reden. Sie kennen unser Angebot. Entweder akzeptieren Sie es oder nicht.»

Nun, wir akzeptierten nicht. Wir verhandelten. Nach drei Stunden waren wir an einen toten Punkt gelangt, wie beide Seiten sofort erkannten. Man war sich näher gekommen, doch noch immer blieb eine Preisdifferenz von 2,5 Millionen Franken, die keine Seite überbrücken wollte.

Damit waren wir gescheitert. *Game over.* Alle erhoben sich und packten ihre Dokumente ein. Aus. Vorbei. Nur ich war sitzen geblieben, unfähig, mich zu erheben.

War nun alles umsonst gewesen, das ganze letzte Jahr mit all den Enttäuschungen und Frustrationen? Musste ich jetzt neu beginnen, und zwar in einem deutlich schwierigeren wirtschaftlichen Umfeld? Würde ich die Kraft haben, das Ruder herumzureissen, trotz Moritz Leuenberger, trotz all der rechtlichen Benachteiligungen? Konnte ich das Team nochmals begeistern, obwohl wir so viele MitarbeiterInnen entlassen mussten?

«*Time out.* Ich verlange ein *time out*», sagte ich schliesslich.

Alle blickten zu mir. Ich wolle mich mit meinen Partnern zurückziehen, verkündete ich und bat sowohl die Tamedia- wie die CSFB-Leute darum, mir dies zu gewähren. Man sah sich gegenseitig unsicher an, doch dann stimmte man meinem Vorschlag zu.

Mit meinen Partnern zog ich mich in ein anderes Büro zurück, während die Tamedia-Leute zurückblieben.

Zuerst aber lief ich ins Freie. Es war mir speiübel. Ich würgte, doch es gelang mir nicht einmal, mich zu übergeben. In den vielen unsäglich stressigen Verhandlungsstunden hatte ich nur literweise Mineralwasser in mich hineingeleert, als ob mein ganzer Körper in Flammen stehen würde.

Ich wusste, dass dies eine Situation war, die mein Leben für ganz lange Zeit bestimmen würde. Schliesslich klaubte ich mein Handy hervor und rief Gabriella an, die in einem Restaurant den Geburtstag einer Freundin feierte.

«Es geht mir nicht ums Geld», sagte ich ihr. «Wir erhalten eh mehr, als wir je benötigen werden. Aber ich fühle mich unfair behandelt. Die Gegenpartei hat uns ein schriftliches Angebot vorgelegt, an das sie sich nicht mehr halten will. Schliesslich geht es auch um meine Selbstachtung, denn ich bin es gewohnt, dass man sich an Abmachungen hält. Andererseits sind meine Bankers pickelhart. Die wollen diesen Deal nicht. Sie glauben, dass die Firma in eins, zwei Jahren viel mehr wert sein wird.»

«Was aber willst du», fragte mich Gabriella. «Was fühlst du tief in dir selbst?»

Ich holte tief Atem. Ja, ich wusste es. Ich wollte diesen Schritt in eine andere, neue Zukunft ganz, ganz intensiv. Die sieben Jahre Fernsehen waren zu einem Ende gekommen, eine neue Lebensphase wartete auf mich. Wenn ich hier scheitern würde, so müsste ich wohl bald mein ganzes Fernsehen schliessen und alle Leute entlassen.

Im Sitzungszimmer, in das ich mich daraufhin mit meinen Partnern von der Credit Suisse First Boston zurückzog, kämpfte ich wie ein Löwe. Die toughen Investmentbanker, die gewohnt sind, um jeden Dollar zu fighten, wollten nicht nachgeben. Sie versuchten es mit einigen abenteuerlichen, recht nebulösen Vorschlägen, um ihren eigenen Anteil am Deal zu verbessern, doch ich blieb stur. Nach einer sehr emotionalen, kräfteraubenden Stunde hatte ich sie überzeugt, sich dem Deal nicht mehr zu widersetzen, auch wenn wir nochmals eine Konzession im Preis machen würden.

Schweigend kamen wir ins Verhandlungszimmer zurück. Mit einer heiseren, ausgelaugten Stimme teilte ich mit, dass wir mit dem letzten von der Tamedia genannten Preis von 92 Millionen einverstanden seien, von dem die Kosten für die Schliessung für «Tele 24» und die Verluste der letzten Monate abgezogen wurden. Zu diesem Zweck würden zehn Millionen auf ein Sperrkonto fliessen.

«Dann haben wir einen Deal», verkündete Michel Favre sofort mit seinem breiten Lächeln. Und er eilte auf meine Seite des grossen Verhandlungstisches.

«Danke, Roger», sagte er zu mir, während er mir wie immer die Hand zu zerquetschen versuchte. «Ich muss schon sagen, du hast Mut. Bravo!»

Ich war zu erschöpft, um etwas Sinnvolles zu antworten. Nun war es doch passiert.

Michel Favre hatte zum dritten Mal etwas von mir gekauft.

Diesmal war es die ganze Firma.

Am nächsten Tag unterschrieben wir den Vertrag im Haus der Tamedia und stiessen anschliessend mit Champagner an. Genau drei Wochen nach dem Handshake wurden am Dienstag, den 11. September, die Terroranschläge auf die zivilisierte Welt verübt. Die Börsen brachen in den folgenden Wochen ein und erreichten neue Tiefstände. Vor allem die Titel der Medienbranche verloren massiv weiter an Wert. Die Aktie der Tamedia halbierte sich nochmals und erreichte einen Stand von 70 Franken, dies bei einem Ausgabekurs von 260. Grosse Medienkonzerne gerieten in Schwierigkeiten.

«Tele 24» sendete vorerst weiter, bis Ende November, und ich suchte nach Mitteln und Wegen, damit dies auch so bleiben würde.

«Tele 24» – das Ende

Die technische Equipe von «Tele 24» erhielt von ihrem Chef am 22. August 2001 einen seltsamen Auftrag. Peter Canale erklärte ihnen, man solle sich bereitmachen, um ab 14 Uhr aus Oerlikon live von einem Kongress der Zeugen Jehovas zu berichten. Nach einigen Telefonaten verbreitete sich mit Windeseile im ganzen Betrieb, dass es einen solchen Kongress gar nicht gäbe. Wahrscheinlich sei es nun so weit, hiess es überall in den Gängen. Wir fahren ins Tamedia-Hochhaus, um selbst über den Verkauf unserer Firma zu berichten.

Der emotionalste Moment der grossen Medienkonferenz war, als mich der grosse und massige Hans Heinrich Coninx überraschend vor laufenden Kameras in die Arme nahm und sich bei mir als «Freund» bedankte.

«Damit kommt ein sehr persönliches Stück von dir in unser Unternehmen», sagte er sichtlich berührt. «Ich bin dir dankbar für diesen Entscheid, und du kannst davon ausgehen, dass wir dem, was du über Jahrzehnte aufgebaut hast, grosse Sorge tragen werden.»

Anschliessend fuhr ich ins Studio, wo sich alle MitarbeiterInnen versammelt hatten. Obwohl sie die Live-Sendung gesehen hatten, wiederholte ich die wichtigsten Fakten aus meiner Sicht und stellte Michel Favre vor, der einen Text von einem Papier ablas, den er offensichtlich nicht selbst geschrieben hatte. Nun ist also wirklich alles ganz anders, las ich in den vielen Blicken, die auf mich gerichtet waren.

Zum Schluss informierte ich über ein Geschenk, das ich allen MitarbeiterInnen als Dank für ihren Einsatz übergeben wollte, und zwar jeweils 4000 Franken für jedes Dienstjahr. Zusammen mit dem Zurückkauf der Aktien, die ich dem Management geschenkt hatte, verteilte ich so weit über vier Millionen Franken.

«Wenn jemand eine Firma verkauft», sagte ich, «so ist das nicht zuletzt das Verdienst seines Teams. Ich hoffe deshalb, dass dieses Beispiel Schule macht und andere Unternehmer sich in einer ähnlichen Situation gleich verhalten.»

Der Applaus war alles andere als stürmisch. Nicht ein grosszügiges Geschenk stand hier im Zentrum des Interesses, wichtiger war die eigene Zukunft und diejenige des Unternehmens.

Nur zwei Wochen zuvor hatte ich einen weiteren Stellenabbau angekündigt, um die gewaltigen Defizite senken zu können. Dies kam bloss knappe drei Monate nachdem ich das Ende von drei beliebten Magazin-Sendungen angekündigt hatte. Nun mussten wir wegen der sinkenden Werbeeinnahmen nochmals zurückbuchstabieren, und diesmal gleich massiv.

Ich hatte den MitarbeiterInnen im selben Studio zwei Varianten präsentiert: Einmal die Weiterführung des nationalen Fernsehens mit knapperen Mitteln und der Kürzung von 50 Stellen. Dieses Projekt nannte ich «Tele 24 light». Noch radikaler wäre ein Zurückgehen auf «TeleZüri» gewesen, bei dem rund 80 Stellen gestrichen worden wären. In der Geschäftsleitung hatten wir uns klar für «Tele 24 light» entschieden, wenn der Deal mit der Tamedia nicht zustande gekommen wäre. Der neue Besitzer war jedoch, wie wir wussten, anderer Meinung. Er wollte «TeleZüri», und sonst gar nichts. Nur aus diesem Grund hatte ich die zweite Variante überhaupt vorgelegt. Und die galt nun. Dies hiess 80 Stellen, knapp die Hälfte der Belegschaft.

Schon am selben Tag wurde Michel Favre aktiv. Er teilte mir mit, wen er mit der künftigen Leitung der neu erworbenen Firma und mit den Entscheiden in der schwierigen Übergangzeit betraut hatte. Während der Verhandlungen war dieses Thema nie angesprochen worden, als ob wir es beide nicht berühren wollten. Nun bestätigte Michel Favre meine schlimmsten Befürchtungen: Er übergab diesen Job zu gleichen Teilen Jürg Wildberger, unserem direkten Konkurrenten von «TV3» – und Kurt W. Zimmermann. Dies waren die einzigen Personen mit einer gewissen Branchenerfahrung, die ihm im eigenen Haus zur Verfügung standen. Eine externe Lösung hatte er also verworfen.

Die Problematik war evident: Kurt W. Zimmermann hatte schon Monate zuvor seinen Abschied aus dem Haus Tamedia angekündigt und sich geistig bereits weitgehend verabschiedet, um eine künftige Karriere als Medien-Consultant vorzubereiten. Sein Elan in den nächsten Wochen hielt sich denn auch in sehr engen Grenzen.

Damit blieb Jürg Wildberger. Der aber steckte mit seinem «TV3» in einem immer schärferen Überlebenskampf, nachdem sich bei der Reality-Sendung «Die Bar», der gross annoncierten Nachfolge-Show von «Big Brother», ein Totalabsturz abzeichnete. Zudem war er für unsere Leute das personifizierte Feindbild, der mit seinem Schmuddel-Fernsehen gescheitert war. Ausgerechnet er sollte nun als Sieger bei uns einziehen!

Bei unserem ersten Gespräch nach der Pressekonferenz fragte mich Jürg Wildberger beiläufig, ob ich interessiert sei, weiterhin eine Anzahl Sendungen «TalkTäglich» zu moderieren.

«Dies ist für mich noch nicht der richtige Zeitpunkt, darüber zu reden», sagte ich – und er brachte das Thema nie mehr auf. Während der langen Vertragsverhandlungen wurde über eine grosse Zahl von Details hartnäckig gerungen. Mein Verbleib am Bildschirm war keines davon. Ich hatte instinktiv verstanden, dass mich die Tamedia-Leute lieber ganz weghaben wollten, um sich nicht mit mir, meiner Präsenz und meinen Meinungen auseinander setzen zu müssen. Nur so würden andere den Platz füllen können, den ich eingenommen hatte.

Mir war das recht, auch wenn ich es aus Sicht des Senders für einen grossen Fehler hielt. Ich wollte mich nicht befreien, um mich gleichzeitig wieder zu binden. Und es graute mir vor dem Gedanken, als blosser Talkmaster mit ansehen zu müssen, wie Tamedia-Leute meinen ehemaligen Betrieb in einer völlig anderen Weise managten. Nein, ich wollte ein neues Leben führen, eines ohne vier wöchentliche Live-Auftritte am Bildschirm, auch wenn mir jedermann schon baldige Entzugserscheinungen vorhersagte.

Wildberger und Zimmermann verloren keine Zeit. Sie schlugen vor, dass wir uns am nächsten Morgen im Restaurant Strohhof für ein erstes Abtasten treffen sollten. Sie beide würden kommen, auch ich sei eingeladen, ausserdem Programmleiter Markus Gilli und Technik-Chef Peter Canale. Wir sprachen ein gutes halbes Stündchen zusammen, dann zog ich mich zurück.

Drei Tage später erfuhr ich, dass Markus Gilli nicht mehr erwünscht sei und entlassen werde. Ich konnte es kaum glauben. Was war geschehen? War Markus Gilli als mein langjährigster Mitarbeiter automatisch Persona non grata?

Aufgeregt rief ich Michel Favre an, um ihn umzustimmen. Markus Gilli sei der Garant, dass der Betrieb optimal weiterlaufe, sagte ich emphatisch.

«Aber er ist gegen die Tamedia», sagte mir Favre. «Er hat schlecht über uns gesprochen. Es geht nicht.»

«Das war in einer anderen Phase, Michel. Die Verhältnisse haben sich geändert. So spielt das Leben eben manchmal.»

Favre blieb hart. Als Nächster wurde Christian Staerkle entlassen, der die

Belcom-Werbeabteilung führte. Dann war die Reihe an Martin Spieler, Leiter der Sendung «Money» und mein Stellvertreter in der Geschäftsleitung. Er wurde informiert, dass sein Programm nicht weitergeführt werde. «Money» passe nicht ins neue Programmkonzept, obwohl die Credit Suisse die Sendung weiterhin sponsern wollte. Bald darauf warf Peter Canale das Handtuch, weil er die neuen Arbeitsbedingungen nicht mehr akzeptieren konnte.

Innerhalb von ganz kurzer Zeit war damit mehr als die halbe Geschäftsleitung weg. Übrig blieben nur noch «Radio 24»-Chef Peter Brun, Verkaufsleiter Richi Gasser und Brigitte Aeschlimann, die Finanzchefin.

Immer wieder hörte ich von Mitarbeitern, dass die neuen Herren möglichst schnell alles, was an mich erinnerte, auslöschen wollten. Besonders viel Sorge zum neuen Unternehmen schien man eindeutig nicht zu tragen.

Dann schlug Jürg Wildberger vor, dass er sich mit dem ganzen Personal treffen wolle. Einzeln. So würde er entscheiden können, wer bleiben dürfe und wer nicht. Die Kündigungen hatte dann ich, wie vertraglich vereinbart, auszusprechen und zu unterschreiben.

«Ich finde es psychologisch nicht klug, wenn du dies in unseren Räumlichkeiten tust», sagte ich ihm. «Für unsere Leute bist du immer noch der Feind. Gib ihnen etwas Zeit.»

Also nahm er sich im Hotel Senator, das direkt gegenüber unseren Räumlichkeiten lag, ein Zimmer, und liess meine Leute im Halbstundentakt antreten. Für alle Beteiligten war dies eine aussergewöhnliche Stresssituation, auf die niemand vorbereitet war – auch der knallharte Jürg Wildberger nicht.

Als er unserer Moderatorin Diana Jörg direkt ins Gesicht sagte, sie werde entlassen, kam sie mit einem Weinkrampf zurück ins Studio, unfähig, sich für die Abendsendung vorzubereiten. Ich rief Wildberger an und bat ihn, seine Methode etwas zu mildern, was er dann auch tat. Einen solchen Vorfall gab es denn auch nicht mehr. Insgesamt waren die Gespräche fair und offen, wie mir die Mitarbeiter hinterher erzählten.

Bereits nach einer Woche wurde von den künftigen Bossen ein neuer Programmleiter ernannt. Peter Röthlisberger war ein Mitglied des Gründungsteams von «TeleZüri», ein integrer, gescheiter Journalist, aber kein Alphatier wie Markus Gilli. Damit war er genau das, was Wildberger und Zimmermann wollten. Er war jemand, der ihnen aus der Hand frass.

Noch warteten wir auf die Zustimmung der Behörden. Die brauchten wir, damit der Vertrag rechtsgültig wurde. Sowohl das Bakom wie auch die Wettbewerbskommission (Weko) hatten uns während der Verhandlungen signalisiert, dass sie keine Einwände erheben wollten. Für sie sei der Tatbestand klar. Die Bewilligung der Transaktion werde sehr schnell erfolgen.

Als dann der Deal offiziell bekannt gegeben wurde und wir unverzüglich unsere ausführlichen Unterlagen bei den beiden Ämtern einreichen konnten, erlebten wir eine Überraschung. Nicht beim Bakom. Bundesrat Moritz Leuenberger wolle keine Einwände erheben, liess man uns wissen. Aber die Weko teilte uns mit, dass sie entgegen den früheren Äusserungen nun doch eine formelle Untersuchung einleiten würde.

«Aber die haben uns vorher das Gegenteil gesagt?», fragte ich meinen Anwalt Armin Zucker, der mit einem Tamedia-Vertreter und unserem Dossier extra nach Bern gereist war. «Das geht doch nicht. Die haben uns brandschwarz angelogen.»

«Was willst du dagegen tun? Der Grund ist wohl, dass ‹Radio Z› bereits prophylaktisch interveniert hat.»

Und wirklich: Bald erhielten wir die Eingabe von «Radio Z», unserem lokalen Zürcher Konkurrenten, der mit zum Teil haarsträubenden und falschen Angaben den Kauf von «Radio 24» an die Tamedia verhindern wollte. Sofort wurde von der Tamedia eine renommierte Zürcher Anwaltskanzlei eingeschaltet, die ein noch dickeres, noch ausführlicheres Dossier erstellen sollte, mit dem man bei der Weko die «Radio Z»-Angriffe abwehren konnte.

«Hier geht es um reine Politik», sagte ich zu Tamedia-Anwalt Andreas Meili. «Ihr müsst euch bereit erklären, eure Minderheitsbeteiligung an ‹Radio Zürisee› abzugeben, wie wir dies in unserem Vertrag ausdrücklich vorgesehen haben. Die Weko kann so ihr Gesicht wahren und zeigen, wie seriös sie arbeitet.»

Andreas Meili bockte. «Wir geben nichts freiwillig weg. Wenn es nicht anders geht, dann tun wir es auf eine klare Aufforderung hin, aber nicht vorher.»

«Aber dann dauert es möglicherweise nochmals drei Monate, hat die Weko gesagt. Bis Februar. Das führt zu unhaltbaren Zuständen. Ich kann den Betrieb nicht so lange garantieren. Wir haben den Mitarbeitern bereits gekündigt.»

Wieder verbissen wir uns wie während der langen Vertragsverhandlungen. Bereits hatte mich David DeNunzio aus New York angerufen und gefragt, ob jetzt, nach dem 11. September, etwas darauf hindeuten würde, dass die Tamedia aus dem

Vertrag aussteigen wolle. Nein, hatte ich geantwortet, aber diese Sache mit der Weko scheine ausser Kontrolle zu geraten.

Meine Nervosität stieg nun von Tag zu Tag, vor allem weil sich die renommierte Zürcher Anwaltskanzlei recht ungeschickt verhielt. Wir mussten um jeden Preis verhindern, dass «Radio Z» – um uns weiter zu schaden – gegen einen formellen Entscheid der Weko Einspruch erheben würde. Damit hätte sich der Entscheid um Monate hinausgezögert – und das wäre für mich eine echte Katastrophe gewesen.

An einem Abend traf ich nach meinem «TalkTäglich» und einer Podiumsdiskussion kurz vor 23 Uhr im Restaurant Grünes Glas ein. Gabriella sass dort mit einigen Freunden bei einer Flasche Wein. Gerade als ich mein Essen bestellen wollte, läutete mein Handy. Am Telefon war Armin Zucker. Die Bewilligung der Weko sei eingetroffen.

«Super. Und jetzt?»

«Jetzt kommst du. Wir *closen* den Deal. Heute Nacht. Ich bin bereits im Glashaus der Tamedia.»

Im grossen Sitzungszimmer lagen all die vielen Ordner ausgebreitet auf dem Tisch. Mit breitem Lachen war Armin Zucker zusammen mit Tamedia-Finanzchef Patrick Eberle und Hausjurist Andreas Meili bei den Vorbereitungen der kommenden Unterschriftsorgie.

«Pizza ist bestellt. Wer will Wein, wer will Bier?», fragte Patrick Eberle, den ich noch nie so vergnügt gesehen hatte.

«Was geht hier eigentlich vor?», fragte ich.

«Nun, heute Abend ist die Bewilligung der Weko gekommen. Wir unterschreiben noch heute Nacht. Morgen früh erscheint unser Communiqué, dass der Deal durchgeführt wurde und wir wie von der Weko verlangt unsere Beteiligung an ‹Radio Zürisee› abgeben. Dann kann ‹Radio Z› keine Einsprache mehr machen. Sie kommen schlicht und einfach zu spät. Wir haben dann schon vollzogen.»

Wir lachten alle gemeinsam. In dieser Nacht fühlten sich auch die sonst so bürgerlichen Tamedia-Leute wie Piraten, die dem System ein Schnippchen geschlagen hatten. Nun waren wir nicht mehr Widersacher, viel eher fühlten wir uns wie *partner in crime*.

Zwei Stunden dauerte es, bis wir alle Verträge und alle Beilagen unterschrieben hatten. Wir assen die Pizza, tranken den Wein, prosteten uns zu. Ich bot den beiden «Tagi»-Leuten das *Duzis* an, was die Stimmung noch mehr hob.

Um halb drei Uhr verliess ich das Glashaus an der Sihl. Ich schaute auf das Datum. Es war Freitag, der 6. Oktober 2001. Acht Stunden später war der Teil des sofort zu zahlenden Kaufpreises, genau gemäss den schriftlichen Anweisungen, auf die entsprechenden Konten auf beiden Seiten des Atlantiks überwiesen.

In unserem dicken Kaufvertrag hatten wir vereinbart, dass «Tele 24» spätestens per Ende November geschlossen werden müsse und dass ich mit meinem bisherigen Team bis dahin die Führung behalten würde.

Es wurden die extremsten und verrücktesten drei Monate, wie sie auch altgediente Journalisten noch nie in ihrer Laufbahn erlebt hatten: Der 11. September und seine beispiellosen Folgen, das schreckliche Massaker im Regierungsgebäude in Zug, der katastrophale Brandunfall im Gotthard und das unsäglich lange und verwirrliche Ende der Swissair – und immer war «Tele 24» ganz vorne mit dabei. Ein sich ständig vergrösserndes Publikum schaute sich unsere Sendungen an, wie wir aus unseren täglichen Zuschauer-Ratings ersehen konnten. Mit Erstaunen nahmen sehr viele Menschen zur Kenntnis, zu welchen journalistischen Leistungen ein privates Fernsehen fähig war, das bereits den Data-Stempel trug. Immer wieder fragte man uns, wie denn so etwas möglich sei. Unsere Antwort war simpel: Für uns ist dies selbstverständlich. Wir sind Journalisten, und als solche sind wir unserem Publikum verpflichtet. Wir werden deshalb bis zum letzten Tag und bis zur letzten Stunde so professionell und engagiert arbeiten wie bisher.

Dies war, wenn wir ganz ehrlich waren, nicht die ganze Wahrheit. Jetzt wollten wir vielleicht sogar noch etwas mehr. Wir nahmen die Gelegenheit wahr, zu zeigen, wie wichtig es für ein Land ist, dass es nicht nur auf ein einziges Fernsehen als Informationsquelle angewiesen ist.

In diesen Wochen forderten wir die SRG in einer nie gekannten Weise. Zuvor hatten wir bei einigen wenigen Grossereignissen schneller und präziser berichtet als die SRG. So hatte der neue Chefredaktor von SF DRS, Filippo Leutenegger, im Gegensatz zu «Tele 24» den Jahrhundert-Orkan «Lothar» völlig verschlafen, der gemeinerweise genau während der personalschwachen Tagen um den Jahreswechsel durchs SRG-Land fegte. Darauf reagierte Filippo bei einer nächsten Katastrophe, einem Crossair-Absturz, in unangebrachter Weise viel zu aufdringlich, um den «Lothar»-Flop zu kompensieren. Auch dies ging natürlich in die Hose.

In diesem Katastrophenherbst 2001 – wie er bald semioffiziell hiess (Bundesrat Leuenberger in einer seiner vielen Trauerreden: «Ja, hört denn das nie auf!») – waren wir oft eher auf Sendung als die SRG, manchmal berichteten wir auch gründlicher und umfassender. In der laufenden Berichterstattung zur Swissair wurden wir das «Lead-Medium» im Bundeshaus, wie uns der Pressesprecher von Bundesrat Villiger, Daniel Eckmann, mitteilte. Die Einschaltquoten stiegen in nie gekannte Höhen, und in vielen Pressekommentaren lobte man unsere Leistung. Unsere Sendungen wurden nun Tag für Tag von 1,1 Millionen Personen genutzt, die sich im Durchschnitt 17 Minuten einschalteten. Damit erreichten wir täglich mehr Personen als der «Blick», die grösste Tageszeitung des Landes.

Bereits kurz nach der Vertragsunterzeichnung hatte ich Michel Favre am 27. August einen Brief mit Kopie an Hans Heinrich Coninx geschrieben, den Verwaltungsratspräsidenten. Dort führte ich detailliert die Gründe auf, weshalb die Tamedia «Tele 24» weiterführen sollte. Gleich zu Beginn stellte ich die Ausgangslage klar:

Wenn ich mich nun nochmals in dieser Sache engagiere, so tue ich dies, quasi nach gemachtem Deal, ohne jegliche persönliche finanzielle Interessen. So werde ich, selbst wenn «Tele 24» nicht geschlossen werden sollte, die vereinbarten Schliessungskosten wie vereinbart voll übernehmen.

Ich erklärte, dass ich die Rechte für «Tele 24», die bei mir und der CSFB verblieben waren, kostenlos an die Tamedia abgeben wolle. Dann rechnete ich vor, dass die Tamedia mit einem «Tele 24 light» finanziell viel besser fahren würde als mit «TeleZüri» allein.

Die Werbetarife haben sich seit dem Ende von «TeleZüri» als «stand alone» im Herbst 1998 ziemlich genau halbiert. Bei gleichen Ratings wäre deshalb mit nur noch der Hälfte der Einnahmen zu rechnen (6,5 statt 13 Millionen). Es ist aber beinahe ausgeschlossen, für dieses Geld ein attraktives Lokal-TV zu produzieren. «TeleZüri» allein zu betreiben, ist daher wirtschaftlich ein grosses Risiko. Ich würde es nicht eingehen.

Ich erhielt keine Antwort. Nach den Ereignissen vom 11. September und den weiteren Herbstkatastrophen unternahm ich einen neuen Versuch zur Rettung von «Tele

24». Ich sprach am 8. Oktober bei Hans Heinrich Coninx vor, der mich bat, die beiden Varianten nochmals schriftlich darzustellen, damit dieses Papier als Teil der Entscheidungsgrundlage für den Verwaltungsrat dienen würde. Dies tat ich umgehend.

Davon erzählte ich einigen meiner engsten Mitarbeiter, die sich natürlich um ihre Zukunft Sorgen machten. Diese Information wurde einem Journalisten vom «SonntagsBlick» zugetragen, der mich anfragte, ob sie richtig sei, was ich bestätigte, da Lügen nicht Teil meines Systems sind. Am 24. Oktober erhielt ich ein Schreiben von Michel Favre.

Lieber Roger Schawinski
Ich beziehe mich auf eine im «Sonntags-Blick» vom 21. Oktober abgedruckte Aussage
von dir. Darin wirst du mit der Behauptung zitiert, du hättest bei uns einen Antrag
zur Weiterführung deines TV-Senders «Tele 24» eingereicht.
Wir beide wissen, dass diese Aussage nicht richtig ist.

Dann ermahnte mich Michel Favre, meine vertraglichen Verpflichtungen zu erfüllen, obwohl es für einen solche Bemerkung bisher überhaupt keinen Anlass gegeben hatte.

Tamedia-Pressesprecher Peter Hartmeier erklärte im «Tages-Anzeiger» vom 25. Oktober auf eine entsprechende Frage, dass es von Roger Schawinski «einen solchen Antrag nicht gibt». Ausserdem habe sich die Tamedia «nie für ‹Tele 24› interessiert», obwohl im Frühling ein entsprechendes festes schriftliches Angebot vorgelegt worden war. So wurde ich öffentlich als Lügner abgestempelt. Dies tat weh, aber wieder hielt ich mich wie schon oft zuvor zurück – der Sache wegen. Dafür schrieb ich Michel Favre umgehend einen langen Brief, in dem ich den belegbaren Sachverhalt darstellte und seine Vorhaltungen zurückwies.

In den folgenden Wochen begannen sich die Ereignisse zu komplizieren. Immer deutlicher zeichnete sich ab, dass die Tamedia «TV3» nicht mehr allein halten konnte und noch vor Jahresende einstellen würde. An einer VR-Sitzung vor Ende November sollte darüber entschieden werden, wurde in Journalistenkreisen gemunkelt. Am 13. November schickte mir die Tamedia einen überraschenden Fax, unterschrieben von Michel Favre und Finanzchef Patrick Eberle.

Lieber Roger

Wir beziehen uns auf dein Schreiben vom 27. August 2001 betreffend Weiterführung von «Tele 24». Du hast uns darin offeriert, die Rechte an «Tele 24» ohne Kostenfolge für uns auf die Tamedia AG zu übertragen und die vereinbarten Schliessungskosten selber zu tragen.

Um die Diskussion in dieser Sache weiterführen zu können, bitten wir dich, uns diese Offerte auch im Namen der Credit Suisse First Boston, Mitinhaberin von «Tele 24», nochmals zu bestätigen.

Michel Favre bezog sich also ohne weitere Erklärungen oder Entschuldigungen auf meinen Antrag, dessen Existenz er zuvor bestritten hatte. Ich war elektrisiert. Offenbar war man nun – in allerletzter Minute – bereit, «Tele 24» weiterzuführen. Gleichzeitig mit der Schliessung von «TV3» wollte man mitteilen, dass man an einem nationalen Sender festhalten wolle. Die «Marktbereinigung» würde immer noch stattfinden, aber in einer völlig anderen Form.

Sofort rief ich David DeNunzio an und bat ihn, diese schriftliche Bestätigung sofort zu unterzeichnen. Ich erklärte ihm, wie wichtig es für die gesamte Schweizer Medienszene sei, dass «Tele 24» als einzige reale Inland-Konkurrenz für SF DRS nicht eingestellt werde. Deshalb sollten wir Hand bieten und auf alle Rechte verzichten. David handelte unverzüglich und schickte mir die verlangte Bestätigung.

Ich hatte erfahren, dass die alles entscheidende Verwaltungsratssitzung der Tamedia am 20. November stattfinden sollte. In den Tagen zuvor sprach ich mit mehreren Mitgliedern des VR, um ihnen nochmals die eindeutigen wirtschaftlichen und medienpolitischen Vorteile der «Tele 24 light»-Variante zu erläutern. In diesen Diskussionen schlug mir eine totale Verunsicherung und Ratlosigkeit entgegen. Immer wieder hörte ich dasselbe: nämlich dass die Managementkapazitäten im eigenen Haus fehlten und es Unstimmigkeiten zwischen Verwaltungsrat und Geschäftsleitung gebe. Der gewaltige Flop des Prestige-Projekts «TV3» hatte die gesamte Firma offenbar so tief geschockt, dass «Fernsehen» zum Schreckwort geworden war. Nun wollte man das Risiko in diesem Bereich möglichst gering halten.

«Ein kleineres Fernsehen, also ‹TeleZüri›, bedeutet nicht ein kleineres Risiko», sagte ich immer wieder. «Im Gegenteil wird das wirtschaftliche Risiko grösser, weil die wirtschaftliche Basis ungenügend ist.»

Am 22. November teilte die Tamedia in einer grossen Medienkonferenz der Öffentlichkeit mit, dass «TV3» noch vor Ende Jahr seinen Betrieb einstellen würde. Die Verluste waren ins Gigantische gewachsen. Allein im Jahr 2001 verbuchte die Tamedia ein Defizit von 46 Millionen Franken. Hinzu würden noch Schliessungskosten von 24 Millionen Franken kommen, zudem die Verluste des Vorjahres. Am selben Tag erhielt ich ein neues Schreiben der Tamedia. Es war äusserst kurz gehalten:

«Wir haben diese Offerte gestern mit unserem Verwaltungsrat diskutiert. Dabei wurde beschlossen, auf die Offerte nicht einzutreten, da wir uns voll auf die erfolgreiche Integration von ‹TeleZüri› und ‹Radio 24› konzentrieren wollen.»

Dies war das Ende. Die Meinungen im Verwaltungsrat mussten in letzter Minute nochmals gedreht haben. Vor allem Michel Favre, hörte ich später, habe kalte Füsse bekommen, und gegen das Management wollte der Verwaltungsrat den Entscheid nicht durchdrücken.

Ich hatte mich in grandioser Weise getäuscht. Ich hatte geglaubt, dass die zeitliche Koinzidenz der beiden Entscheide ein Glücksfall für «Tele 24» sei. Dabei war es genau umgekehrt! Ich hatte die psychologische Seite nicht berücksichtigt! Denn es war wohl für Michel Favre absolut unmöglich, *sein* «TV3» einzustellen und gleichzeitig *mein* «Tele 24» vom Totenbett zu erwecken. Damit wäre zu deutlich geworden, wer von uns beiden den besseren Job gemacht hatte.

Und es gab noch einen zweiten Grund, weshalb es so kommen musste. An der Pressekonferenz betonten Michel Favre und Hans Heinrich Coninx immer wieder, dass «TV3» in erster Linie wegen der falschen Werbeunterbrecher-Regelungen gescheitert sei. Wie hätten sie gleichzeitig erklären können, dass sie unter diesen Bedingungen «Tele 24» weiter betreiben wollten? Die argumentative Inkonsistenz wäre überdeutlich geworden. Da wären Fragen über Fehler beim eigenen Fernsehprojekt aufgetaucht, die man lieber nicht aufkommen lassen wollte.

Eine ganze Branche lag jetzt am Boden. Arbeitsmöglichkeiten für viele junge, aktive und intelligente Menschen wurden zerstört, und dies scheinbar irreversibel. Bildschirmtalente, die sich in den letzten beiden Jahren in grosser Zahl profiliert hatten, standen vor einem Berufsverbot, wenn sie nicht noch rechtzeitig bei der SRG Unterschlupf finden konnten. Viele Mitarbeiter der Fernsehstationen wurden vor die Tür gesetzt. Und diejenigen, die etwa bei «TeleZüri» bleiben durften, erlebten die neue Situation mit anderem, nüchternem Blick. Das Ziel, das man vor Augen gehabt hatte und dem man gemeinsam mit so viel Einsatz und Begeisterung nachgejagt war, hatte sich verflüchtigt. Aus der Vision war ein Job geworden.

Am 30. November stellte «Tele 24» wie angekündigt seinen Betrieb ein, «Tele-Züri» machte unter der neuen Führung weiter. «Das erste private Fernsehen der Schweiz», wie wir uns selbst nannten, nahm in einer grossen Sendung Abschied von seinen Zuschauern und seinen MitarbeiterInnen. Noch nie schauten uns an einem Abend so viele Zuschauer zu wie während dieser letzten vier Stunden. Als ich um Mitternacht mit Knopfdruck den Sender abstellte, flossen viele Tränen. Nicht nur im Studio. Ein Kapitel Schweizer Mediengeschichte war vorbei.

Drei Monate später wurde Peter Röthlisberger von Michel Favre von einer Stunde zur anderen abgesetzt. Markus Gilli wurde als Programmleiter zurückgeholt. Christian Staerkles Kündigung wurde ebenfalls rückgängig gemacht, und er wurde zum Chef der Belcom-Gruppe ernannt. Die Tagesreichweiten gingen gegenüber dem Herbst von 1,1 Millionen auf 380 000 Personen zurück, stiegen nach der Rückkehr von Markus Gilli wieder an. Die meisten Sponsoren sprangen beim Ende von «Tele 24» ab, auch die Werbeeinnahmen reduzierten sich massiv. An der Jahrespressekonferenz der Tamedia erwähnte man geschätzte Verluste für «TeleZüri» im Jahr 2002 «im zweistelligen Millionenbereich». Das Programm von «Radio 24» wurde von deutschen Radiomachern im Auftrag von Zimmermann/Wildberger völlig umgekrempelt. Der «Tages-Anzeiger» kritisierte im Mai 2002, dass «Radio 24» und «Radio Z» im Einheitsbrei zu versinken drohten. Das Bakom bezeichnete die Situation als unhaltbar und leitete Schritte ein, um in Zürich ein neues Privatradio zu konzessionieren.

Jürg Wildberger wurde die Verantwortung über die Belcom direkt nach der Schliessung von «TV3» entzogen. Kurz darauf verliess er die Tamedia. Kurt W. Zimmermann verliess die Tamedia auf Ende Jahr und schrieb «Magazin»-Artikel zu Themen wie Spielcasinos und Golf. Finanzchef Patrick Eberle kündigte seinen Rücktritt für 2003 an. Michel Favre gab seinen Abschied als CEO im Frühling 2002. Beim grossen Abschiedsfest im Juni hielt ich auf seinen Wunsch hin eine der Ansprachen.

Hausjurist Andreas Meili wurde im Juli 2002 zum Verantwortlichen für alle elektronischen Medien der Tamedia ernannt und sitzt nun in meinem ehemaligen Büro bei «Radio 24». Kurz darauf wurde Christian Staerkle zuerst degradiert und dann wieder entlassen.

Armin Walpen, der Gegenspieler

Wenige Tage vor dem angekündigten Sendeschluss von «Tele 24» war ich Ende November 2001 im geheimnisvollen Holländerturm in Bern, wo Charles von Graffenried, der umtriebige Verleger der «Berner Zeitung», einige der wichtigsten Medien-Player des Landes zu einem intimen Mittagessen geladen hatte. Dabei waren unter anderen Armin Walpen, Peter Studer, Andreas Z'Graggen, Markus Gisler, Roger Blum, Filippo Leutenegger, Urs Rohner und Beat Curti. Sofort wurde recht animiert über die mögliche Schweizer Fernsehlandschaft in fünf Jahren diskutiert, und man war sich schnell einig: Nach dem Ende von «Tele 24» und «TV3» würde sich kaum mehr etwas ändern. Und anscheinend schien das niemanden zu beunruhigen.

Beim Aufstehen ging ich auf SRG-Generaldirektor Armin Walpen zu.

«Jetzt bist du mich endlich los», sagte ich zu ihm.

Beinahe versöhnlich antwortete er: «Weisst du, eigentlich stört mich nur etwas an dir. Nämlich, dass du deine Medien immer für deine eigenen Zwecke genutzt hast.»

Ich blieb ihm eine Antwort schuldig. Was sollte ich ihm in der Kürze sagen? Mein ältester Gegenspieler schien über die jüngsten Ereignisse in der Medienlandschaft sichtlich erfreut, also wollte ich ihm die gute Laune nicht verderben. Nach 22 Jahren, in denen wir so oft aneinander gerieten, war er nun der offensichtliche Sieger. Als allmächtiger Herr der SRG herrschte er über das mit Abstand bedeutendste Medienunternehmen des Landes und würde dies bis zu seiner fernen Pensionierung wohl noch viele Jahre lang tun, während ich mich mit einer reichlichen Abgangsentschädigung aus dem Mediensystem verabschiedet hatte.

Wie viele Stationen hatten wir gemeinsam durchlaufen?, ging es mir in diesem Augenblick durch den Kopf. Und immer war es ein Kampf zwischen Monopol und Öffnung gewesen, eine Auseinandersetzung zwischen Status quo und Veränderung, zwischen Establishment und Aussenseiter und eine zwischen Verteidiger und Angreifer. Und schliesslich auch ein *fight* zwischen pensionsberechtigtem Apparatschik und risikofreudigem Unternehmer. So waren die Rollen zwischen uns von allem Anfang an verteilt gewesen.

Im Sommer 1979 hatte ich zum ersten Mal in seinem Büro in Bern gesessen, das er erst seit kurzem als einer von nur zwei juristischen Beamten in seiner Abteilung im Energie- und Verkehrsdepartement EVED belegte. Als ich ihm mein Projekt eines Radiosenders in Italien vorstellte, mit dem ich in die Schweiz senden wollte, zeigte er sich auf Anhieb sehr interessiert, vor allem da er quasi im Nebenjob an einer neuen Medienordnung für die Schweiz arbeitete. Diese Szene beschrieb ich 1982 in meinem Buch «Radio 24 – Die Geschichte des ersten freien Radios der Schweiz».

«Warten Sie nur zwei, drei Jahre, dann sind wir in der Schweiz so weit», sagte er mir.

«Ich kann und ich will nicht warten. Das mit den zwei bis drei Jahren nehme ich Ihnen nicht ab. Sie wissen selbst, wie langsam sich die Dinge in Bern entwickeln. Und im Übrigen sollten Sie über mein Projekt froh sein.»

«Weshalb?», fragte er halb belustigt.

«Weil ‹Radio 24› Ihnen und den Politikern die ersten Erfahrungswerte mit einem freien Lokalradio liefern wird. Solche Informationen sind notwendig, nachdem bisher nur die SRG solche Daten anbieten konnte.»

Armin Walpen hörte sich all dies mit grösstem Interesse an, bat mich um schriftliche Unterlagen, und ich verbuchte diesen Besuch als Erfolg.

Damals war ich noch recht naiv in Sachen Walpen. Denn der ehrgeizige, 32-jährige Oberwalliser erkannte blitzschnell seine einmalige Chance für ein grandioses Gesellenstück im Dienste der Eidgenossenschaft. Unverzüglich nach meinem Besuch trat er in Aktion. Er versuchte mit Hilfe der von mir gelieferten Informationen und mit allen Mitteln, die ihm als Vertreter des Staates zur Verfügung standen, den Sendestart von «Radio 24» zu verhindern. Als dies trotz massivsten Druckversuchen im italienischen Postministerium nicht gelang, erhöhte er mit Zustimmung von Bundesrat Willi Ritschard den Druck, wie Dokumente beweisen, die in späteren Gerichtsverfahren vorgelegt wurden.

Ein nächstes Treffen zwischen Armin Walpen und mir fand in aller Öffentlichkeit statt – im Schweizer Fernsehen. Dies habe ich im «Radio 24»-Buch so beschrieben:

*Kurz nach Aufnahme der Testsendung lud uns die TV-Sendung «Karussell» zu einem
Streitgespräch ein. Walpen sass im Bundeshausstudio, ich im Studio 4 an der Zürcher
Fernsehstrasse, wo ich all meine «Kassensturz»-Sendungen moderiert hatte. Wir sahen
uns gegenseitig auf Kontrollmonitoren, was ein Vorgespräch ausschloss.*

*Die Diskussion nahm den vorhersehbaren Verlauf, jeder brachte seine bekannten
Argumente vor, um entscheidende Punkte zu sammeln.*

*Eine Minute vor Sendeschluss meinte Walpen im Anschluss an eine seiner schwer
verständlichen juristischen Ausführungen: «Im Übrigen braucht es gar nicht mehrere
Radiostationen, wenn die eine die Gruppe Boney M. und die andere die Gruppe Baccara spielt. Das nenne ich keine Auswahl.»*

*«Ich wusste, dass Sie das sagen würden», schoss ich dazwischen. «Offenbar ist dies
Ihr Hauptargument gegen ‹Radio 24›, sonst würden Sie es nicht jedes Mal erwähnen.
Aus diesem Grund habe Ihnen als Geschenk zwei Platten mitgebracht, eine von
Boney M. und die andere von Baccara.» Ich hielt ihm die beiden Platten, die ich ne-
ben meinem Sessel liegen hatte, theatralisch entgegen – und die anwesenden jugend-
lichen Zuschauer brachen in frenetischen Applaus aus.*

*Es war das erste Mal, dass ich Unterstützung so direkt erlebte. Ich blickte überrascht
zu den Klatschenden, während der Moderator das Thema abschloss und einen Film an-
sagte.*

*Ich drehte mich um und sah Armin Walpen noch immer auf dem Kontrollmonitor.
Er wirkte verstört und führte nervös einen Finger im Mund umher. Mit meiner Me-
dienerfahrung hatte ich ihn in eine Falle tappen lassen, aus der er nicht hinausfinden
konnte. Und er hatte mir im allergünstigsten Augenblick selbst das Stichwort geliefert!*

*Einige Tage später schickte er mir die beiden Platten zurück. Beigelegt war ein säu-
erlicher, belehrender Brief. Er nehme sich noch einmal die Mühe, mir die Rechtslage
zu erklären, obwohl er nicht glaube, dass ich ernsthaft an juristischen Argumenten
interessiert sei. Das Ganze war humorlos formuliert. Ich hatte Armin Walpen ganz,
ganz tief verletzt.*

Bald darauf eskalierte alles. Als uns via Bern die Senderschliessung angedroht
wurde, starteten wir eine beispiellose Höreraktion, die in nur fünf Tagen zu
212 000 Unterschriften in einer Petition für die Erhaltung von «Radio 24» führte.
Diese wurde anschliessend von mir in Anwesenheit von über 5000 Sympathisan-
ten im Bundeshaus deponiert. In einer Nacht-und Nebel-Aktion wurde nur we-

nige Tage später der Sender auf dem Pizzo Groppera zum ersten Mal von den italienischen Postbeamten abgestellt und versiegelt – und ich griff in meiner Verzweiflung zu einer illegalen Massnahme:

Ich wusste, dass ich mit meiner Beschwerde gegen die Senderschliessung beim regionalen Verwaltungsgericht in Mailand (TAR) keine Chance haben würde, da dieses direkt der italienischen Regierung unterstand. Der italienische Postminister, der von Armin Walpen und der PTT-Generaldirektion unter Druck gesetzt wurde, konnte den Gerichtsausgang locker zu unseren Ungunsten bestimmen. Dies würde das definitive Ende eines sehr kurzen Experiments bedeuten.

Mein italienischer Anwalt belehrte mich vorsichtig, dass meine letzte Chance darin bestehe, zusätzlich einen zivilen Richter ins Spiel zu bringen. Die einzige Möglichkeit dazu war, eine Straftat zu begehen. Dann müsse sich der zivile Richter mit «Radio 24» beschäftigen, und zwar grundsätzlich. Also liess ich durch zwei Mitarbeiter die Siegel vor dem Senderhaus auf dem Pizzo Groppera aufbrechen, den Sender wieder hochfahren und rief zu einer Demonstration auf dem Zürcher Bürkliplatz und vor dem italienischen Generalkonsulat auf.

Die Kundgebung mit Tausenden von Personen und lauten «Roger, Roger»-Rufen – die mir von vielen Journalisten bis auf den heutigen Tag immer wieder um die Ohren gefetzt werden – war nur der öffentliche Teil der Aktion. Einige Tage danach wurde die Wiederaufnahme des Sendebetriebs in Italien bemerkt und der Sender von Beamten wieder abgestellt. Man stellte einen Siegelbruch und damit einen Einbruch fest. Dies war ein Fall für den Zivilrichter in Chiavenna. Nach wenigen Wochen entschied dieser bestimmte Herr, wie von uns erhofft, dass der Sendebetrieb bis zum definitiven Prozess wieder aufgenommen werden könne.

Diese hektischen Wochen sind in einer 50-minütigen Reportage des Schweizer Fernsehens dokumentiert worden. Der begabte Filmjournalist Felix Karrer zeigte unter dem Titel «Gegenspieler – Das Duell am Pizzo Groppera» vor allem die zwei so unterschiedlichen Protagonisten dieses aussergewöhnlichen Machtkampfes um das Aufbrechen des staatlichen Radiomonopols. Von offener Feindschaft zwischen Armin Walpen und mir ist im Film nicht viel zu spüren. Auch in den heissesten Phasen dieses Kampfs ist es eher das Gefühl von Respekt vor der Rolle des anderen, was dominiert. Am Schluss des Films sitze ich deprimiert in meiner kleinen Wohnung – «Radio 24» war kurz zuvor geschlossen worden – und akzeptiere die Niederlage und den Sieg von Armin Walpen.

Doch dann war «Radio 24» wieder da, und Armin Walpen gab sich natürlich nicht geschlagen. Im Herbst kam überfallartig die nächste Schliessung, nachdem die PTT-Generaldirektion wieder in Rom vorstellig geworden war. Nochmals zogen wir vor Gericht, und auch dieses Mal erhielten wir nach einigen Wochen der Schliessung eine aufschiebende Wirkung. Das Ganze wiederholte sich ein drittes Mal. Schliesslich entschied das oberste italienische Gericht, die *Corte Costituzionale*, dass «Radio 24» nie illegal gesendet habe, sondern dass umgekehrt alle Aktionen gegen «Radio 24» illegal gewesen seien. Armin Walpen hat dies nie zur Kenntnis nehmen wollen. Auch später hat er immer wieder verbreitet, dass es sich klar um einen «illegalen Sender» gehandelt habe, was ein deutlicher Fingerzeig auf meinen wahren Charakter sei. Schliesslich sei er Medienjurist und Bundesbeamter zugleich, was Gewähr genug für Wahrhaftigkeit sei.

Der Richterspruch aus Rom war für mich eine späte Genugtuung, mehr nicht. Denn nach mehr als drei Jahren des Kampfes um den Pizzo Groppera hatte Bundesrat Leon Schlumpf – Armin Walpens neuer Departementsvorsteher – die RVO (Rundfunkverordnung) in Kraft gesetzt, die privates Radio in der Schweiz ermöglichen sollte. Auch «Radio 24» erhielt mit lautem Berner Zähneknirschen eine Konzession, weil man sich sichtlich vor neuen Demonstrationen fürchtete.

Im Vorfeld dieser Ereignisse war ich sehr überrascht, als mich mein Gegenspieler Armin Walpen aufforderte, Vorschläge für den Text dieser Verordnung einzureichen, da ich ja als Einziger konkrete Erfahrungen einbringen könne. Ich war geehrt und gerührt, legte mich sofort ins Zeug und schickte ihm meine Ideen. Die anschliessenden Gespräche zwischen uns verliefen erstaunlich ruhig, beinahe freundschaftlich.

Für mich war es leicht, auf Armin Walpen offen zuzugehen. Ich fühlte mich als Sieger dieses langen, gigantischen Kampfes. Die Schweiz erhielt 1983 vor Deutschland, Frankreich oder Österreich eine moderne, liberalisierte Radiolandschaft, und alle waren sich einig, dass dies nur dank der «Radio 24»-Herausforderung möglich geworden war. Und wir zogen quasi als Sieger vom Pizzo Groppera herunter auf den Üetliberg und mit unserem Studio ins Zentrum von Zürich an die Konradstrasse.

Armin Walpen hatte sich noch etwas Besonderes ausgedacht, um diesen lästigen «illegalen» Sender auf dem 3000 Meter hohen italienischen Berg ein für alle mal verstummen zu lassen. Als einziger Bewerber fand sich in unserer Konzession nämlich eine Bedingung: Nur wenn «Radio 24» spätestens einen Monat vor dem offiziellen Start der Lokalradios und von «DRS 3» seinen Sendebetrieb in Italien einstellte, sei die Konzession gültig – obwohl die Schweiz natürlich keine Verfügungsgewalt im Ausland besitzt. Ich überlegte, wie ich auf diesen Schritt meines Gegenspielers reagieren sollte. Da wollte einer noch schnell eine alte Rechnung mit mir begleichen, um zu beweisen, dass «Radio 24» eben doch illegal gesendet habe – und er daher im Recht gewesen sei. Das konnte ich nicht einfach zulassen. Daher verkaufte ich die gesamten Anlagen in Cernobbio und auf dem Pizzo Groppera an den «Pop»-Verleger Jürg Marquard, der vom 1. Oktober an unter dem Namen «Sound Radio» weiterhin Radio für die Schweiz produzierte.

Die neue Rundfunkverordnung mit all den neuen Lokalradios verlangte nach einer neuen Behörde und damit einem neuen Chef. Armin Walpen hatte sich durch seinen Kampf gegen «Radio 24» und durch seine anschliessende Mitarbeit am Verordnungstext als Einziger die dazu geforderten Kenntnisse zugelegt – und daher war seine Wahl nur eine Formsache. Er war nun der erste Vorsteher des neu gegründeten Radio- und Fernsehdienstes des EVED, wie dieser zaghafte Vorläufer des später gewaltig aufgeblähten Bundesamtes für Kommunikation Bakom benannt wurde.

In dieser neuen Funktion hatte er alle Lokalradios zu beaufsichtigen. Auch «Radio 24». Und damit auch mich. Nun besass er erstmals ganz offiziell, von Amtes wegen, die rechtlichen Mittel, mit denen er Sanktionen verhängen konnte. Auch gegen mich. Diese Rollenverteilung gefiel ihm ungemein, denn jetzt waren die Verhältnisse in seinen Augen endlich zurechtgerückt. Nun konnte der freche, forsche Aussenseiter nicht mehr gegen ihn, den gesalbten Vertreter der Staatsmacht, die entscheidenden Tore schiessen. Jetzt war er am Drücker, wie es sich eben gehörte.

Der Anfang des Lokalradios war sehr harzig. Die von Leon Schlumpf im Bundesrat vorgelegten und dort abgesegneten Einschränkungen erwiesen sich bald einmal als unpraktikabel und unsinnig. So durfte zu Beginn nur während maximal 30 Minuten Werbung am Tag gesendet werden – heute sind es zwölf Minuten pro Stunde. Beinahe noch schlimmer war, dass man das Sendegebiet halbierte. Diese Regelung wurde nach heftigen Interventionen der Verleger zum Schutz der geschriebenen Presse festgelegt. Einige Jahre später hatten sich diese beinahe alle wichtigen Lokalradios einverleibt und protestierten nun nicht mehr gegen liberale Bestimmungen.

Armin Walpen zeigte sich manchmal erstaunlich offen für unsere Argumente, um dann aber in einer Sitzung wieder plötzlich klar zu machen, wer denn hier der Chef von wem sei. Er sah sich jetzt nicht mehr als Gegenspieler, sondern als Vorgesetzter.

Im Laufe der nächsten Jahre bekam ich immer mehr den Eindruck, dass sich Armin Walpen zu langweilen begann. Die Diskussionen über Werbeverstösse wiederholten sich, ein Radio- und Fernsehgesetz war in weiter Ferne, und seine Karriere schien blockiert. Manchmal hatte ich das Gefühl, dass er eigentlich lieber auf unserer Seite gesessen hätte, auf derjenigen der aufstrebenden und recht erfolgreichen Radiomacher, und nicht auf dem Stuhl des mahnenden und bremsenden Radiobeamten. In jener Zeit trug er sein Haar ziemlich lang und trat nicht immer mit Krawatte auf. Einmal lud er mich gar zu einem Tennismatch in seinen Club ein, was uns die Gelegenheit gab, uns als Sportfreunde zu duzen. Er gewann das Spiel eindeutig und freute sich sichtlich darüber.

Trotzdem war ich überrascht, als er den Job wechselte. Im Herbst 1988 wurde er von «Tagi»-Chefredaktor Peter Studer zur Tages-Anzeiger AG geholt, um dort für den neuen Geschäftsbereich «Audiovisuelle Medien» verantwortlich zu sein. Ausgerechnet er also sollte für diesen grossen, potenten Verlag das Privatfernsehen in der Schweiz einführen. Ausgerechnet er mit seiner Pizzo-Groppera-Vergangenheit!

Wirtschaftlich war ich damals mit dem «Tages-Anzeiger» über mein Szeneblatt «Bonus» verbunden, das ich dort drucken und in die Zeitung beilegen liess. «Tagi»-Generaldirektor Rico Hächler fädelte sofort Sitzungen ein, bei denen die gemeinsamen Interessen koordiniert werden sollten, wie er meinte. So sass ich zum ersten Mal mit dem alten Gegenspieler und dem bisherigen mich beaufsichtigenden Chefbeamten am gleichen Tisch als potenzieller Partner. Wir beide bemühten uns um eine konstruktive Atmosphäre.

Die Gespräche kamen schnell ins Stocken. Die herrschende Rechtsordnung – massgeblich konzipiert von Armin Walpen – liess eben nur sehr wenig Spielraum für private Projekte. Auch die Ecken und Winkel, in denen er gesetzlichen Spielraum aufspüren wollte, wie er geheimnisvoll lächelnd erklärte, erwiesen sich nicht als ergiebig. Bald sahen wir uns nur noch an Branchenanlässen. Von seinen Aktivitäten hörte ich nichts mehr.

Dann wurden wir zu meiner Überraschung kurzfristig wieder zu Gegenspielern.

Ich sass wieder einmal in Rico Hächlers Büro, als er mir erzählte, dass er die Mehrheitsbeteiligung des Fernsehsenders «Eurosport» kaufen könne, der mehrsprachig europaweit über Sport berichtete und kurz vor dem definitivem wirtschaftlichen Aus war.

«Wer hat dir dies vorgeschlagen?», fragte ich erstaunt.

«Eingefädelt hat es Bruno Oetterli von der ‹Radiotele›. Sowohl Studer wie Walpen sind Feuer und Flamme. Sie meinen, wir sollen sofort zupacken. Der Sender ist ganz billig zu haben.»

«Und hast du eine Ahnung davon, wie viel ihr in den nächsten Jahren nachschiessen müsst?», fragte ich und legte ihm ungefragt meine Sicht von «Eurosport» dar. Er hörte mir aufmerksam zu.

«Also, dann rufe ich die beiden. Sag es ihnen doch selbst», meinte Rico.

Er ging zum Telefon und pfiff seine Chefs heran, so wie er es immer tat, wenn ihm danach war. Wenige Minuten später standen sie in seinem Büro.

Rico Hächler hörte zu, wie wir argumentierten. Immer deutlicher spürte ich, dass sowohl Peter Studer, der Walpen für teures Geld zum «Tages-Anzeiger» geholt hatte, als auch Armin Walpen selbst ihrem gemeinsamen Chef endlich etwas Zählbares vorweisen wollten.

«Rico, wirf doch das Geld direkt aus dem Fenster in die Sihl», kulminierte mein Vortrag schliesslich, «dann siehst du es länger, als wenn du es in ‹Eurosport› investierst.»

Mit dieser etwas kruden Bemerkung, die mir Rico Hächler noch während Jahren immer wieder grinsend in Erinnerung rief, war für ihn und für den «Tages-Anzeiger» das Traktandum «Eurosport» endgültig vom Tisch – und damit auch für Peter Studer und Armin Walpen. Die beiden zogen wie begossene Pudel ab.

Ich hatte wieder einen Sieg über meinen Gegenspieler errungen und einen seltsamen dazu. Denn diesmal waren keine Eigeninteressen von mir im Spiel. Ich hatte mich in etwas eingemischt, das mich eigentlich nichts anging. Erst viel später realisierte ich, dass Armin Walpen meine Intervention und mein Einfluss auf seinen Boss tief verletzt haben mussten.

Es war in seinen Augen wohl meine Schuld, dass sein einziges realistisches Projekt als Leiter der Abteilung «Audiovisuelle Medien» abgelehnt wurde – und mit diesem Entscheid war Armin Walpens berufliche Zeit in der real existierenden Welt der Privatwirtschaft praktisch zu Ende. Als er Zürich und den «Tages-Anzeiger» nach beinahe drei Jahren verliess, hinterliess er nicht die geringste Spur. Gerüchteweise hiess es nur, dass er eine sehr kleine Minderheitsbeteiligung beim Versuchsbetrieb von «Radio Liechtenstein» erworben hatte. Etwas Zählbares war nicht aufzuspüren.

Im Juli 1991 wechselte Walpen wieder in die Bundesverwaltung nach Bern. Während seiner fünfjährigen Tätigkeit als Generalsekretär von Arnold Koller sahen wir uns sehr wenig. Er war in einem anderen Bereich und dort eher im Hintergrund tätig. Er führte das Departement, wie man in Bern vernehmen konnte, zackig und mit starker Hand. Hier konnte er seine juristische Kompetenz und seinen nach wie vor starken Ehrgeiz hervorragend ausleben. Sein Chef, der zuvor an der Hochschule St. Gallen mein Professor gewesen war, liess ihm durch seine charmante, eher nachsichtige Art viel Spielraum. Und ich dachte mir, dass sich unsere Wege nun endgültig getrennt hätten.

Und dann war er im Herbst 1996 plötzlich Generaldirektor der SRG, nachdem er im von Politikern dominierten Gremium den schillernden SRG-Forschungsleiter Matthias Steinmann im Schlussgang ausgestochen hatte. Der CVP-Mann Armin Walpen hatte offenbar seine Zeit im Bannkreis des Bundesrats genutzt, um sich in Position für höhere Würden zu bringen, und dieses Networking zahlte sich nun aus. Seine Wahl wurde denn auch als «politischer Kompromiss» interpretiert, so wie es die Wahl in dieses Gremium, bei dem der Bundesrat beinahe die Hälfte aller Mitglieder direkt bestimmt, schon immer gewesen ist. So funktioniert eben ein Staatsfernsehen.

Ich rieb mir die Augen. Armin Walpen präsentierte sich in der Presse als jemand, der «nach 17 Jahren im Mediengeschäft nicht völlig unbefleckt» sei – und niemand widersprach. Mediengeschäft? Was meinte er wohl damit? Der Startpunkt war klar. 17 Jahre zuvor hatte er damit begonnen, «Radio 24» zu verhindern. Dann hatte er die Einhaltung der Rundfunkverordnung überwacht, bevor er beim «Tages-Anzeiger» ohne jede Fortune ein privates Fernsehen auf die Beine stellen wollte. Schliesslich war er fünf Jahre lang der Adjutant des Justizministers. Waren das die 17 Jahre im Mediengeschäft und die Qualifikation für die Führung des grössten Medienunternehmens im Land?

Ich gratulierte meinem alten Gegenspieler Armin Walpen zu seiner Wahl und bot ihm eine Revanche auf dem Tennisplatz an. Wir waren nun wirklich wieder im gleichen Fischteich tätig, schrieb ich ihm, da würde es Sinn machen, korrekte Verhältnisse herzustellen.

Unsere ersten Begegnungen waren denn auch recht freundschaftlich. Wir trafen uns an Branchenanlässen oder bei Sitzungen in seinem neuen Büro im Hochhaus an der Giacomettistrasse in Bern, wo wir über die künftige Medienordnung sprachen und nach Punkten suchten, in denen zwischen der SRG und den Privaten kein Interessenkonflikt bestand. Ein gemeinsames Problem sei die unsägliche Praktik des Bakom in Bezug auf die Werberegeln, schlug Armin Walpen vor. Und zu diesem Thema hatte er eine überraschende Idee.

So unterschrieben auf seinen Vorschlag hin die Chefs von SRG, «TV3» und «Tele 24» einen gemeinsamen Brief ans Bakom, in dem wir unsere Anliegen wegen der engstirnigen Werbepraxis vorbrachten und um einen Besprechungstermin in Biel baten.

Dies genoss ich nun wirklich. Jahrelang hatte ich mich mit dem Beamten Armin Walpen herumschlagen müssen. Jetzt brauchte er mich offensichtlich, um mit mehr Power gegen seine Nachfolger aufzutreten. Die Szene im Hotel Elite in Biel, wo wir vor der Sitzung zusammen zu Mittag assen, hatte für mich beinahe etwas Bizarres. Armin Walpen brauchte gegenüber Jürg Wildberger und mir die genau gleichen Vokabeln über die Chefbeamten im Bakom, die wir jahrelang über ihn und seine Mannen benutzt hatten. Engstirnig. Kurzsichtig. Unprofessionell. Unflexibel.

«Für uns ist dies alles noch viel schlimmer», sagte ich schliesslich. «Wir leben im Gegensatz zu euch allein von der Werbung.»

Armin Walpen wechselte schnell das Thema. Dies war nicht etwas, das er besprechen wollte.

Immer mehr erkannte er, dass sein nächster grosser Kampf bevorstand: der Kampf um die Erhaltung des Gebührenmonopols der SRG im Rahmen der Revision des Radio- und Fernsehgesetzes. Und wieder wurde ausgerechnet ich mit meiner lauten Forderung nach dessen Abschaffung zu seinem direkten Gegenspieler. Diesmal würde er sich durchsetzen, anders als damals, beim Duell am Pizzo Groppera. Diesmal hatte er dazu die Mittel, wie sich zeigen sollte.

Daher erfand er «SRG SSR Idée Suisse» als Marketing-Instrument, weil er erkannt hatte, dass er etwas Stärkeres brauchte als den schwammigen Begriff des Service public. Die Programmfragen überliess er weitgehend seinen Programmdirektoren, vor allem Peter Schellenberg, der ihn dank seinem Informationsvorsprung hervorragend steuern konnte. Armin Walpen hingegen konzentrierte sich auf jenen Bereich, in dem er sich stark und kompetent fühlte: den politischen. Hier benutzte er auch hemdsärmlige Methoden zur Sicherung der privilegierten Stellung der SRG, wie ich detailliert im zweiten Teil dieses Buches (Seite 206) ausführen werde.

Der Job des Generaldirektors begann Armin Walpen immer stärker zu verändern. Am Anfang seiner Amtszeit war er oft mit dem Tram zur Arbeit gefahren. Nun stand scheinbar rund um die Uhr eine schwarze Mercedes-Limousine mit Chauffeur für ihn bereit. Bei allen grossen Events des Landes, die in ihrer Mehrzahl von der SRG mitgesponsert werden, setzte er sich auf die für ihn reservierten besten Logenplätze. Besonders pflegte und genoss er den direkten Zugang zum Bundesrat. Und er sorgte dafür, dass sich sein Gehalt inklusive Bonus massiv erhöhte. Die «Weltwoche» schrieb, dass er seine Bezüge gegenüber seinem Vorgänger beinahe verdoppelt habe, abgesegnet von den schwächlichen Führungsinstanzen der Trägerschaft.

Er kreuzte nun regelmässig beim Tennisturnier in Gstaad im Hotel Palace auf, wo er mit seinem neuen Geschäftspartner Michael Ringier von «Presse-TV» Doppel spielte, um so die medienpolitische Allianz sportlich zu vertiefen. Meinen Vorschlag für eine Partie nahm er zweimal an – und zweimal krebste er mit irgendeiner Ausrede im letzten Augenblick zurück. Wahrscheinlich fühlte er sich nun in Gefilden, in denen er sich nicht einer möglichen Niederlage gegen einen Widersacher aussetzen wollte, den er weit hinter sich gelassen hatte.

Er wurde nun zunehmend grob, selbstherrlich und auch zynisch. Über das Privatfernsehen gab er einem Interviewer zu Protokoll, dass es in der Schweiz offenbar ein Menschenrecht sei, mit Fernsehen Geld verlieren zu dürfen.

Je mehr sich «Tele 24» journalistisch etablierte und die SRG bei wichtigen Ereignissen ernsthaft konkurrierte – Sturm «Lothar», Zug, Swissair –, desto gehässiger wurde Armin Walpens Ton mir gegenüber. An einem Podiumsgespräch pöbelte er offen gegen mich.

«Du bisch en tumme Plauderi», warf er mir vor einem Publikum von Medienexperten entgegen. Er sei der Fachmann, ich hingegen wisse nicht, wie man erfolgreiches Fernsehen mache. Gleiches erklärte er in länglichen Eskapaden seinem Kader, vor dem er selbst in wichtigen Sitzungen ausführlich und sehr persönlich über mich herzog.

Kurz vor der letzten Sendung von «Tele 24» sagte er in einem Interview gegenüber «Facts»:

Bei einem Millionen-Publikum hätte er die 30 Millionen Franken problemlos eingenommen, die nach seinen Aussagen für den Betrieb des Senders nötig gewesen wären. Sofern dieser Betrag überhaupt den Tatsachen entspricht. Schawinski veröffentlicht ja kaum je Zahlen. Ich bin immer wieder erstaunt, wie wenig Schawinskis Behauptungen von den Journalisten überprüft werden.

«Facts»: Schawinski gilt in der Bevölkerung als Medienpionier mit grosser Popularität.

Walpen: Beim Radio trifft die Qualifizierung Pionier ja auch zu, nicht aber beim Fernsehen. Er hat weder die Art des Fernsehmachens generell noch das Schweizer Fernsehen DRS beeinflusst. Das geringe Zuschaueraufkommen bei seinem Sender ist beredtes Zeugnis dafür.

So sah er mich also, so stellte er mich nun dar: als Lügner und Versager. Und da stand ich nun Ende November 2001 vor ihm, im Holländerturm in Bern, und sollte auf seine Bemerkung, ich hätte mein Medium schamlos zu eigenen Zwecken missbraucht, eine Antwort geben.

Ein ganzer Film lief in diesen Sekunden in mir ab. Seit dem Duell am Pizzo Groppera hat Armin Walpen nicht einen einzigen Tag an einem Job ohne Pensionsberechtigung gearbeitet. Er hat keinen einzigen Franken eigenes Geld riskiert. Er hat keine einzige Stelle selbst geschaffen, keine einzige Sendung moderiert oder erfunden. Und doch wurde er, ausgestattet mit einem höheren Salär als ein Bundesrat, einem Chauffeur mit zugehöriger Mercedes-Limousine und vielen anderen schönen, teuren Extras, der uneingeschränkte Herr des einzigen Schweizer Fernsehens und damit der offensichtliche Sieger des Systems.

Und ich sah mich selbst durch seine Augen: seinen Gegenspieler, den er wohl endgültig besiegt hatte und den er deshalb locker öffentlich abkanzeln und ungestraft schlecht reden konnte.

Ich blieb ihm damals eine Antwort schuldig. Sie hätte nur flapsig oder bitter ausfallen können. Nein, da gab es noch mehr zu sagen, viel mehr.

Denn diesen zweiten Kampf ums SRG-Monopol darf Armin Walpen ebenso wenig gewinnen wie damals das Duell am Pizzo Groppera.

Beinahe 25 Jahre danach wird sich die Schweizer Medienzukunft wieder entscheiden, und auch diesmal haben wir beide eine wichtige Rolle zu spielen – auch wenn ich bereits geglaubt hatte, die Sache würde mich nichts mehr angehen, da mein Part nun definitiv zu Ende sei.

In diesem Augenblick begann der Gedanke zu wachsen, dieses Buch zu schreiben. Ich musste die Geschichte des Aufstiegs und des viel zu frühen Falls des Schweizer Privatfernsehens aus meiner subjektiven Sicht heraus erzählen.

Noch hat Armin Walpen nicht gesiegt. Noch ist das inländische TV-Monopol keine unverrückbare Tatsache. Noch kann das Schlimmste verhindert werden. Doch jetzt muss schnell begriffen werden, worum es geht und wie man sich verhalten könnte. Es geht um viel Entscheidendes. Um Informationsvielfalt und Meinungsfreiheit im wichtigsten Medium unserer Zeit. Und um die Zukunft.

Diesem Thema wende ich mich nun zu.

Teil II

Endstation Monopol?

Der Sendeschluss für «Tele 24» und «TV3» kam beinahe zeitgleich kurz vor Ende des Jahres 2001. Und damit war die Schweizer Fernsehwelt für einige der wichtigsten Medien-Player wieder in Ordnung. So sah sich Bundesrat Moritz Leuenberger durch diese Ereignisse als Medienexperte bestätigt. Er habe die Initianten davor gewarnt, ins Fernsehgeschäft einzusteigen, verkündete er sichtlich erleichtert in jedes Mikrofon, und nun habe er Recht erhalten. Eine eigene Verantwortung für diese Entwicklung sehe er deshalb nicht. Auch bei den Verantwortlichen der SRG war es mehr als klammheimliche Freude, die in allen Stellungnahmen durchschimmerte. Nach der heftigen Kritik der letzten Monate stand man jetzt als klarer Sieger da, und die zum Teil doch etwas lästige Konkurrenz war definitiv vom Platz gefegt.

Musste das nationale Privatfernsehen zwangsläufig so enden? Gab es wirklich keine echte Chance, das Inlandmonopol der SRG im wichtigsten und damit entscheidenden Sprachgebiet des Landes zu knacken? Die Beantwortung dieser Frage ist nicht allein von mediengeschichtlicher Bedeutung. Sie führt nämlich schnurgerade zur Beurteilung der möglichen Schweizer TV-Zukunft. Eine grundlegende Analyse der jüngeren Vergangenheit ist im Vorfeld des neuen Radio- und Fernsehgesetzes deshalb besonders relevant. Sie allein kann die Wegmarken für eine optimale künftige TV-Landschaft liefern.

Deshalb werde ich an dieser Stelle nun ziemlich grundsätzlich.

Seit Mitte der achtziger Jahre hat die SRG ihre Glaubenssätze unverändert wiederholt, bis sie auch von unbeteiligten Dritten problemlos heruntergebetet werden konnten: Die Schweiz ist ein kleiner Markt, der zudem auf drei Sprachregionen aufgesplittert ist. Fernsehen ist ein teures Medium. Die SRG produziert kostengünstiger als die ausländische Konkurrenz. Aus diesem Grund gibt es nur die Möglichkeit, dieses eine Fernsehen zu schützen und zu hegen, sonst läuft man Gefahr, es zu verlieren. Dieses eine Fernsehen kann nur die SRG mit ihrem einzigartigen

Auftrag des Service public in allen Sprachregionen sein. Ein starkes, privates Fernsehen wäre für die SRG gefährlich und sollte deshalb nicht mit einer gezielten Unterstützung ermöglicht werden.

Nicht nur die SRG-Hierarchen verbreiten diese Botschaft. Zu Beginn der neunziger Jahre liessen sie sogar den damaligen RTL-Chef Helmut Thoma einfliegen, der dasselbe verkündete. Es beeindruckte Schweizer Politiker ungemein, dass ausgerechnet der Leiter des grössten kommerziellen Fernsehens Europas diese Monopol-Theorie vertrat. Dies half mit, die rechtliche Privilegierung der SRG zu verlängern – und Thoma konnte kurz darauf mit dem RTL-Werbefenster besonders mühe- und risikolos viele Millionen Schweizer Werbefranken in seine Kasse spülen, worüber er sich ausgiebig wunderte.

Als jüngstes der grossen Medien wurde in Europa das Fernsehen unter der direkten Kontrolle des Staates eingeführt. Je mehr es an politischer und publizistischer Bedeutung gewann, desto stärker wurden die Forderungen, das Fernsehen demokratischen Prinzipien zu unterstellen. Zu diesem Zweck wurde der Begriff «Binnenpluralismus» erfunden, das heisst, man rechtfertigte das Monopol mit dem Hinweis, dass alle relevanten gesellschaftlichen Kräfte innerhalb der einen nationalen TV-Anstalt vertreten sein würden.

Zuerst führte dies in vielen Ländern zu einer völlig Politisierung des Fernsehens. Dann, als der «Binnenpluralismus» als eine lähmende, ineffiziente Pfründewirtschaft entlarvt wurde, kam es zum Ruf nach einer Vielfalt von Sendern, die zueinander in Konkurrenz zu stehen hatten. Auf diese Weise würden die demokratischen Prinzipien, welche für die Presse als «Bannwald der Demokratie» immer stolz beschworen werden, auf das immer wichtigere Medium Fernsehen übertragen. Und so entstanden in den meisten Ländern Europas «duale Fernsehlandschaften», das heisst ein Wettbewerb zwischen öffentlich-rechtlichen und privaten Sendern.

Nicht aber in der Schweiz. Denn in der Schweiz, dem Lande, in dem wie sonst nirgends die Kartelle und Monopole blühen, gab es ein Monopol, das einen einzigartigen Vorteil gegenüber all den vielen anderen Monopolen besass: Es hatte das einzige Fernsehen des Landes zur Verfügung, das es direkt in eigener Sache einsetzen konnte. Und ausserdem hatte es viele, viele Millionen, die es zu deren Erhaltung ausgeben durfte, Millionen, die man kommoderweise nicht einmal selbst verdienen musste.

Unter der jahrzehntelangen *cohabitation* von CVP (ganz oben) und SP (direkt darunter) war die SRG schon immer ideologisch klar gegen jede ernsthafte Liberalisierung geeicht, und das änderte sich auch in den neunziger Jahren kaum. Wenig Monopolisten verzichten freiwillig auf das, was man in der Ökonomie die «Monopolrente» nennt – also eine klare, nicht selbst erwirtschaftete Bevorzugung durch die Ausschaltung von echter Konkurrenz. Und auf dieses eine Monopol traf dies besonders zu. Denn zusätzlich zu den rationalen Reflexen kamen persönliche Elemente ins Spiel: Freundschaften, Feindschaften, Abrechnungen und Schulterschlüsse, von denen einige in aller Öffentlichkeit ausgetragen wurden. Dies verschärften die objektiv grossen Interessenkonflikte ins Stratosphärische. Einige dieser Ego-Konflikte habe ich in diesem Buch beschrieben.

Deshalb lohnt sich an dieser Stelle nochmals ein Blick auf die wichtigsten Medien-Player der Schweiz und die Rollen, die sie im Verlauf der letzten Jahre in diesem Theater übernommen haben.

Da sind einmal die grossen Verleger der grossen Verlage. In den meisten Ländern waren sie es, die sich aus wirtschaftlichen Gründen für die Einführung des Privatfernsehens einsetzten. In der Schweiz war dies anders. Bereits beim Privatradio waren die Verleger zuerst als Bremser aufgetreten, da sie es als Bedrohung für ihre regionalen Vormachtstellungen einschätzten. Erst als sich das Privatradio nicht mehr verhindern liess, änderten sie ihre Taktik und taten alles, um sich die wichtigsten Radios zu sichern, was ihnen auch nach und nach gelang.

Beim Fernsehen war die Zurückhaltung noch ausgeprägter, da die Risiken hier eindeutig grösser sind. Nur wenn sich die grossen Verleger mit all ihrer publizistischen und politischen Macht für verbesserte rechtliche Bedingungen eingesetzt hätten, wären die Erfolgschancen gestiegen. Doch in der Schweiz machte sich kein Verleger für eine solche Lösung stark. Man wäre in eine direkte Konfrontation mit der SRG getreten, und davor schienen sich alle zu fürchten. Und dann glaubte man auch den Kassandrarufen der SRG-Hierarchen.

Als dann die SRG den Verlagen Ringier, NZZ und «Basler Zeitung» den «Presse TV»-Deal anbot, mit dem diese mit dem Geld der SRG und ohne eigenes wirtschaftliches Risiko Fernsehen machen durften, war die Sache gelaufen. Nun war eine starke Lobby für privates Fernsehen nicht mehr denkbar. Mit 12 Millionen Franken aus dem Gebührentopf (das ist gerade ein einziges Prozent der Gesamtgebühreneinnahmen) kaufte sich die SRG so nicht bloss einige Sendungen, die sie für dasselbe Geld auch hätte selbst produzieren können, sondern sie sicherte sich die Loyalität der Grossverlage im Kampf ums Gebührenmonopol. Dieses klare, politisch-wirtschaftliche Geschäft ist auch heute noch der Eckpfeiler der SRG-Strategie, das sie kaum mehr als einen Pappenstiel kostet. Umgekehrt ist es erstaunlich, wie billig sich die wichtigsten Verlage im Land abspeisen lassen.

Ringier wäre mit seiner Marktstellung und seinen Boulevardblättern in der klaren *pole position* für das private Fernsehen in der Schweiz gewesen. Doch *Michael Ringier* zuckte unter den Einflüsterungen von Frank A. Meyer immer wieder zurück, wenn es darum gehen sollte, sich mit der SRG anzulegen, um grössere Mittel für ein eigenes nationales Fernsehen einzusetzen. *Frank A. Meyers* wohl einzige historische Leistung ist es, mit seiner Beeinflussung von Michael Ringier mehr zur Verhinderung des Privatfernsehens getan zu haben als jeder andere im Land.

Die Tamedia unter CEO *Michel Favre* hatte während vieler Jahre keine nationale Fernsehstrategie, um dann in der fiebrigen Aufbruchstimmung der *New-Economy*-Welt auf ein eigenes «Vollprogramm» zu setzen, das zu teuer, zu spät und zu wenig durchdacht lanciert wurde.

Hugo Bütlers «NZZ» wollte in der Schweiz und in Deutschland ohne Investitionen Fernsehen machen, nicht um einen neuen Geschäftszweig aufzubauen, sondern um die eigene Nobelmarke möglichst kostenlos zu bewerben – und es gelang ihr in beiden Ländern gleichzeitig, sich diese Werbeflächen mit quasiöffentlichen Geldern finanzieren zu lassen.

Und die *«Basler Zeitung»* war froh, bei «Presse TV» mittun zu können, wo man nicht selbst in die Tasche greifen musste, um das Image der «Bilanz» («Bilanz Talk») und von Basel («Café Bâle»), das unter der Dominanz des Medienplatzes Zürich zu leiden hat, schweizweit zu verbessern.

Damit waren als Promotoren des Privatfernsehens alle der *usual suspects* ausgefallen. Und somit war zu meiner eigenen Überraschung *Roger Schawinski* derjenige, der nach dem Privatradio und dem Lokalfernsehen als Erster das SRG-Inlandmonopol aufzuknacken versuchte.

Zwar war ich mit meinem Projekt recht flink und beweglich. Doch ohne Medienpower, ohne *cross-promotion*, ohne starke politische Lobby und ohne ganz tiefe finanzielle Taschen war ich eigentlich völlig ungeeignet, um allein die televisionäre Zeitenwende zu bewerkstelligen. Beim Radio war das noch gegangen, denn beim

«Radio sind die Personen wichtig, beim Fernsehen ist es das Geld», hatte mir Helmut Thoma von RTL einmal erklärt, was ich offenbar erfolgreich verdrängt haben muss.

In keinem europäischen Land ist das Privatfernsehen erfolgreich eingeführt worden, wenn sich nicht starke politische und wirtschaftliche Kräfte dafür engagiert haben. In der Schweiz ist dies aus den geschilderten Gründen nicht geschehen. «Tele 24» konnte so höchstens ein Nischenplayer auf Zeit werden, der sich vorsichtig tastend vorwärts bewegte, immer in der Hoffnung, dass sich die rechtlichen Bedingungen durch den gelieferten «Tatbeweis» des Zuschauererfolgs verbessern liessen. Natürlich geschah dies unter diesen Umständen nicht.

Die Schwäche der Seite der potenziellen TV-Veranstalter war deshalb besonders fatal, weil auf der anderen Seite mit viel grösserem Engagement gekämpft wurde. Besonders nach den Amtsantritten von Medienminister Moritz Leuenberger (1995) und SRG-Generaldirektor Armin Walpen (1996) wurde der Kampf für die Erhaltung des Gebührenmonopols und damit gegen das Privatfernsehen zur absoluten Priorität erklärt.

Da war zuerst einmal *TV-Direktor Peter Schellenberg,* der mit intensivster persönlicher Abneigung zuerst alle Aktivitäten innerhalb der SRG und dann auch ausserhalb bekämpfte, die seine Position als einzigen (und damit besten) Fernsehdirektor im Lande hätten gefährden können.

Schellenberg stachelte den ihm vor die Nase gesetzten *Armin Walpen* zusätzlich an. Der Kampf für das Gebührenmonopol wurde so zum bedingungslosen Glaubenskrieg für Walpen, der sich beim «Tages-Anzeiger», wie wir gesehen haben, zehn Jahre zuvor erfolglos um die Gründung des ersten privaten Fernsehens bemüht hatte.

Diese personelle Verteilung der Rollen im TV-Poker konnte also nur ein Ergebnis bringen: eine ungefährdete SRG, die sich ihr Inlandmonopol zurückeroberte, nachdem die zwei ambitiösen Projekte einen frühen Tod gestorben waren. Der kümmerliche Überrest der privaten Schweizer TV-Landschaft besteht bloss noch aus «Star TV» und «Swizz» mit ihren Video-Clips, etwas Klamauk und sehr viel Porno. Dies ist eine Entwicklung, mit denen alle Monopolanhänger – von Moritz Leuenberger bis Peter Schellenberg – offenbar problemlos leben können. Dies ist ihnen viel lieber als eine journalistische Konkurrenz der SRG. Und Bakom-Chef Marc Furrer schwärmt trotz dieses desolaten Resultats der von ihm seit vielen Jahren verwalteten Medienpolitik von «publizistischem Wettbewerb», in dem sich öffentliche und private Sender «gegenseitig zu fruchtbarer Entwicklung stimulieren» – was bei näherer Betrachtung nur noch zynisch ist.

Wie fatal der Wechsel im Amt des Medienministers vom marktorientierten Dölf Ogi zum etatistischen *Moritz Leuenberger* sein würde, zeigte sich erst allmählich. Die Liberalisierungswelle hatte Mitte der neunziger Jahre vor allem die Telekommunikation erfasst, und Moritz Leuenbergers Departement beeilte sich, 1998 ein neues Gesetz fristgerecht in Kraft setzen zu lassen. Doch damit hatte man nicht eine dem Zeitgeist entsprechende grundsätzlich neue Politikausrichtung forciert, sondern war bloss den Forderungen der EU sowie dem gewaltigen wirtschaftlichen Druck begegnet, hinter dem Milliardeninteressen standen.

All dies fehlte im Fernsehbereich. Hier gab es weder eine mächtige wirtschaftliche Lobby, die auf eine Revision drängte, noch galt es, europäische politische Vorgaben zu beachten. Und so konnte Moritz Leuenberger seinen tief sitzenden Glauben an die segensreiche Wirkung des SRG-Monopols locker umsetzen. Zuerst schob er den Termin für ein neues Gesetz immer weiter hinaus, da die SRG mit dem Status quo sehr zufrieden ist. Und dann, als sich niemand dagegen zur Wehr setzte, liess er einen Gesetzesentwurf in die Vernehmlassung geben, welcher die grundsätzlichen Bedingungen nicht ändern sollte, die er am Ende von «Tele 24» so formulierte: Der Bundesrat ist vor allem an einer starken SRG interessiert. Punkt. Nein, Ausrufezeichen. Dies war eine klare Ohrfeige an alle, die das frühere Bekenntnis für eine «duale Fernsehlandschaft» ernst genommen hatten.

Von diesem System profitieren die meisten der Beteiligten. Es geht dabei nicht allein um Geld. Ebenso wichtig ist eine andere Ebene: die publizistische. Ein Beispiel dafür war der Fall Borer.

Die «Rundschau» des Schweizer Fernsehens wollte zur Ringier-Borer-Geschichte am 1. Mai 2002 einen Beitrag ausstrahlen, in dem mit eindrücklichen Aufnahmen gezeigt wurde, dass das entscheidende Botschaftsbild mit grösster Wahrscheinlichkeit gefälscht war. Dieser Beitrag wäre für das bereits damals arg lädierte Image von Ringier von verheerender Wirkung gewesen.

Bei Ringier hörte man davon. Da rief Bernhard Weissberg, publizistischer Leiter von Ringier, direkt SRG-Generaldirektor Armin Walpen an und forderte ihn auf, den Beitrag nicht auszustrahlen. Die guten Beziehungen zwischen Ringier und der SRG via «Presse-TV» machten eine solche ungewöhnliche Intervention offenbar möglich.

Armin Walpen verwahrte sich nicht gegen diesen Eingriff, sondern rief Ueli Haldimann an, der damals gleichzeitig Chef der «Rundschau» und interimistischer Chefredaktor war. Er warnte ihn davor – ohne den Beitrag gesehen zu haben, also ohne zu wissen, ob irgendwelche journalistische Mängel bestanden –, dass man sich bei einer Ausstrahlung juristischen Problemen aussetzen würde.

Und Haldimann nahm in einer beispiellosen Aktion, zwei Stunden vor Sendung und gegen den Willen der Redaktion, den Beitrag aus dem Programm. Er erklärte seinen Journalisten, dass er als «Rundschau»-Chef den Beitrag gebracht hätte – das heisst aus journalistischen Gründen. Als interimistischer Chefredaktor müsse er ihn aber absetzen – das heisst aus politischer Sichtweise. Wenige Wochen später wurde Haldimann, wohl auch weil er Walpen und Schellenberg seine Zuverlässigkeit bewiesen hatte, einstimmig zum neuen Chefredaktor gewählt.

Was zeigt uns dieser bisher nie bekannt gewordene Fall? Das heutige Konstrukt ermöglicht eine krasse Verletzung journalistischer Grundsätze im Monopolmedium. Im Notfall greift der Generaldirektor der SRG unter Ausschaltung der Hierarchie direkt ein, um einen Beitrag abzuwürgen. Er weiss, dass er damit durchkommt, da seine Untergebenen sich den «politischen Argumenten» nicht verschliessen werden. Er tut dies zur Erhaltung der Freundschaft unter Geschäftspartnern und damit zur Sicherung des Monopols. Er weiss, dass es kein anderes Fernsehen gibt, das diese von ihm zensurierten Filmbilder landesweit ausstrahlen könnte. Und er ist sicher, dass die sonst hart recherchierenden Journalisten des grössten Medienkonzerns über diesen Tatbestand nichts berichten werden, so wie sie in der Causa Schellenberg vs. Leutenegger automatisch die Position des SRG-Hierarchen übernahmen und so den Sturz des beliebten Fernsehmannes beschleunigten.

So wäscht eine Hand die andere.

Zumindest der Gedanke sei erlaubt, ob das Schweizer Medientheater mit anderen Hauptdarstellern eine andere Wendung genommen hätte oder ob es sich um eine unabdingbare Entwicklung gehandelt hat.

Ich bin der festen Meinung, dass es sich nicht zwangsläufig so hätte abspielen müssen. Mit anderen, tatkräftigeren Grossverlegern, mit einem liberalen Medienminister, mit offenen SRG-Hierarchien, wo der Blick über den eigenen Tellerrand hinaus möglich wäre, wäre ein besserer Ablauf möglich gewesen.

Wenn bereits 1983 der Startschuss gegeben worden wäre, hätten sich die Chancen massiv verbessert. Wenn man dann beinahe ein Jahrzehnt später das Radio- und Fernsehgesetz 1992 nicht bloss halbherzig formuliert hätte, wäre das *window of opportunity* noch recht weit offen gestanden.

Mit einem Wort: Wenn starke, weitsichtige Kräfte es gewollt und sich tatkräftig dafür eingesetzt hätten, wäre eine liberale TV-Landschaft möglich geworden.

Wäre. Hätte. Wenn, wenn, wenn. Jedes Land hat die Medien-Player, die es verdient. So war es bisher, so wird es auch in Zukunft sein. Die Frage ist nur, ob wir aus den Entwicklungen der letzten Jahre etwas Wichtiges gelernt haben. Es gilt seriös abzuklären, ob es heute unter den Beschränkungen des viel beschworenen kleinen, vielsprachigen Marktes Schweiz keine Chancen für eine lebendigere, offenere Fernsehszene geben kann. Dieser Frage will ich mich jetzt zuwenden.

Kurz nach dem Ende von «Tele 24» und «TV3» und (angeblich) aufgrund einer sehr widersprüchlichen Vernehmlassung wurde der Entwurf modifiziert, um die grundlegenden Bedürfnisse der SRG noch unangreifbarer zu machen. In diesem neuen Vorschlag werden den regionalen TV-Stationen Gebührengelder in Aussicht gestellt. Damit macht sich Moritz Leuenberger die künftigen Nutzniesser dieser Lösung zu Verbündeten. Es sind dies einige der grössten Zeitungsverlage der Schweiz wie Tamedia, Mittelland-Zeitung, Berner Zeitung und NZZ, die inzwischen die grössten regionalen TV-Stationen betreiben. Bereits zuvor hat man via «Presse-TV» die Grossverlage Ringier, NZZ und Basler Zeitung finanziell abgefunden.

Dies war ein kluger Schachzug: Da sich in der politischen Ausmarchung jedermann zuerst fürs eigene Konto interessiert, wird sich nun niemand mehr ernsthaft für eine ähnliche Besserstellung für eine private nationale TV-Station einsetzen. Das SRG-Inlandmonopol kann so auf eine sehr, sehr lange Zeit gesichert werden, zur grenzenlosen Befriedigung von Schellenberg, Walpen, Leuenberger & Co.

Für eine vielfältige Medienlandschaft braucht es neben dem politischen Willen vor allem auch die wirtschaftlichen Grundlagen. Diese können in unterschiedlicher Weise geschaffen werden.

In England etwa entschied man, dass die BBC alle Konzessionsgebühren erhalten soll, aber keine Werbung senden darf. Umgekehrt bleibt die gesamte Werbung bei den Privaten. So entstand eine lebendige, duale Fernsehlandschaft. In Deutschland privilegierte man die Privaten krass im Werbebereich, um ihnen so eine Chance gegen ARD und ZDF zu verschaffen. Diese können alle Gebühren behalten, dürfen jedoch nur bis 20 Uhr Werbung senden. So gehen über 90 Prozent der gesamten Werbeeinnahmen zu den Privaten. Auch hier teilten sich nach einigen Jahren die Privaten und die Öffentlich-Rechtlichen den Markt zu etwa gleichen Teilen.

In Italien kontrolliert Berlusconi alle drei grossen Privatsender des Landes und baute so gegen die drei Sender der RAI eine gewaltige Marktmacht auf (und einiges dazu). In Frankreich wurde der führende Sender TF 1 privatisiert und konnte aus dieser privilegierten Position heraus gegen die gebührenfinanzierten Sender mithalten.

In der Schweiz wären all diese Modelle untauglich. Denn die kleine Schweiz hat einen zusätzlichen schwerwiegenden Nachteil: den fehlenden Sprachenschutz. Die ausländischen deutschsprachigen Stationen erreichen seit vielen Jahren ein grösseres Publikum in der Schweiz als die einheimische SRG – eine absolut anormale Situation. Ähnlich ist die Situation in den anderen Landesteilen. Vergleichbares gibt es in anderen Ländern nicht.

Lassen sich private Fernsehsender allein durch Werbung finanzierten? Das ist, wie oben ausgeführt, in England möglich, wo die BBC keine Werbung senden darf. Es war lange so in Deutschland, weil dies der grösste Markt Europas ist. Die TV-Pleiten der jüngsten Zeit beweisen, dass dieses Modell aber auch dort nur in einem wachsenden Werbeumfeld optimal funktioniert. In einer Rezession, wie sie im Jahr 2001 begonnen und sich jetzt verstärkt fortgesetzt hat, gerät dieses System ins Wanken.

Deshalb beginnen die deutschen Privatstationen, einen zweiten Einnahmestrom zu fordern. Sie wollen nun, ähnlich wie in den USA, Abgaben der Kabelgesellschaften für das gelieferte Programm. Im grössten Fernsehmarkt der Welt sichert nämlich allein dieser zweite grosse Einnahmestrom das wirtschaftliche Überleben der meisten Privatsender.

Das bedeutet aber, dass die einseitige Finanzierung über Werbung nicht die Regel für Privatsender ist, wie gemeinhin angenommen wird, sondern die Ausnahme. Nur wenn optimale Bedingungen herrschen – und die gibt es in der Schweiz eben nicht –, ist es möglich. Das Staunen des Fernsehexperten Kurt Felix in der «Schweizer Illustrierten» über die blühende private Fernsehszene in Norwegen, die so anders sei als die Schweiz, kann deshalb mit zwei Begriffen beendet werden: Ein klarer Sprachenschutz und ein Werbeverbot für das staatliche Fernsehen machens dort möglich.

Die Bedingungen in unserem Land sind völlig anders, und nur ein Teil von ihnen lässt sich verändern. *In der Schweiz kann sich ein Fernsehen nicht allein mit Werbung finanzieren.* Dies ist ein ganz, ganz wichtiger Satz, den ich in den letzten Jahren zu meinem Leidwesen immer deutlicher verinnerlichen musste: In der Schweiz lässt sich ein Fernsehen nicht allein mit Werbung finanzieren.

Diese Aussage will ich nun belegen, und zwar mit Zahlen.

Als Basis unserer kleinen Rechenaufgabe nehmen wir das Schellenberg'sche Gesetz. Peter Schellenberg, einer der wenigen Fernsehexperten des Landes, hat geschätzt, dass es in der Deutschschweiz 10 Millionen Franken an Programmkosten bedarf, um 1 Prozent Marktanteil zu erreichen. Die Basis seiner Beurteilung war wohl die Position seines eigenen Senders SF1, der mit (geschätzten) Gesamtkosten von etwa 380 Millionen Franken einen Marktanteil von 35 Prozent in der *prime time* (19 Uhr bis 22.30 Uhr) und 26 Prozent im Verlauf der ganzen 24 Stunden erzielt. Das heisst, dass er auf den ersten Blick seine eigene Vorgabe mit seinem Paradeprogramm beinahe erreicht hat.

Nun haben wir natürlich zu fragen, ob dieses Resultat auch für andere Stationen gilt und dabei vor allem auch für private Sender. Denn der Marktführer hat einzigartige Vorteile gegenüber allen Newcomern und Aussenseitern.

«TV3» kam nach einem «Big Brother»-Zwischenhoch bei einem Budget von etwa 75 Millionen Franken am Schluss auf einen Marktanteil von 4 Prozent. «Tele 24» erreichte bei Kosten von rund 30 Millionen etwa 3 Prozent. Das heisst, dass das Schellenberg'sche Gesetz bei neuen Sendern nur unter bestimmten Bedingungen richtig ist. Notwendig ist dazu ein optimales Programmkonzept und ein rigides Kostenmanagement. Wenn eines dieser Kriterien nur schon teilweise ausfällt, ist die «10 Millionen = 1 Prozent»-Regel ausser Kraft gesetzt. Dann können 10 Millionen Ausgaben auch nur ein halbes Prozent Marktanteil generieren.

Es gilt nun noch die andere Seite zu betrachten – diejenige der Einnahmen. Der Deutschschweizer TV-Werbemarkt erreichte im Jahr 2001 gemäss Schätzung der

SRG-Werbefirma Publisuisse ein Volumen von netto 350 Millionen Franken, was die realen Verhältnisse im Gegensatz zu den jeweils veröffentlichten Bruttozahlen der Stiftung Werbestatistik Schweiz wiedergibt, die für denselben Zeitraum 520 Millionen Franken errechnet hat.

Diese Nettoeinnahmen verteilen sich auf alle Sender, die in der Schweiz Werbung verkauften, das waren die SRG, die deutschen Privatsender, «Tele 24», «TV3» und die Regionalstationen, die zusammen einen Marktanteil von etwa 80 Prozent erreichen. Die restlichen Marktanteile holten sich ARD, ZDF, ORF und weitere Sender ohne Schweizer Werbefenster. Dies heisst nun – rechne –, dass sich die Einnahmen pro Prozent Marktanteil rechnerisch auf 4,5 Millionen Franken belaufen (350 Millionen dividiert durch 80 Prozent Marktanteil).

Das ernüchternde Resultat unserer Betrachtung: Notwendigen Kosten von mindestens 10 Millionen Franken (pro Prozent Marktanteil) stehen also mögliche Einnahmen von 4,5 Millionen gegenüber. Einfacher kann man es nicht demonstrieren: Mit Werbung allein geht es in der Schweiz nicht.

Gilt dies nun allgemein oder auch im Einzelnen? Gibt es Sender, die es schaffen, ihre Kosten allein durch die selbst verdiente Werbung und durch Sponsoring zu decken?

Betrachten wir zuerst die Sender SF1 und SF2, die im Jahr 2001 bei Gesamtkosten von 498 Millionen Franken Einnahmen aus Werbung und Sponsoring von insgesamt 210 Millionen Franken verbuchen konnten, das heisst, für jedes Prozent Marktanteil in der *prime time* holte man 5 Millionen Franken herein, gab aber 12 Millionen Franken aus. Den Grossteil der Kosten decken also die Gebühren.

Die grossartigen Erklärungen von Peter Schellenberg, zur Not könne man sich bei SF DRS allein aus der Werbung alimentieren und brauche die Gebühren eigentlich allein zur Unterstützung der anderen Sprachregionen, entpuppen sich bei näherer Betrachtung als blosse Angeberei.

Dies gilt nicht einmal für SF1 allein. Leider legt die SRG keine gesonderte Rechnung für SF1 und SF2 vor, sodass man die einzelnen Senderkosten schätzen muss. Ich nehme nun an, dass sich die Gesamtkosten von 498 Millionen auf 380 Millionen für das erste und 120 Millionen für das zweite Programm aufteilen, wo vor allem die teuren Sportrechte anfallen.

SF1 ist der klare Marktführer in der grössten Region des Landes, versehen mit allen Vorteilen, die nur ein Marktführer hat. So wird dieser automatisch in jeder grossen Werbekampagne berücksichtigt und kann einen höheren Preis pro tausend Zuschauer (Tausenderpreis) verlangen als kleinere Stationen. Die SRG hat noch andere automatische und unbezahlbare Privilegien. Zum Beispiel den frühen Marktzutritt. Oder die klare Positionierung auf Platz 1 auf beinahe jeder Fernbedienung. Zudem die alleinige Verfügung über alle terrestrischen Sendefrequenzen im Land. Und die automatische Aufschaltung in alle Kabelnetze *(must carry rule)*.

Trotzdem stehen bei SF1 den geschätzten Kosten von 380 Millionen Franken bloss Einnahmen von 192 Millionen Franken gegenüber. Das heisst, dass die selbst verdienten Einnahmen gerade einmal die Hälfte der Ausgaben decken.

Noch viel weniger möglich wäre eine reine Werbefinanzierung bei SF2. Als SF2 nach zwei teuren Vorläufern gegründet wurde, erklärte man das beinahe vollständige Fehlen von Service-public-Sendungen mit dem Schellenberg'schen Ansatz von «einem Programm auf zwei Kanälen». Gemäss dieser Doktrin sollte SF1 die Service-public-Funktion erfüllen und SF2 mit seinem rein kommerziellen Programm (Filme, Serien, Sport) Überschüsse erwirtschaften, die dann für wertvolles Kulturgut bei SF1 investiert werden könnten.

Die Wirklichkeit ist völlig anders. SF2 ist ein hoch defizitärer Kanal, der massiv durch Gebührengelder am Leben erhalten werden muss und der ohne die teuer eingekauften Sportrechte, die dem Sender vor allem die Einschaltquoten und die generelle Beachtung verschaffen, einen katastrophal tiefen Marktanteil hätte. SF2 erzielte im Jahr 2001 bei geschätzten Vollkosten von 120 Millionen Franken gerade mal 18,5 Millionen Franken an Einnahmen. Damit hat man also mickrige 15 Prozent der Kosten durch Werbe- und Sponsoringeinnahmen verdient. Den Misserfolg kaschiert man bei der SRG, indem man keine gesonderte Rechnung für das kommerziell programmierte, aber kommerziell gescheiterte SF2 vorlegt – und scheinbar scheint auch keines der vielen Gremien danach zu fragen. Dabei hat man das eigene Ziel krass verfehlt. Peter Schellenberg hat 1997 in seinen «Strategischen Leitlinien» erklärt, das sich SF2 in drei Jahren selbst refinanzieren werde.

Auch im Vergleich zum «ORF» hat man klar versagt, dessen Konzept von einem Programm auf zwei Kanälen Schellenbergs erklärtes Vorbild war. Während ORF1 und ORF2 im Jahr 2001 einen Marktanteil (für die gesamten 24 Stunden) von 56 Prozent erzielten, kamen SF1 und SF2 gerade einmal auf 33 Prozent – also nur etwas mehr als die Hälfte.

Bei den anderen SRG-Sendern sieht die Rechnung zum Teil noch düsterer aus. So erzielte TSR in der Westschweiz bei Kosten von 316 Millionen Franken bloss Einnahmen aus Werbung und Sponsoring von total 99 Millionen Franken, im Tessin kam man bei Kosten von 214 Millionen Franken gerade auf 14 Millionen selbst erwirtschaftete Einnahmen. Das heisst zusammengefasst, dass der Werbedeckungsgrad der einzelnen SRG-Sender zwischen 50 Prozent (SF 1) und 7 Prozent (TSI) schwankt. Nach dem schwierigen Jahr 2001 mit einer Rückgang der Werbeeinnahmen von 12,3 Prozent gegenüber dem Vorjahr hat man wohl im inneren Kreis der SRG-Verantwortlichen selbst bemerkt, wie unsicher dieser Einkommensstrom selbst für den klaren Marktleader ist, auch wenn er zusätzlich auf die bombensicheren Gebührengelder zählen kann.

Ein ernüchterndes Resultat für alle, die glauben, allein mit Werbung lasse sich in der Schweiz ein Fernsehen betreiben. Dies gilt, auch wenn in diesen Zahlen nicht berücksichtigt ist, dass die SRG in vielfacher Hinsicht nicht direkt mit privaten Sendern vergleichbar ist. Erstens arbeitet die SRG als Monopol, wie jedes Monopol, auch heute noch recht ineffizient. Sie betreibt, wie die eigenen Mitarbeiter während Jahren selbst anmerkten, «eine Administration mit angehängtem Fernsehen». Und zweitens erfüllt sie vor allem in Randstunden gewisse Leistungen, zu denen ein privater Sender nicht verpflichtet wäre. Ein Blick auf die *prime time*-Programme von SF1 wie auch von SF2 zeigt hingegen mit wenigen Ausnahmen (etwa das verunglückte «Babylon») nur Sendungen, welche auf eine Publikumsmaximierung und damit auf möglichst hohe Werbeeinnahmen hin konzipiert sind.

Wie haben in dieser Betrachtungsweise die privaten, sprachregionalen TV-Stationen abgeschnitten? Überraschend gut. «TeleZüri»/«Tele 24» erzielte im Jahr 2000 bei Kosten von 34 Millionen Franken Einnahmen von 28 Millionen, also einen Werbedeckungsgrad von 80 Prozent. Vor allem die anteilsmässig hohen Sponsoring-Einnahmen machten dieses hervorragende Resultat möglich. Im Jahr 2001 wären die Einnahmen bei einem Volljahresbetrieb bei rund 21 Millionen gelegen (60 Prozent Deckungsgrad). «TV3» kam im Jahr 2001 bei einem Betriebsaufwand von 75 Millionen Franken auf Erträge von 34 Millionen, also einen Deckungsgrad von 45 Prozent. Damit lagen beide Privatsender also gleich gut oder besser als die Stationen der SRG – hatten damit aber trotzdem keine Überlebenschance. Denn im Gegensatz zum staatlichen Fernsehen mussten sie sich – wir wissen es alle – allein mit Werbung und Sponsoring finanzieren.

Unsere mit Erfahrungswerten unterlegte Analyse führt also zur Schlussfolgerung, dass jedes Fernsehen in der Schweiz neben der Werbung einen zweiten gewichtigen Einkommensstrom braucht, wenn es überleben will. Die SRG kann es nur auf diese Weise schaffen und die Privaten eben auch.

Woher aber kann dieses Geld kommen? Prinzipiell gibt es, wie so oft im Leben, zwei Möglichkeiten: Entweder sind es Zahlungen der Kabelbetriebe an die Sender für das Bereitstellen eines Programms wie in den USA. Oder es sind Mittel, welche zwangsmässig von den TV-Konsumenten eingezogen werden.

Die erste Variante fällt in der Schweiz so lange aus, als die Kabelbetriebe, die automatische regionale oder lokale Monopolisten sind, nicht im echten Wettbewerb mit anderen Vertriebssystemen wie etwa dem Satellitenempfang stehen, gegen die sie mit einem breiteren, attraktiveren TV-Angebot antreten müssen. In der Schweiz mit einem Verkabelungsgrad von über 90 Prozent ist eine solche Konkurrenzsituation auch mittelfristig nicht denkbar.

Deshalb bleibt – leider – nur ein einziger realistischer Weg, um privates Fernsehen auf nationaler Ebene zu ermöglichen: Zuschauergebühren, heute bekannt unter dem Titel Konzessionsgebühren. Diese kassiert die SRG exklusiv in einer Höhe von etwa 1,06 Milliarden Franken im Jahr für Radio und Fernsehen. Das sind mehr als 3 Millionen Franken – jeden Tag, heute, morgen und auch am Wochenende. Zwei Drittel davon, nämlich 664 Millionen Franken, fliessen ins Fernsehen, der Rest ins Radio. Wieviel die Generaldirektion kostet ist nicht zu erfahren.

Der Grund für dieses fantastische Privileg, das im Radio- und Fernsehgesetz verankert ist und auch die Grundlage des künftigen Gesetzes sein soll, wird im wunderschönen Wort Service public zusammengefasst.

Was aber ist Service public bei Radio und Fernsehen? Seit Jahren bereitet die konkrete Definition dieses Begriffs gewaltige Probleme – und damit ist man vielleicht bereits zum Kern des Problems vorgestossen. Immer wieder bemühen sich Medienexperten und natürlich vor allem die SRG-Generaldirektion, eine griffige, verständliche Formulierung dieses schwammigen Begriffs zu finden.

Sicher ist einmal, dass es sich beim nur französisch verwendeten Ausdruck Service public um etwas Vornehmes, Wertvolles handeln muss – in nichts vergleichbar mit dem schnöden Streben nach Marktanteilen und Werbeeinnahmen, das allein für die Privaten wichtig sein soll.

Erstens geht es also beim Service public um einen Service, eine Dienstleistung, die *public*, also in der Öffentlichkeit und damit auch im Dienste der Öffentlichkeit, erbracht wird. Was wäre dagegen einzuwenden?

Sobald man jedoch konkreter fragt, wird es im Falle von Radio und Fernsehen ungemein schwierig. Armin Walpen erwähnt drei Elemente. Da ist einmal die Solidarität zwischen den vier Sprach- und Kulturräumen. Dann ist es die Verpflichtung für Qualität und Ethik. Vor allem aber ist es die Bereitstellung «von Programmen mit einem Bezug zur nationalen Identität, mit denen man die schweizerische Wirklichkeit in allen Bereichen (Politik, Kultur, Wirtschaft, Sport, Unterhaltung, Gesellschaft) darstellt». Bakom-Chef Marc Furrer verklärt den Service public gar zur «Glaubwürdigkeitsinsel» und schreibt ihm «Leitbildfunktion» zu.

Alles klar? Eben nicht. Der Medienjurist Franz A. Zölch bemerkt richtig, dass «hier ein Notstand herrscht, oder allenfalls ein wohl kalkuliertes Risiko eingegangen wird, um mit undefinierten Begriffen eigene Interessen wahrzunehmen oder auf Kosten Dritter eigene Fehlleistungen zu kaschieren». Der Begriff Service public ist «mit seinen unscharfen Konturen nicht geeignet, um in einer kommunikations- und medienpolitischen Frage als Leitprinzip zur Definition von Leistungen und deren Abgeltung durch öffentliche Gelder verwendet zu werden», meint Zölch in «Das Publikum als Programm» (Bern, 2002).

Genau dies tut aber die SRG, so lange man ihr nichts entgegensetzt. Da der clevere Medienjurist Armin Walpen wohl wie sein Kollege Zölch erkannt hat, dass der Service-public-Begriff arg schwächelt und damit für seinen grossen Kampf alleine nicht ausreichen könnte, hat er versucht, ihn mit einem eigenen kreativen Wurf zu untermauern. Damit war die *Idée Suisse* erfunden.

«SRG SSR Idée Suisse» ist ebenso wenig auf Deutsch übersetzbar wie Service public und damit für ein Deutschschweizer Publikum bereits namensmässig mystisch verklärt. *Idée Suisse* soll den exklusiven Anspruch der SRG auf die Gebühren noch überhöhen, indem man sich den Purpur einer staatstragenden, ja staatsnotwendigen Institution zulegt. Die SRG ist mit der Schweiz gleichzusetzen, wird hier suggeriert, und hat damit automatische, nicht diskutierbare Vorrechte. Aus diesem Grunde auch wurde mit aller Macht verhindert, dass ich mein sprachnationales Fernsehen, wie im Konzessionsgesuch angegeben, «TeleSwiss» nennen durfte. Die

Schweiz sind wir, allein wir, darf die SRG mit tätiger Beihilfe des Bundesrates suggerieren. Also musste ich auf «Tele 24» ausweichen, was ich aus prinzipiellen Gründen nur widerwillig tat.

Ein klitzekleines Problem blieb aber bei Armin Walpens grossem Wurf, nämlich: Wie kann man die Idee der «SRG SSR Idée Suisse» mit Inhalt füllen, und zwar ausgehend von seinem hochtrabenden Grundsatz, dass es sich um «Programme zur nationalen Identität» handeln muss? Nur, an welche Programme denkt er da?

Als ich vom ersten konkreten Projekt der *Idée Suisse* hörte, glaubte ich zuerst an einen Scherz: Die sehr aufwendige Soap «Lüthi und Blanc» wurde erfunden, die sowohl vom Titel wie auch von den Drehorten her sprachübergreifend wirken sollte, inklusive Beizenszene im Tessiner Grotto, um so zur «nationalen Identität» beizutragen. Doch dieser durchsichtige Versuch, die Schweiz unterhaltend zusammenzuführen, floppte wie zu erwarten auf kläglichste Weise. Während sich die Serie in der Deutschschweiz, wo sie konzipiert und produziert wird, zum Zuschauerhit emporhangelte, wurde sie in den anderen Regionen kaum beachtet und in immer unattraktivere Sendestunden verbannt, wie recht schlüssig in einer Studie der Universität Freiburg nachgewiesen wurde. Denn eine Soap ist eine Soap ist eine Soap – nicht mehr und nicht weniger, erfunden von kommerziellen amerikanischen TV-Stationen, um möglichst viel Aufmerksamkeit für ihre Waschmittel-(Soap-)Werbekunden wie Procter & Gamble zu erzielen. Zur Verteidigung des Gebührenmonopols eignet sich dieses Genre hingegen weniger.

Seither ist die *Idée Suisse* vor allem in Form von riesigen, teuren Leuchtschriften an allen SRG-Gebäuden sichtbar. Viel mehr ist da nicht, wenn man den Kopf auf dem Briefpapier nicht hinzuzählt.

Daher hat Armin Walpens Coup mit der *Idée Suisse* enttäuschend wenig für den täglichen Gebrauch gebracht. Sie ist nur noch ein Teil des Public-Relations-Arsenals, mit dem man vor allem in Bern Kunden fängt.

Der Grund dafür ist einsichtig. Denn die *Idée Suisse* ist eine reine, politische Fiktion, die direkt mit der kommerziellen Ausrichtung der SRG zusammenprallt. Den Beweis für diese These lieferte ausgerechnet Armin Walpen selbst. Er war es, der den einzigen ernsthaften Versuch der SRG abwürgte, eine gelebte *Idée Suisse* umzusetzen – nämlich den von Dario Robbiani konzipierten zweiten Versuch des zweiten Programms unter dem Namen «S4». Der mehrsprachige Ansatz dieses Senders erreichte kein grosses Publikum und wurde deswegen heftig kritisiert.

Nachdem sich Robbiani in seiner forschen Art über die ihm gestellten Bedingungen beklagt hatte, wurde er von Walpen fristlos entlassen – und Peter Schellenberg war endlich Herr über beide Kanäle. Dies war das Ende von «S4» und der echten *Idée Suisse* – die Armin Walpen anschliessend als reine Luftblase neu erfinden sollte. So muss die SRG in der Not wieder auf das Service-public-Argument zurückgreifen, weil sich hier mehr greifbare Möglichkeiten anbieten.

Unterhaltungssendungen, die nur in einer Sprachregion laufen, werden zum unverzichtbaren Arsenal des Service public erklärt. Ohne «Benissimo» mit seinem Millionenpublikum und seinem gewaltigen Werbeeinnahmenpotenzial wäre es nicht möglich, solch stille, wichtige Sendungen wie die «Sternstunde» zu produzieren, belehren SRG-Pressesprecherin Josefa Haas und ihr Chef Armin Walpen die Öffentlichkeit im Gleichklang und sorgen damit für weitere Verwirrnis. Denn mit diesem Argument wäre jede erfolgreiche, werbespotträchtige Sendung im SRG-Programm ein Teil des Service public, im Extremfall auch ein Pornoprogramm – und umgekehrt jede Informationssendung bei einem Privatsender eben nicht.

Das ist natürlich, zu Ende gedacht, blanker Unsinn, denn Franz A. Zölch hat richtig bemerkt, dass sich staatliche Eingriffe mittels Gebühren nur dort rechtfertigen lassen, wo die Marktkräfte versagen. Auch private Sender können solche Leistungen erbringen – und tun dies auch, so dass laut Zölch der Leistungsauftrag nicht zwingend an eine Institution, namentlich an die SRG, zu koppeln ist. «Definiert werden soll nicht ein Service-public-Anbieter, sondern Service-public-Dienstleistungen», schlägt er vor.

Davon will die SRG natürlich nichts wissen – und verweist auf die eigenen, unvergleichlichen Leistungen. Zum Beispiel im Bereich Sport. Die SRG hat die Aufgabe, so heisst es, die wichtigsten sportlichen Ereignisse als Teil ihres Service-public-Auftrags anzubieten. Dafür benötige sie selbstverständlich die entsprechenden Gebühreneinnahmen – und keinen Franken weniger.

Doch dann kamen die Fussball-Weltmeisterschaften 2002, und die SRG sendete erstmals kein einziges Spiel live. Man habe sich mit der Kirch-Gruppe, die die Rechte weltweit erworben hatte, nicht über einen Preis einigen können, informierte man die Öffentlichkeit. Die SRG habe die Verhandlungen bei einem Betrag von 18 Millionen Franken abgebrochen, einem Betrag, der das Budget bei weitem gesprengt hätte.

Wurde es der SRG also unmöglich gemacht, das weltweit wichtigste und für die Schweizer Öffentlichkeit zentrale sportliche Ereignisse im bisherigen Rahmen zu übertragen? Es gibt wichtige Indizien, dass Armin Walpen aus politischen und nicht aus finanziellen Gründen ausgestiegen ist.

Was führt zu dieser Schlussfolgerung? Die SRG hat die Verhandlungen mit der Kirch-Gruppe in einem sehr frühen Stadium definitiv abgebrochen. Österreich, grössenmässig mit der Schweiz vergleichbar, sicherte sich später die Rechte für 36 Live-Spiele für 3 Millionen Franken. Dieser recht vernünftige Preis wäre wohl auch für die Schweiz zu erzielen gewesen, wenn man sich wie der ORF verhalten hätte.

Nein, die WM sollte ein politisches Statement für die Erhaltung der bisherigen Gebühren und die Grundlagenarbeit in Hinblick auf künftige Gebührenerhöhungen werden. Dass man dabei unversehens das Argument, Sport sei ein zentraler Teil der Service-public-Aufgaben der SRG, aus taktischen Gründen ausgerechnet beim wichtigsten Sport-Event selbst entkräftete, war (um in der Sprache der amerikanischen Militärs zu sprechen) ein unvermeidlicher Kollateralschaden, den, so hofft man, niemand zur Kenntnis genommen hat.

Die SRG-Programmpolitik des Herrn Walpen ist eben vielfach Politik und selten Programm. Kurz vor der Fussball-WM hatte dieselbe SRG, die aus Kostengründen auf das absolute, einen Monat dauernde Sport-Highlight verzichtete, genug Geld, um für eine einzige Sendung über 4,5 Millionen Franken auszugeben. Die Eröffnung der Expo war als reines Fernsehspektakel auf den vier Arteplages gleichzeitig konzipiert worden, als ob man einer staunenden Öffentlichkeit erstmals die Technik des Hin-, Her- und Zusammenschaltens demonstrieren wollte.

Das Echo auf diesen Event, der die Expo selbst – und damit ebenfalls die Öffentlichkeit – zusätzlich 19 Millionen (!) gekostet haben soll, war niederschmetternd. Es war, berechnet auf die Zahl der Zuschauer, die mit Abstand teuerste Sendung in der Geschichte der SRG.

Aber was spielt all dies für eine Rolle? Die SRG arbeitete bei der Expo-Eröffnung nicht für die Zuschauer, sondern für den vollständig versammelten Bundesrat, die Parlamentarier und all die anderen Entscheidungsträger, denen man die Einzigartigkeit und den schützenswerten Charakter der eigenen Institution – koste es, was es wolle – vorführen wollte.

Im Gegensatz zum Sport sind Kultursendungen auch gemäss einer ganz engen Definition Teil des Service public. Das Problem war nur, dass SF1 im Vorfeld der Debatte über das neue Radio- und Fernsehgesetz keine repräsentative Kultursendung vorweisen konnte.

Also erfand Peter Schellenberg zusammen mit seinem Programmchef Adrian Marthaler mit «Hotel Babylon» nicht nur eine gross angelegte, neue Kultursendung, sondern einen völlig neuen Sendetypus. Als Leiter holte man sich den renommierten Literaturen Iso Camartin, der sich zuvor in seinen über 50 Jahren noch nie mit dem Medium Fernsehen beschäftigt hatte. Schellenberg bewilligte für dieses wöchentliche Programm – bald kam es wegen Produktionsproblemen nur noch jede zweite Woche – ein Budget, welches in ähnlicher Höhe lag wie bei der Paradesendung «10 vor 10», die fünfmal wöchentlich ausgestrahlt wird und regelmässig hohe Marktanteile erzielt.

Natürlich wurde «Hotel Babylon» ein totaler Flop, denn ungestraft lassen sich nicht alle TV-Erfahrungen gleichzeitig ausblenden. Schellenberg blieb, wie immer in solchen Fällen, stur und liess weitersenden, trotz einer einhellig vernichtenden Kritik und noch nie erlebten Marktanteilseinbrüchen am Hauptabend.

Schliesslich reagierte er – sehr zögerlich. Auch die Nachfolgesendung «Hotel B», hergestellt vom gleichen Team mit derselben fixen Sendeidee, erzielte solch katastrophale Zuschauer-Ratings, dass sich der Schaden in verheerender Weise in den Werbeeinnahmen und im Marktanteil von SF1 am Sonntagabend niederschlug. Schliesslich morphte man «Hotel B» zu einem stromlinienförmigen «Magazin B», das sich nur noch durch die fehlende Moderation von «Next» unterschied, der beliebten Vorgängersendung, welche man für den grossen, politisch motivierten Kulturwurf geopfert hatte.

Damit hatte SF1 ausgerechnet dort versagt, wo man am liebsten glänzen wollte und auch sollte: beim echten, unbestrittenen Service public, dort, wo eine private Konkurrenz, die nach Marktprinzipien funktionieren muss, nie mithalten kann. Mit dem gesammelten «B»-Desaster aber sabotierte man durch eigenes Unvermögen die *raison d'être* des Sonderstatus der SRG. Natürlich hat man nie erfahren, wie viele Millionen dieses haarsträubende Projekt gekostet hat. So etwas ist nicht Stil des Hauses.

Und noch ein letztes Beispiel, um den Begriff und den wahren Inhalt des Service public auszuleuchten: Anstelle des «Mittags-Magazins», eines journalistisch ambitiös gemachten Tagesprogramms, setzt man ab Herbst 2002 reine Verkaufssendungen ein, wie man sie von kommerziellen Stationen oder Teleshopping-Kanälen kennt. Es wäre undenkbar, dass die deutschen Gebührenmonopolisten ARD oder ZDF Ähnliches tun würden.

Dort würde man auch unter keinen Umständen den Grundsatz aufgeben, dass Sendungen für Kleinkinder nicht mit Werbeblocks garniert werden dürfen, etwas, was Peter Schellenberg auf SF2 eingeführt hat. Denn bei SF DRS ist die Verwirrung über die eigene Rolle so stark geworden, dass man alle Grenzen im kommerziellen Bereich zu überschreiten bereit ist – aber gleichzeitig den Sonderstatus reklamiert.

Die Definition des Service public, so viel ist nun also klar, ist in der real existierenden Welt der SRG etwas äusserst Widersprüchliches und darf nicht als Basis der fraglosen Privilegierung dienen.

Auch das zweite Hauptargument für den Service public und die 1060 jährlichen Gebührenmillionen, das die SRG-Hierarchen zuverlässig bei jeder Diskussion ins Feld führt – «Bei einer Veränderung des Status quo gibt es kein Fernsehen in den anderen Sprachregionen» –, entpuppt sich bei näherer Analyse als Nebelvorhang. Denn natürlich liesse sich genau definieren, wie viel diese Programme aus staatspolitischen Gründen kosten sollen. Diesen Betrag könnte man beziffern, ebenso die Aufgabenstellung – und dann liesse sich viel lockerer über die Verteilung der restlichen Gelder diskutieren. Falsch ist mit Sicherheit, dass allein das heutige System des Gebührenmonopols eine Versorgung aller Landesteile mit qualitativ hoch stehenden Radio- und TV-Programmen sichert. Es gibt Alternativen zum Gebührenmonopol. Und denen wenden wir uns nun zu.

Ab in die Zukunft

Am 3. Mai 2001 spielte sich im Pressezentrum der «Berner Zeitung» mitten in der Berner Altstadt Seltsames ab. Am Tisch vorne sassen Peter Wanner, Inhaber des Aargauer Medienmonopols («Mittelland Zeitung», «Radio Argovia», «Tele M1»), Polo Stäheli, CEO des dominierenden Berner Verlags («Berner Zeitung», «Radio ExtraBern», «TeleBärn») und ich als Vertreter von «Tele 24» und «TeleZüri». Gemeinsam kündigten wir eine Aktion gegen das Bakom und Bundesrat Leuenberger an.

Besonders eloquent tat dies der sonst zurückhaltende, gut bürgerliche Peter Wanner, der mit fester Stimme davon sprach, dass es Situationen gebe, bei denen man gegen die Behörden den «zivilen Ungehorsam» üben müsse. Und in einer solchen Lage würden sich die privaten Fernsehmacher des Landes befinden. Behindert durch die Praktiken des Bakom und benachteiligt durch die gesetzlichen Beschränkungen, seien sie nicht mehr gewillt, weiterhin klaglos grosse Millionenverluste zu tragen. Zum Beweis legten die drei Fernsehaktivisten die dazu gehörenden erschreckenden Zahlen ihrer Defizite der letzten Jahre vor.

Und dann schlugen sie verbal zu. Sie würden ab sofort die Unterbrecherwerbung und die Alkoholwerbung einführen, um sich so die gleichen Bedingungen wie die ausländischen Werbefenster zu verschaffen. Ausserdem forderten sie 100 Millionen für die privaten Sender aus den Gebühren, und zwar für die erbrachten Service-public-Leistungen.

«Und im Übrigen werde ich diese hässlichen Couverts vom Bakom nicht mehr öffnen», fügte ich hinzu. «In diesen Couverts finde ich seit Jahren immer wieder Informationen über Strafverfahren und Bussen. Nein, ich habe genug von diesen Polizeiaktionen der Bieler Beamten gegen uns Fernsehmacher. Statt uns zu helfen, behindern sie uns nur pausenlos mit penetranten Störmanövern.»

Dies war ein eindrücklicher Auftritt. Erstmals stand ich nicht allein im Kampf für faire Bedingungen. Doch nur für ganz kurz. Noch am selben Abend krebste Polo Stäheli zurück. «TeleBärn» würde vorderhand weder Sendungen unterbrechen noch Alkoholwerbung senden. Ähnliches gab Peter Wanner zu Protokoll. Und so war der Spuk innerhalb von Stunden schon wieder vorbei.

Nach dem Start von «TeleZüri» im Jahre 1994 haben sich die dominierenden Regionalverleger beinahe gleichzeitig ins TV-Geschäft gestürzt. Es war nicht die Liebe zu diesem Medium und auch nicht die Verlockung auf schnellen Gewinn, die diesen Aufbruch auslösten. Wichtiger war es, den Platz zu besetzen. Niemand sollte im eigenen Revier wildern können, verkündeten sie. So erweiterten sie ihr Monopol aus strategischen Gründen auch aufs Fernsehen.

Diese rein defensive Motivation verhinderte aber, dass sie sich voll fürs neue Medium einsetzten. Das Gesamtinteresse des Verlags ging immer vor, und in diesem war Fernsehen ein zwar spannender, aber kein besonders bedeutender Teil, der zudem darunter litt, dass er nur Defizite produzierte. Als ich «Tele 24» als nationales Fernsehen ankündigte, konterten sie wieder, diesmal mit einem Gegenprojekt, das sie «PrimeTV» nannten. Sie reichten ein Konzessionsgesuch ein, doch dabei blieb es. Zu mehr reichte es nicht, denn die Angst vor neuen gewaltigen Verlusten war nach den Erfahrungen im regionalen Bereich zu gross.

Die Vorschläge der Herren Verleger zur Verbesserung der desolaten Verhältnisse drückten ihre Hilflosigkeit aus. Peter Wanner lieferte in länglichen Zeitungsartikeln eine subtile Analyse des Ist-Zustandes, um am Schluss abrupt zu fordern, der SRG müssten die Werbegelder ganz entzogen werden. Gleich äusserte sich auch der Verband Schweizer Presse durch seinen Präsidenten Hans Heinrich Coninx von der Tamedia. «Die Werbung sollte den Privaten vorbehalten werden», forderte er prophylaktisch vor dem Start seines «TV3» in einem «Sonntags-Blick»-Interview.

Die evidente Schwäche dieser Forderung ist, dass die TV-Werbegelder bei einem solchen Verbot vor allem in die deutschen Werbefenster fliessen werden, die zusammen einen viel höheren Marktanteil anzubieten haben als die privaten Schweizer Sender. Vielleicht aber erhofften sich die Verleger mit ihrem Vorschlag insgeheim, dass die Fernsehwerbung bei einem Verbot der SRG-Werbung insgesamt schrumpfen würde. Dann müssten die umherirrenden Gelder in ihren Zeitungen Unterschlupf finden, was für sie unter dem Strich die beste aller Lösungen wäre.

Nach dem Start von «TV3» änderte die mächtige Tamedia die Strategie. Sie schlug nun einen neuen Weg vor und forderte eine liberalere Regelung der Werbeunterbrechung, da man mit Spielfilmen, «Robinson» und «Big Brother» längere Sendungen ausstrahlte, welche das Bakom laufend mit Strafverfahren eindeckte. Gleichzeitig war man sich bei der Tamedia bewusst, dass das reine Unterhaltungs-Angebot von «TV3» unter keinem Titel je zu Splitting-Geldern gelangen würde, weshalb man sich natürlich gegen eine solche Lösung aussprach. Also setzte man Ständerat Carlo Schmid in Trab, der als Präsident des Verbands Schweizer Werbung berufshalber besonders leicht motiviert werden konnte. Schmid reichte eine Motion ein, die die Unterbrecher-Lockerung und eine Zulassung von Alkoholwerbung verlangte, und zwar möglichst subito. Doch da selbst die schnellen Mühlen in Bern zu langsam mahlen für bedrohte Fernsehsender, wurde «TV3» geschlossen, bevor das Geschäft auch nur den Erstrat erreicht hatte.

Dies erlaubte den «TV3»-Verantwortlichen aus der Tamedia-Chefetage immerhin, bei der Senderschliessung mit dem Finger auf diesen Missstand hinzuweisen, der für das Scheitern ihres grandiosen Grossprojekts verantwortlich gewesen sei. In Wirklichkeit werden diese Angleichungen an europäische Werbenormen den Schweizer Privatsendern zwar das Leben erleichtern, aber sie können ihr Los nicht mehr als marginal verbessern.

Und damit bleibt als einzige ernsthafte Methode die Einführung des Gebührensplittings und damit das Ende des SRG-Gebührenmonopols, um die Existenz von Privatsendern zu ermöglichen.

Lange war ich beinahe der Einzige, sicher aber der Lauteste im Lande, der nach dieser Massnahme gerufen hat – und dafür wurde ich immer wieder gerügt. «NZZ»-Medienredaktor Rainer Stadler mokierte sich über mein Anliegen mit dem Argument, dass es absolut unsinnig und unmöglich sei, öffentliche Gelder an eine Firma zu verteilen, bei der eine Grossbank finanziell engagiert sei. Gleich argumentierte auch mein ehemaliger TV-Kumpel Fibo Deutsch für Ringier im «Sonntags-Blick»: «Es kann nicht Sinn und Zweck von Konzessionsgeldern sein, die Verluste des Fernseh-Engagements einer Grossbank zu minimieren.»

Starke Argumente? Nur auf den ersten Blick. Denn erstens erhalten auch die Grossverlage wie Ringier und NZZ via Presseförderung staatliche Mittel in Millionenhöhe für ihre Presseprodukte. Und zweitens lassen sie sich via «Presse-TV» ihre Fernsehaktivitäten, die sie ziemlich schamlos zu Werbezwecken nutzen («NZZ Format», «Cash TV»), durch die SRG und damit durch Gebührengelder finanzieren, mit denen SF2 vorwiegend betrieben wird. Ihr Aufschrei müsste also richtig heissen: Wir sind gegen jede staatliche Unterstützung von privaten Medien, bei der wir nicht selbst beteiligt sind.

Dass nämlich private Medien staatlich subventioniert werden, ist in der Schweiz von heute nicht die Ausnahme, sondern die Regel. Da sind einmal, wie erwähnt, die meisten Pressetitel des Landes, an die Jahr für Jahr gegen 100 Millionen Franken in Form der Presseförderung ausgeschüttet werden. Da sind zweitens die kleinen, peripheren Radio- und TV-Stationen, die vom Gebührensplitting in der Höhe von 11 Millionen profitieren. Und da ist schliesslich «Presse-TV», das beinahe vollständig über Gebührengelder finanziert ist.

Das heisst, dass von allen Medien allein die grösseren Lokalradios und die grösseren regionalen Fernsehsender keine finanzielle Unterstützung erhalten. Dies kann bei den Lokalradios angehen, da sie nicht in einer scharfen Konkurrenzsituation stehen, solange die SRG keine Radiowerbung einsetzen darf, und da die meisten von ihnen ein regionales Monopol zugeteilt erhielten.

Ganz anders ist hingegen die Lage der privaten TV-Stationen, die gleichzeitig gegen die grösstenteils mit Gebühren subventionierte SRG und die ausländischen Privatsender antreten müssen, die keine Zusatzkosten haben, um in der Schweiz Werbung zu akquirieren, und die deshalb auch den schärfsten Preiskampf locker durchstehen können. Sie sind im ganzen Mediensystem der Schweiz die deutlich am schlechtesten gestellte Sparte.

Es gab noch weitere Argumente, die gegen meinen Vorschlag vorgebracht wurden. Peter Schellenberg sekundierte mit der lakonischen Bemerkung, dass man doch nicht «Millionäre» unterstützen wolle – als ob jemand anders als «Millionäre» die Millionenverluste hätten tragen können. Aber zum Schüren von billigen Ressentiment eignete sich das Argument nicht schlecht.

Armin Walpen haute noch einen drauf, indem er abschliessend mit dem juristischen Zeigefinger befand: «Ausserdem schliesst die öffentliche Finanzierung die Gewinnabsicht aus. Veranstalter mit kommerzieller Zielsetzung, wie dies ‹Tele 24› und ‹TV3› waren, können deshalb per definitionem keinen Anspruch auf Gebühren erheben», schreibt er im Aufsatz «Service public zwischen Realität und Ordnungspolitik».

Ist dieser Gedanke aber richtig? Sind dies die Grundsätze, welche in der Schweiz angewendet werden? Etwa in der Landwirtschaft oder bei den Bergbahnen? Werden hier Subventionen nur verteilt, wenn keine Gewinnabsicht vorliegt? Wohl kaum.

Armin Walpens Verteufelung der «Gewinnabsicht» ist bereits seit 1983 ein Leitsatz der Schweizer Medienpolitik. Sie hat Eingang gefunden in die RVO (Rundfunkverordnung), die er als damaliger Leiter des Radio- und Fernsehdienstes im EVED massgeblich mitgestaltet hat. Dort wurde festgelegt, dass Lokalradios in Randgebieten nur dann Gebührengelder erhalten, wenn sie Verluste erzielen. Sobald sie in die Gewinnzone gelangen, fallen die Beiträge aus.

Die Folge war natürlich, dass sich all diese Sender bemühten, in ihren Bilanzen Jahr für Jahr Verluste auszuweisen, da sie wussten, dass der offene wirtschaftliche Erfolg sofort bestraft würde. Wer hingegen rote Zahlen lieferte, hatte keine Probleme. Die schwierigste und anspruchsvollste Aufgabe vieler Senderchefs war es deshalb, die erwirtschafteten Gewinne in ihren Bilanzen zum Verschwinden zu bringen. Und dabei wird fleissig getrickst, wie das Bakom mit seiner Finanzkontrolle immer wieder herausfand.

Dieses unsinnige Prinzip wurde kurioserweise 1992 im Radio- und Fernsehgesetz RTVG auch aufs Fernsehen übertragen. So erhalten zurzeit 17 TV-Stationen in Randregionen staatliche Gelder. Es handelt sich zumeist um Sender mit einem geringen Einzugsgebiet, für das sich das teure Medium Fernsehen ganz besonders schlecht eignet. So hat Vevey ein solches Fernsehen, ebenso wie das direkt daneben liegende Montreux – und kein Mensch denkt daran, die beiden Mini-Stationen zusammenzulegen, da das Bakom ja bezahlt.

Damit werden mit dem heutigen Gesetz allein Sender unterstützt, die wirtschaftlich keine Basis haben. Umgekehrt erhalten Stationen, die ein Einzugsgebiet haben, um professionell arbeiten zu können, keinen Rappen. Natürlich passt dies der SRG hervorragend in den Kram. Denn je kleiner und zahlreicher die privaten Stationen, desto geringer die Konkurrenz. Deshalb auch sorgte die SRG dafür, dass in der bundesrätlichen Konzession von «Tele 24» ausdrücklich ausgeführt wurde, dass der Sender «nie Anspruch auf Anteil an SRG-Gebühren haben kann» – eine recht seltsame, auf die Ewigkeit ausgerichtete Bestimmung.

Erst im Verlaufe des Jahres 2001 erhielt mein Ruf nach Gebührensplitting Auftrieb. Nach und nach dämmerte es den Fernseh machenden Zeitungsverlegern, dass dies die einzige realistische Chance für ein kostendeckendes Regional-TV ist. Nach dem Ende von «TV3» und dem Einstieg der Tamedia bei «TeleZüri» schwenkte auch der Verband Schweizer Presse mit seinem Präsidenten Hans Heinrich Coninx auf diese Linie.

Und nur knappe zwei Monate nach dem Ende von «Tele 24» entschied der Bundesrat, dass er in Abweichung vom eigenen Vernehmlassungsentwurf nun dem Parlament per Botschaft vorschlagen werde, das Gebührensplitting für Regionalfernsehstationen einzuführen. Man habe erkannt, dass sich so «wertvolle publizistische Leistungen in den Regionen dauerhaft sichern lassen». Dies sei deshalb wichtig, «weil sich der Leistungsauftrag der SRG in erster Linie auf die nationale und sprachregionale Ebene konzentriert». Damit hatte derselbe Bundesrat Leuenberger, der mir wegen meines schriftlichen Hilfeschreis für das private Fernsehen das Verfolgen übler Partikularinteressen vorgeworfen hatte, diese kurzerhand zu öffentlichen gewandelt, die es nun entsprechend zu berücksichtigen gilt.

Das war ein taktisch kluger Schachzug. Mit einem Schlag hatte man alle aktiven Teilnehmer befriedigt. Die Zeitungsverleger erhalten für ihre Regionalsender Gebührengelder, und die SRG bleibt von einer Konkurrenz verschont, die ihr wehtun könnte. Das SRG-Inlandmonopol bleibt unangetastet, denn gemäss dieser Formulierung würde ein Fernsehen für die deutsche Schweiz – etwa im Stil von «Tele 24» – als einziger Sender mit journalistischem Ansatz gebührenmässig leer ausgehen und hätte damit nicht einmal den Hauch einer Überlebenschance, wie wir mittlerweile alle wissen.

Ja, alle Beteiligten scheinen damit grundsätzlich ruhig gestellt. Bereits haben die zwei Branchenverbände Schweizer Presse (Presse) und Telesuisse (Fernsehen), bei denen mittlerweile dieselben Firmen am Tisch sitzen, in einer erstmaligen gemeinsamen Erklärung die «Stossrichtung des Bundesrates» begrüsst. Auch Armin Walpen wird trotz der nicht ganz zu übersehenden «Gewinnabsicht» und der verhassten Aufweichung des Gebührenmonopols nicht mehr gross opponieren, sondern sich darauf konzentrieren, dass er die heutige Gebühren-Milliarde integral behalten kann.

Auf dieses grosse Ziel hat Walpen seit Jahren konsequent hingearbeitet. Den Weg, den er wählte, zeigt sein langjährig geschultes politisches Sensorium und seine bemerkenswerten machiavellistischen Fähigkeiten.

Für seinen Vorstoss wählte er die kleinen regionalen TV-Stationen der Westschweiz. Die sind in wirtschaftlicher Hinsicht zwar recht unbedeutend, können aber in den politischen Dimensionen der Schweiz eine Veto-Position einnehmen. Deshalb versprach Armin Walpen an einem Treffen der Communauté Televisuelle

Romande in Crans-Montana im Frühling 2000 Produktionsaufträge der SRG in der Höhe von 16 Millionen Franken pro Jahr. Andererseits sollte sich diese sprachregionale Vereinigung gegen ein generelles Gebührensplitting und damit für die Position der SRG einsetzen. Diese Produktionsbeiträge waren eine euphemistische Umschreibung für Direktsubventionen. Niemand würde überprüfen können, ob die verrechneten Preise den gelieferten Leistungen entsprachen.

Mit diesem gewaltigen finanziellen Beitrag an die darbenden Fernsehstationen hätte Walpen sehr viele Fliegen auf einen Schlag getroffen:

- Erstens hätte die SRG bei diesem limitierten, faktischen Gebührensplitting die entscheidende Position besetzt.
- Zweitens wären die Privatstationen in direkte Abhängigkeit zur SRG geraten.
- Drittens hätte er die TV-Veranstalter der verschiedenen Regionen auseinander dividiert, denn die Deutschschweizer wären leer ausgegangen.
- Viertens wäre definitiv ein Gebührensplitting zu Gunsten einer direkten Inlandkonkurrenz für die SRG unmöglich geworden.
- Und fünftens plante er, die Finanzierung dieses politischen Manövers über Gebührenerhöhungen wieder hereinzuholen.

Mit der Westschweizer Karte hatte er bereits im Bereich Radio gespielt, als er den Radios der Romandie vorschlug, ihnen einen Teil der Werbeeinnahmen der künftigen SRG-Radiowerbung zu überlassen, falls sie sich politisch für deren Einführung einsetzen würden.

Die Gerüchte über diesen äusserst seltsamen Westschweizer Separat-Deal drangen in die anderen Landesteile. Beim Filmfestival in Locarno im Jahr 2000 sah mich Armin Walpen am Rande des offiziellen Mittagessens auf dem Monte Verità im Gespräch mit Filippo Lombardi, dem Tessiner Ständerat und Besitzer von «TeleTicino», dem einzigen Tessiner Fernsehen.

Direkt anschliessend steuerte Walpen auf Filippo Lombardi zu und bot ihm spontan an, den Betrag für die «Produktionsaufträge» von 16 auf 25 Millionen zu erhöhen – inklusive Tessin natürlich. Walpen konnte sich eben sehr grosszügig im Verteilen von Geld zeigen, das ihm eigentlich gar nicht gehörte. Weshalb sollte dieser Kuhhandel nicht ebenso gut funktionieren wie derjenige von «Presse-TV»?

Als nun die Deutschschweizer TV-Stationen gegen diese Sonderregelung für die Westschweiz aufmuckten, wies Walpen seinen Fernsehdirektor Schellenberg an, sich mit diesen zu treffen, um für sie eine adäquate Lösung zu finden. Dieses Meeting fand in Zürich statt – natürlich in meiner Abwesenheit, obwohl ich damals Vorstandsmitglied von Telesuisse war.

Peter Schellenberg zeigte seinen Widerwillen recht offen. Schnell war die Idee der «Produktionsbeiträge» vom Tisch, weil es sich in der Deutschschweiz um viel zu grosse Beträge hätte handeln müssen und weil Schellenberg natürlich keine Aufträge von seinem eben erst entstehenden Produktionszentrum tpc abziehen wollte. Also kam man auf die Idee, die SRG solle den Deutschschweizer Regional-TV-Stationen als Entgelt für ihr politisches Wohlverhalten gratis und franko eine tägliche Sendung mit nationalen und internationalen News zur Verfügung stellen. Doch dieser unausgegorene Vorschlag versandete schnell.

So prallten innerhalb von Telesuisse, der Vereinigung aller privaten TV-Stationen der Schweiz, zwei unversöhnliche Positionen aufeinander. Telesuisse brach deshalb beinahe auseinander, als es darum ging, sich bei der Vernehmlassung für das neue Radio- und Fernsehgesetz zu beteiligen. Alle Westschweizer Stationen votierten gegen die Forderung für ein Gebührensplitting – da sie ihren Anteil mit den versprochenen 16 Millionen bereits im Trockenen zu haben glaubten. Und alle Deutschschweizer Sender forderten das Gebührensplitting. Da bei der Abstimmung mehr Deutschschweizer am Tisch sassen, erhob ein Westschweizer Vertreter Einspruch. Ein Formfehler sei eingetreten. Die Abstimmung müsse verschoben werden.

Einige Wochen später wurde wieder abgestimmt – mit demselben Bild. Weil etwas mehr Deutschschweizer Stationen Mitglied von Telesuisse waren, sprach man sich ganz knapp für eine Vernehmlassungsantwort aus, in der man das Gebührensplitting forderte. Die Westschweizer konzentrierten sich angesichts der Mehrheitsverhältnisse darauf, dass eine möglichst weiche Formulierung gewählt wurde. So konnten sie Armin Walpen beweisen, dass sie sich mit aller Kraft für seine 16-Millionen-Lösung eingesetzt hatten.

Von den «Produktionsbeiträgen» hat man seither nichts mehr gehört.

Nach dem Ende von «Tele 24» und «TV3» und der Meinungsänderung des Bundesrates musste Armin Walpen seine Position modifizieren. Seit kurzem stimmt er dem Gebührensplitting zu, auch wenn es nicht über die SRG läuft. Wenn die Privaten Gelder erhalten, meinte Walpen in einer Rede anlässlich einer Präsentation im Juni 2002, dann habe das über eine Gebührenerhöhung zu erfolgen. Sonst müsse er «mit Nachdruck Kompensation fordern». Radiowerbung für die SRG sei dazu eine Möglichkeit. Diese würde aber den Privatradios massiv schaden, wie er in einer gleichzeitig vorgelegten, selbst in Auftrag gegebenen Studie nachwies. Damit murkste er – quod erat demonstrandum – diesen Weg politisch gleich selbst ab. Höhere Gebühren bleiben als einzige Möglichkeit. Und dafür sollen sich bitte die Privaten, die ja diese Gelder wollen, selbst einsetzen. Er kann sich jetzt locker zurücklehnen.

Gibt es aber neben diesen vielen Gewinnern auch Verlierer einer solchen künftigen Regelung? Das kommt auf den Standpunkt an. Auf der Strecke bliebe einmal die Fernsehvielfalt, wie sie die meisten Länder dieser Welt kennen – vielleicht mit Ausnahme von einigen der ärmsten Nationen, zu denen die Schweiz nachweislich nicht gehört. Und ausserdem die Bürger und Fernsehkonsumenten, die noch mehr Gebühren zu zahlen haben, obwohl die Schweiz in diesem einen Bereich bereits heute einsame Weltspitze ist. Wer aber könnte sich für ein Ende des faktischen SRG-Inlandmonopols einsetzen?

Nicht die Verlage, wie wir gesehen haben. Die sind über «Presse-TV» und ihre Regionalfernsehstationen finanziell abgefunden – und das genügt ihnen. Und wohl auch nicht jene Politiker, die es gelernt haben, ihr oft schmalbrüstiges regionales Fernsehen in Hinblick auf die nächsten Wahlen für die eigene Popularität zu nutzen, und die darüber hinaus keine Medieninteressen haben.

Vielleicht auch nicht die bürgerlichen Parteien, die sich zwar seit langem grundsätzlich für ein Aufbrechen des SRG-Inlandmonopols ausgesprochen haben, es aber kaum wagen, offen gegen die mächtige SRG anzutreten, weil sie die Verbannung vom Bildschirm befürchten. Und bestimmt auch nicht der Bundesrat, welcher bei der SRG ebenfalls Eigeninteressen zu verteidigen hat und der seit vielen Jahren zusätzlich von Vizekanzler Achille Casanova, einem alten SRG-Mann, klar auf SRG-Kurs getrimmt wird.

Da verbleiben nur noch die Zuschauer. Die Erfahrungen mit «Tele 24» und die Reaktionen im Nachfeld beweisen, dass sich viele Schweizerinnen und Schweizer mehr als ein einziges sprachregionales Fernsehen wünschen. Sie haben Tag für Tag erlebt, wie ein privates Fernsehen funktionieren kann, selbst wenn es vergleichsweise lächerlich geringe Finanzmittel einsetzen konnte. So verbraucht SF1 das Jahresbudget von «Tele 24» in einem einzigen Monat. Das heisst, dass der Kampf um Einschaltquoten mit einem Budgetverhältnis von 1:12 geführt wurde. Wie viel stärker könnte die private einheimische Konkurrenz auftreten, wenn dieses krasse Missverhältnis auch nur ein Stück weit korrigiert würde?

Denken wir also weiter. Nachdem nun grundsätzlich anerkannt worden ist, dass private Sender einen Teil der Konzessionsgebühren empfangen sollen, stellt sich die Frage, was nötig wäre, um dieses Konzept auch auf sprachregionale Sender wie «Tele 24» auszuweiten.

Dazu bedarf es dreier Voraussetzungen:

*   Erstens den Nachweis, dass die SRG weiter gedeihen kann, wenn es neben regionalen Fernsehstationen auch sprachregionale Sender gibt, die unter fairen Bedingungen arbeiten können.

*   Zweitens muss ein einfaches, sinnvolles Konzept vorliegen, wie diese Gebührengelder auf die privaten Stationen verteilt werden.

*   Drittens (und am wichtigsten) muss aufgrund dieser Informationen ein politischer Druck von der Bevölkerung über ihre Vertreter im Parlament auf den Bundesrat erfolgen, damit diese Ideen im künftigen Radio- und Fernsehgesetz Eingang finden.

Wie viel Geld braucht die SRG wirklich, um ihre Aufgaben zu erfüllen?

Für einen Aussenstehenden ist es schwierig, eine Antwort zu liefern, da die SRG keine finanzielle Transparenz anbietet. Auch die Aufsichtsorgane der SRG sind in dieser Frage nicht hilfreich, denn natürlich verkünden Walpen, Schellenberg & Co., dass sie jeden Gebührenfranken benötigen. Weniger Einnahmen bedeuten direkt weniger Sendungen, wird auch durch die Programmkürzungen der jüngsten Zeit signalisiert, welche durch geringere Werbeeinnahmen ausgelöst worden seien.

Daher sprach ich mit Filippo Leutenegger, der zwischen Herbst 1999 und Januar 2002 Chefredaktor des Fernsehens DRS gewesen ist. Er hatte als Mitglied der Geschäftsleitung und als verantwortlicher Chefredaktor über ein Budget von rund 100 Millionen direkten Einblick in die Verwendung der zur Verfügung gestellten Mittel.

Hat die SRG genug Geld oder gar zu viel Geld?

Wegen der massiven Subvention der SRG kommt es im TV- und Radiobereich zu einer starken Marktverzerrung. Vor allem aber werden die Mittel oft nicht effizient eingesetzt, und dies führt im Unternehmen zu Fehlentwicklungen, die wegen des fehlenden wirtschaftlichen Druckes nicht korrigiert werden müssen. Die Generaldirektion in Bern ist ein Paradebeispiel dafür. Sie ist zu gross, ineffizient und entscheidet zu oft nach politischen statt nach wirtschaftlichen Kriterien. Statt einer grossen Konzernzentrale würde eine schlanke Holding genügen, welche Gebührengelder nach Kriterien der Sprachregionen und der Service-public-Leistungen verteilt.

Werden auch zu viele Mittel im Programm ausgegeben?

Ja. Für neue Kultursendungen beispielsweise wurden bei SF DRS Millionen ausgegeben. Aber sie waren ein Flop und mussten abgesetzt werden. Konsequenzen gab es keine. Das führt zu ineffizienten Strukturen.

Heute werden Mitarbeiter entlassen wegen geringerer Werbeeinnahmen. Ist das notwendig?

Nicht unbedingt. Der tiefere Grund ist eine falsche Strategie. Die Expansion beispielsweise im Produktionsbereich mit dem tpc geht nicht auf. Sie ist zu teuer, und mit der Hoffnung, im deutschen Markt zu reüssieren, hat Peter Schellenberg auf die falsche Karte gesetzt. Besser wäre, wenn man nur das notwendige Minimum mit eigenen Mitteln produzieren würde. Den Rest könnte man sich am Markt holen.

Hast du das probiert?

Ja. Aber das konnte nicht klappen, denn wenn das Überleben der eigenen nicht rentablen Produktionsfirma zu 80 Prozent vom Mutterhaus abhängt, dann muss man entweder das Experiment abbrechen oder intern quer subventionieren, um das Gesicht zu wahren.

Ist das tpc preislich konkurrenzfähig?

Ich kann dies nur bei den leichten Mitteln beurteilen, wie bei den ENG-Equipen, da das tpc bei Studioproduktionen ein Monopol hat. Beim direkten Vergleich war die

Einführung des tpc zweifellos kostentreibend. So stieg der Preis für die Produktion eines
«Club» in zwei Jahren auf das Doppelte.

Weshalb?
Das gehört zur Quersubventionierung einer gescheiterten Expansionsstrategie in
Form einer internen Preiserhöhung.

Seit wann vertrittst du diese Meinung? Erst seit deinem Rausschmiss?
Nein, ich habe das schon vorher immer wieder gesagt, weil mir das Unternehmen
am Herzen lag. Ebenfalls plädierte ich für tiefere Konzessionsgebühren, um unsere Leis-
tungsfähigkeit unter Beweis zu stellen und ein politisches Zeichen zu setzen.

Wie viele Prozent könnten deiner Meinung nach die Gebühren sinken, ohne dass
die zentralen Aufgaben der SRG tangiert werden?
Im Fernsehbereich sicher 10 bis 20 Prozent. Das Radio ist ein ganz anderes Thema.

Die Reaktion auf deine Vorschläge?
Ich machte mich damit nicht besonders beliebt. Mein Abgang war ein beredtes
Zeugnis davon.

Hast du auch mit Generaldirektor Armin Walpen darüber gesprochen?
Nein.

Und gegen aussen?
Gegen aussen habe ich die SRG-Position natürlich loyal vertreten.

Filippo Leuteneggers Aussagen sind interessant. Er behauptet, dass die SRG nicht
an einem Zuwenig, sondern an einem Zuviel an Geld leidet. Dieser Geldüberschuss
ist seiner Meinung nach verantwortlich für ineffiziente Strukturen, die wegen dieser zuverlässig vorhandenen Mittel nicht verändert werden müssen. Dabei ist er
nicht einmal auf den von ihm direkt verantworteten grossen Programmbereich eingegangen, wo ebenfalls grosse Einsparungen denkbar sind, wenn man mit der Ef-
fizienz privater TV-Stationen vergleicht.
    Während jedes private Unternehmen in den letzten Jahren neue, produktivere

und kostengünstige Abläufe suchen musste, um zu überleben, hat dieser Druck bei der SRG nicht bestanden. Selbst gewisse feudalistische Strukturen, bei denen gar Familienmitglieder begünstigt wurden, konnten sich so erhalten.

Es gibt nur eine einzige Methode, um dies zu ändern. Es ist nicht der direkte Konkurrenzdruck – den wird man als klarer Marktführer auch in Zukunft nur sanft verspüren. Es ist ebenfalls nicht ein Aufruf des zuständigen Bundesrates, man solle sich unternehmerischer verhalten, wie das einige Mal passiert ist. Nein, allein die Knappheit der finanziellen Mittel könnte etwas ausrichten.

Es geht nicht darum, die SRG finanziell auszuhungern. Aber es wäre ja gelacht, wenn eine quasistaatliche Institution à la SRG unter einer neuen, effizienten, zupackenden Führung und unter anderen Rahmenbedingungen nicht zwischen 10 und 20 Prozent ihrer Kosten einsparen und dabei weiterhin die wichtigen programmlichen Leistungen erbringen könnte.

10 bis 20 Prozent sind in diesem Fall viel, sehr viel Geld – je nach Berechnungsmethode zwischen 100 und 200 Millionen Franken im Jahr. Mit diesem Betrag liesse sich neben der SRG eine vielfältige, spannende private Fernsehlandschaft schaffen, welche den Bedürfnissen der Zuschauer entgegenkäme. Das grössere schweizerische Fernsehangebot würde den Anteil der ausländischen Sender am gesamten TV-Konsum und den Export von Werbegeldern senken, so wie das beim Radio nach dem Aufkommen der Privatradios geschehen ist. Aus staatspolitischer Sicht wäre dies eine äusserst positive Entwicklung.

Wie sollte ein solches Gebührensplitting-Modell aussehen?

Nur wenn ein sinnvoller Verteilmechanismus gefunden werden kann, hat dieser Gedanke überhaupt eine echte Chance. So hat zum Beispiel das Bakom immer wieder Diskussionen über ein echtes Gebührensplitting mit dem Hinweis verhindert, dass sich keine praktikable Lösung finden liesse.

Tatsächlich sind die bisher vorgelegten Vorschläge schwerfällig und administrativ kaum zu bewältigen. So schlagen Telesuisse und Schweizer Presse ein Drittelsmodell vor. «Der erste Drittel des Gebührenanteils der Privaten wird dabei als Sockelbeitrag auf alle Anbieter verteilt. Ein weiterer Drittel wird aufgrund qualitativer und quantitativer Leistungskriterien verteilt. Es ist wichtig, dass diese Kriterien vom Gesetzgeber klar definiert werden (!). Der letzte Drittel dient dem Ausgleich verschiedener Standortnachteile, wie sie beispielsweise in Rand- oder Bergregionen vorliegen.»

Alles verstanden? Wer soll hier was «klar definieren»? Nein, klar ist das sicher nicht, vor allem nicht, wenn es darum geht, es in der Praxis umzusetzen.

Aber Klarheit wäre unerlässlich, und zwar für alle Beteiligten. Nicht nur für das Bakom und die einzelnen Stationen, sondern, bitte schön, auch für die Zuschauer. Denn schliesslich sind sie es, die das alles bezahlen.

Die Zuschauer sollen nicht ausschliesslich, aber auch für Leistungen bezahlen, die sie beziehen und nutzen. Dies ist ein wichtiger Gedanke, der äusserst banal klingt, aber in diesem Fall revolutionär ist. Bisher haben die SRG-Konzessionsgebühren die Form einer Steuer, einer Zwangsabgabe, unabhängig ob jemand die Programme der SRG konsumiert oder nicht. Begründet wird dies mit dem Ziel dieser Massnahme, nämlich der Erhaltung der vielfältigen SRG-Leistungen in allen Regionen des Landes.

Konsequent zu Ende gedacht, könnte man wie folgt vorgehen: Man definiert und beziffert all jene Service-public-Leistungen der SRG, welche nicht nach marktmässigen Bedingungen erstellt werden können. Dies sind der grösste Teil der Programme im Tessin und in der Westschweiz sowie gewisse Sendungen in der Deutschschweiz. Der ganze Rest steht zur Disposition – hier kommt das Revolutionäre! – der TV-Zuschauer. Sie sollen bestimmen können, an welche Sender dieser Teil seiner Gebühren gehen soll. Diese müssten wir dann unbenennen, etwa in Zuschauerbeiträge. Dies käme der Sache näher.

Ein konkretes Beispiel: Die SRG erhält 60 Prozent der Zuschauerbeiträge für die klar definierten und zugewiesenen Service-public-Leistungen, vor allem für das werbefreie Radio und die TV-Sender in Tessin und Westschweiz. Dieser Teil ist fix. Dann können die Zuschauer einmal im Jahr mittels eines Formulars bestimmen, an welche inländischen Sender die restlichen 40 Prozent ihrer Beiträge verteilt werden sollen, und zwar jeweils in 10-Prozent-Abschnitten. Dies könnte bedeuten, dass jemand die ganzen 40 Prozent der SRG zuteilt. Oder er könnte nur 20 Prozent der SRG zuteilen und 20 Prozent seinem Regionalsender. Oder dann 20 Prozent an den Regionalsender und 20 Prozent an ein privates sprachregionales Fernsehen. Oder. Oder. Oder.

Dieses System hat verschiedene unvergleichliche Vorteile. So ist es einfach zu administrieren. Es gibt keine Zweifel, wer wie viel erhält. Der Zuschauer hat entschieden, der Computer rechnet es aus. Die Bank überweist.

Es stellt zweitens einen echten Wettbewerb um die Gunst des Zuschauers her,
wie wir es von der Presse her gewohnt sind. Die viel beschworene «Abstimmung
am Kiosk», die als Basis für eine freie Presse gilt, wird durch die Abstimmung am
Bildschirm ergänzt, die nach denselben demokratischen Prinzipien funktioniert.

Dies heisst nun, dass die einzelnen Fernsehstationen – gleich wie die Zeitungen
– um die Gunst des Publikums kämpfen müssen. Nur wer Leistungen anbietet, die
genutzt und geschätzt werden, hat eine Chance. Dies gilt für die privaten Sender
ebenso wie für die SRG, die damit erstmals in eine Lage kommt, sich optimal zu
verhalten – natürlich unter Berücksichtigung des besonderen Leistungsauftrags. Das
Resultat wäre eine modernere, effizientere, bessere SRG, deren Existenz nicht gefährdet ist. Es liesse sich auch recht einfach definieren, welche Privatsender in den
Kreis der Empfänger von Zuschauerbeiträgen gelangen können. Voraussetzung
wäre einmal ein minimales Empfangsgebiet, ein definierter Anteil an Informationssendungen im weiteren Sinn und eine selbst finanzierte Anlaufphase von mindestens einem Jahr. Auf diese Weise würde zum einen erreicht, dass die Initianten
eines Senders ein eigenes wirtschaftliches Risiko übernehmen. Und zum anderen
ist es für die Zuschauer erst nach einer gewissen Zeit möglich, einen neuen Sender
einzuschätzen.

Das wärs. Einfacher geht es nicht. Nur, hat ein solcher Vorschlag politisch eine
Chance?

Damit wären wir beim dritten Punkt.

Welche Chancen hat ein solcher Vorschlag?

Da bin ich recht skeptisch. Die SRG-Hierarchen sind mit Sicherheit dagegen, denn
sie fürchten nichts mehr als eine echte, lebensfähige und ernsthafte Konkurrenz.
Ebenso dagegen sind ihre Verbündeten in den Verlagen, die ihre Schäfchen im Trockenen zu haben glauben. Also müsste der Druck von anderswo kommen. Vielleicht von einer Zuschauerbewegung. Diese müsste sich aktiv bei ihren Parlamentariern engagieren, da sie es sind und nicht der «Souverän», die über das künftige
Radio- und Fernsehgesetz entscheiden.

Doch die Zeit der Demonstrationen und der weissen Fähnchen an den Autoantennen aus der Gründerphase von «Radio 24» ist vorbei. Im Universum der 60 TV-Kanäle und des vollen UKW-Bandes gibt es keine Mangelerscheinungen mehr, die schmerzhaft erlebt werden. Allein ein Besinnen auf die Grundwerte der Demokratie könnte also das sich ankündigende Medien-*Päckli* verhindern. Dazu wären nur die Vertreter der bürgerlichen Parteien in der Lage, zusammen mit aufgeklärten SP-Leuten, die nicht mehr in den ideologischen Beschränkungen der siebziger Jahre denken. Die Behandlung des Radio- und Fernsehgesetzes, die ansteht, ist der Lackmustest.

Bei meinem Abschiedsbesuch in Biel bei den beiden Bakom-Chefs sass ich noch ein letztes Mal mit Marc Furrer und seinem Stellvertreter Martin Dumermuth im fantastisch gelegenen Restaurant Beau Rivage mit seiner gewaltigen Seeterrasse. Es war Anfang Juli 2001, und vor uns wuchs die Arteplage der künftigen Expo empor. Noch ein letztes Mal wollte ich mich versichern, dass ich die richtigen Schlüsse gezogen hatte.

«Wie gross schätzen Sie die Chancen ein, dass private Fernsehstationen Gebührensplitting-Gelder erhalten?», wollte ich wissen.

Die beiden Herren blickten sich bedeutungsvoll an. «Höchstens 50 Prozent», sagte Marc Furrer. «Wir sehen Ihr Problem. Aber es wäre nicht richtig, Ihnen falsche Hoffnungen zu machen.» Sein Stellvertreter Martin Dumermuth nickte.

«Und wie beurteilen Sie meinen Vorschlag der Umwandlung der Konzessionsgebühren in Zuschauerbeiträge, die nach dem Schlüssel 60 Prozent fix und 40 Prozent variabel verteilt werden?»

«Der Vorschlag ist interessant, zweifellos», sagte Martin Dumermuth. «Aber man könnte sich auch andere Modelle vorstellen.»

Marc Furrer schenkte den Rest des Weissweins ein, der zu jedem Essen mit den Bakom-Chefs im «Beau Rivage» gehörte.

«Sie sehen, wir können nichts versprechen. Aber eine gute Nachricht habe ich für Sie. Sie haben an jener Pressekonferenz in Bern kritisiert, dass Sie sich künftig weigern würden, die hässlichen Couverts des Bakom aufzumachen, in denen all diese für Sie so unangenehmen Sachen stehen. Damit haben Sie bei uns etwas ausgelöst: Wir haben neue Couverts entwerfen lassen.»

Personenregister